普通高等教育"十二五"规划教材

金融学精品系列

证券投资学

（第三版）

葛正良 编著

图书在版编目(CIP)数据

证券投资学 / 葛正良编著. —3版. —上海：立信会计出版社,2012.8(2020.10重印)

普通高等教育"十二五"规划教材.金融学精品系列

ISBN 978-7-5429-3613-4

Ⅰ.①证… Ⅱ.①葛… Ⅲ.①证券投资—高等学校—教材 Ⅳ.①F830.91

中国版本图书馆 CIP 数据核字(2012)第 202612 号

责任编辑　王斯龙
封面设计　周崇文

证券投资学(第三版)

Zhengquan Touzixue

出版发行	立信会计出版社		
地　　址	上海市中山西路 2230 号	邮政编码	200235
电　　话	(021)64411389	传　　真	(021)64411325
网　　址	www.lixinaph.com	电子邮箱	lixinaph2019@126.com
网上书店	http://lixin.jd.com		http://lxkjcbs.tmall.com
经　　销	各地新华书店		
印　　刷	江苏凤凰数码印务有限公司		
开　　本	787 毫米×960 毫米	1/16	
印　　张	17.25		
字　　数	316 千字		
版　　次	2012 年 8 月第 3 版		
印　　次	2020 年 10 月第 5 次		
书　　号	ISBN 978-7-5429-3613-4/F		
定　　价	38.00 元		

如有印订差错,请与本社联系调换

———————————— 证 券 投 资 学 ————————————

    我国证券市场近几年有了突飞猛进的发展。随着股权分置改革的顺利完成,证券市场规范化建设日趋加快,证券市场在国民经济中的作用愈益重要。至今为止,沪、深两地证券市场已有1 400余家上市公司,沪、深两地股票总市值已超过国民生产总值,内地与香港的股市总市值相加已超过日本,居世界第二。国有大企业及国有银行的加盟,使我国股市已真正成为国民经济的"晴雨表",也成为投资大众广泛参与的场所。

    作为财经金融专业类高校学生,证券类课程应成为必修的课程,因而逐步完善这方面的教材建设已势在必行。

    目前,各高校所使用的教材中大多将证券市场与证券投资两方面的内容合并在一起,因受篇幅限制,两者均未得到详尽阐述。基于此,编者分别编写了《证券市场学》和《证券投资学》两本教材,便于学生系统而完整地掌握证券市场与证券投资方面的知识。

    《证券投资学》是一门研究证券投资分析及投资运作的学科。本教材从证券投资的性质特点分析入手,首先概要地介绍了基础证券与衍生证券的定价原理,随后对证券投资基本分析、技术分析方法及现代证券投资理论作了全面论述,最后详尽地阐述了各种证券投资操作策略及证券投资管理方法。

    本教材经修订后,具有如下特点:

第一,与原教材相比,本教材增加了更多的操作实务的内容,在基本分析与技术分析的章节中充实了很多实例;此外,还增加了证券投资策略等新的知识。

第二,本教材对证券投资的性质特点及证券投资与其他投资活动的区别作了详细论述,也对证券投资运作程序作了全面介绍。

第三,除了对传统的投资理论进行介绍外,本教材还吸纳了行为金融学的最新研究成果,从而使学生能更全面地了解现代证券投资理论。

本教材除了供高校财经金融专业学生作为本科教学之用外,对证券从业人员及所有参与证券投资的社会人士也有所帮助。

本教材在编写过程中,研究生方毅、李伟婷、张绍霖、李海平等在书稿整理及编辑方面提供了帮助。另外,本教材的出版得到了立信会计出版社徐小霞女士的大力支持与帮助,在此一并表示感谢。

作　　者
2012 年 8 月

—— 证券投资学 ——

◆ **第一章 证券投资概论** /001
    第一节 投资性质与特点 /001
    第二节 证券投资性质特点及社会功能 /002
        一、证券投资性质特点 /002
        二、证券投资的社会功能 /008
    第三节 证券投资运作程序 /008
        一、投资目标制定 /009
        二、投资分析 /011
        三、投资组合构建 /013
        四、投资运作 /015
        五、投资组合调整 /015
        六、投资绩效评估 /016
    复习思考题 /016

◆ **第二章 基础证券估值** /017
    第一节 债券估值理论 /017
        一、债券价格确定的依据 /017
        二、债券价格评估模型 /019
        三、债券价格波动的特点及影响因素 /022
        四、久期与债券价格变化 /028
    第二节 股票价格评估 /032
        一、股票价格决定的复杂性 /032
        二、股息贴现评估法 /033

三、市盈率评估法 /042
第三节　基金价格决定 /049
　　一、基金价格决定的基础 /049
　　二、基金发行价与交易价 /049
　　三、基金价格形成机理 /050
复习思考题 /051

◆ **第三章　衍生证券定价** /052
第一节　期货定价原理 /052
　　一、期货价格的含义及影响因素 /052
　　二、期货定价模型 /054
第二节　期权定价模型 /059
　　一、金融期权价格构成及影响因素 /059
　　二、布莱克-斯科尔斯期权定价模型 /062
第三节　可转换债券定价 /067
　　一、可转换债券的价值构成 /067
　　二、可转换债券定价模型 /067
复习思考题 /070

◆ **第四章　证券投资基本分析** /071
第一节　宏观经济分析 /071
　　一、经济增长及其波动对证券市场的影响 /071
　　二、宏观经济指标变化对证券市场的影响 /076
　　三、宏观经济政策对股市的影响 /080
　　四、股市对经济形势与经济政策的反应——超前、滞后、无相关 /083
第二节　行业分析 /084
　　一、行业的定义及分类 /085
　　二、按行业竞争特点选择股票 /085
　　三、按行业周期波动特点选择股票 /087
　　四、按行业生命周期特点选择股票 /089
第三节　公司分析 /093

　　　　　一、分析公司业绩的基本方法 /093
　　　　　二、考察公司成长性的基本方法 /097
　　　　　三、公司业绩成长的影响因素分析 /101
　　复习思考题 /108

第五章　证券投资技术分析 /109
　　第一节　波浪分析 /109
　　　　　一、波浪形态分析 /110
　　　　　二、波浪移动幅度分析 /117
　　　　　三、波浪测市的意义及应注意的问题 /119
　　第二节　趋势分析 /119
　　　　　一、切线分析 /120
　　　　　二、移动平均线分析 /124
　　第三节　形态分析 /126
　　　　　一、K 线组合分析 /127
　　　　　二、整理形态的特点及类型 /132
　　　　　三、反转形态的特点及类型 /135
　　　　　四、形态分析应注意的问题 /140
　　第四节　技术指标分析 /141
　　　　　一、周期震荡类指标 /142
　　　　　二、多空力量对比类指标 /145
　　　　　三、波动趋势类指标 /147
　　　　　四、量价关系类指标 /149
　　　　　五、涨跌比率类指标 /152
　　第五节　量价分析 /153
　　　　　一、量价配合的两种状况 /154
　　　　　二、量价背离的两种情况及其对走势的
　　　　　　　影响 /155
　　　　　三、观察量价变化的若干法则 /155
　　复习思考题 /159

第六章　证券投资理论 /160
　　第一节　证券投资组合理论 /160
　　　　　一、证券投资组合理论的基本概念 /160

二、证券投资组合的风险分散原理 /166

三、最优投资组合的选择 /169

第二节 资本资产定价模型 /177

一、CAPM 模型的假定条件 /177

二、CAPM 模型的基本内容 /178

第三节 指数模型 /187

一、指数模型的假定条件 /187

二、单指数模型 /188

三、多指数模型 /191

第四节 套利定价原理 /193

一、套利与市场均衡 /193

二、单因子套利定价模型 /194

三、多因子套利定价模型 /196

四、套利定价模型的检验 /198

五、套利定价模型 APT 和资本资产定价模型 CAPM 的比较 /199

第五节 行为金融理论 /201

一、行为金融学的理论基础与研究方法 /201

二、行为金融学的形成与发展 /203

三、行为金融学的基本概念 /204

四、行为金融学的主要理论 /206

复习思考题 /209

第七章 证券投资策略 /210

第一节 股票投资策略 /210

一、股票投资策略概论 /210

二、积极型投资策略的主要表现形式及运用 /212

三、消极型投资策略的主要表现形式及运用 /218

四、混合型投资策略的表现形式及运用 /219

第二节 债券投资策略 /220

　　　　　一、积极型债券投资策略 /220
　　　　　二、消极型债券投资策略 /223
　　第三节　证券期货交易策略 /227
　　　　　一、证券期货套期保值策略 /227
　　　　　二、证券期货投机策略 /233
　　第四节　证券期权交易策略 /236
　　　　　一、单一期权交易策略 /236
　　　　　二、期权组合交易策略 /236
　　　　　三、期权保值与投机交易实例 /238
　　复习思考题 /239

第八章　证券投资管理 /241

　　第一节　证券投资决策管理 /241
　　　　　一、证券投资决策管理的意义 /241
　　　　　二、证券投资决策的程序管理 /242
　　　　　三、证券投资决策管理应考虑的因素 /244
　　　　　四、建立健全的决策管理体制 /247
　　第二节　证券投资组合管理 /248
　　　　　一、证券投资组合管理作用与分类 /248
　　　　　二、证券投资组合管理步骤 /250
　　第三节　证券投资风险管理 /256
　　　　　一、证券投资风险管理的意义及基本要求 /256
　　　　　二、证券投资风险管理的程序 /258
　　　　　三、证券投资风险管理策略的选择 /260
　　复习思考题 /264

参考文献 /265

第一章

证券投资概论

投资是经济社会中普遍存在的现象。投资可以分为实业投资与金融投资。而金融投资的主要组成部分是证券投资。本章首先通过各类投资形式比较,着重阐述证券投资的性质特点及社会功能,随后对证券投资整个运作过程加以介绍,以便为以后各章学习作一铺垫。

第一节 投资性质与特点

在现代经济中,投资是一项基本的经济活动。从最广泛意义上来说,凡是能带来收益但又伴随着风险的资金投入活动均可称之为投资。由于资金投入牺牲了当前消费,所以投资收入实际上是对牺牲当前消费的一种补偿。正如威廉·夏普所说:"投资就是为获得可能的不确定的未来值而作出的确定的现值牺牲。"

按上述分析,投资可定义为:投资是各类经济主体在未来不确定的情况下,先支付一定量资金或实物,随后收回本金并取得利润的经济行为。

上述定义,可从以下几个方面进一步理解:

第一,投资必然产生事先支出,如果是资金投入,将使这部分资金不能满足当前消费;如果是实物投资,则产生了不可挪作他用的机会成本。总而言之,任何投资均有投入成本概念。若资金是借来的,投资成本包括融资成本及投资了某一项目同时却得不到投资另一项目收益的机会成本。若资金是自有的,那么也存在机会成本,至少存在等同于无风险收益的机会成本。

第二,投资有时间周期,即投资发生在当前,而收回成本并获得利润发生在将来。也就是说,从投资发生到将来获得报酬要经过一个时间周期,时间周期越长,不确定因素也越多,故时间报酬应越高。

第三,任何投资活动(除政府公益性投资外)均为获取报酬,因为牺牲了当前消费,未来必须有一个补偿。由于通货膨胀及机会成本的存在,因此,未来价值还必须在扣除这两因素后仍有盈余,投资才有意义。

第四,投资具有风险性。现在投入的价值是确定的,但未来能否收回本金并获利是不确定的。因为影响投资活动的因素很多,难以事先确定。通常风险与收益成正比,高收益伴随着高风险。

第二节 证券投资性质特点及社会功能

一、证券投资性质特点

(一) 证券投资定义

证券投资是指投资者(法人或自然人)购买股票、债券、基金及相关衍生品以获取红利利息及资本利得的投资行为和投资过程。

这一定义包含以下几层含义:

(1) 证券投资的对象是各类有价证券及其衍生品。

(2) 证券投资主体既可以是企业、事业单位法人,也可是自然人,而不限于企业法人。

(3) 证券投资收益既来自证券发行人提供的红利、利息,又来源于证券价格波动而形成的资本利得收入。

(二) 证券投资与实业投资的比较

从投资运动形式及其在社会经济中的作用来看,投资可分为实业投资(产业投资)与金融投资两种形式。实业投资是通过购买实际资本而形成的。这里的实际资本包括房地产、厂房、机器设备原材料等有形资产,还包括人力资本及各种形式的无形资产等。实业投资既涉及生产流通等领域,也包括服务部门;既涉及企业盈利性投资,也包括政府、社会团体用于基础设施建设的非盈利性投资。

证券投资与实业投资比较,两者的共同点是:

(1) 除政府、社会团体外，投资的目的都是为了获取利润，即投资总成本与投资总收入现值之差构成投资利润。

(2) 投资都有一个投入产出周期。

(3) 投资结果均不确定，即收益与风险并存。

证券投资与实业投资并不是相互排斥的。对上市公司而言，实业投资部分为自有资金，部分需要证券投资者提供资金，而证券投资获利和遭遇风险与上市公司实业投资经营好坏也紧密相关。同时证券投资者的行为又会间接影响上市公司实业投资决策。

但两者存有很大差别，主要表现在如下几点：

(1) 投资对象不同。证券投资的对象是证券及其衍生品，包括股票、债券、基金、利率期货期权及股票期货期权等。而实业投资的对象是厂房、办公用房、机器设备及所有为生产流通服务所用的投资品。

(2) 投资性质不同。证券投资得到的是一虚拟凭证（在当今电子化时代，仅为一个电子凭证）。借助于这一凭证，投资者可领取红利、利息，并在证券价格波动中获取差价收益。投资者获取的收益，仅是既有社会财富的重新分配，并不新增社会物质财富；而实业投资结果能创造新的物质产品，直接增加社会物质财富。

(3) 投资流程不同。就证券投资而言，投资流程大致相似。证券投资流程包括：投资目标确定→对证券品种分析选择→买入证券→获利卖出，收取本金与收益这一过程。

而实业投资的流程相对复杂些。因为不同产品的生产技术、生产工艺差异太大，投资周期长短不一，因而投资流程更为多样化、复杂化。

以生产型投资为例。首先，要对相关产品市场进行调研，对产品销路有一个准确估计，其中要考虑竞争对手、市场需求变化等。其次，对选择何种设备，采取什么样生产工艺、生产技术，产品质量能否保证等问题均要仔细论证。再次，还要进行生产成本、销售成本及管理成本等预算控制等。

(4) 投资收益与风险不同。证券投资收益既来源于企业分配的红利、利息，又来源于证券价格波动形成的差价收益，而实业投资收益取决于投入价值与产出产品价值之差额。两者相比，可以发现，证券投资者收入来源是间接的，因为证券投资者获得的红利、利息不是自身投资实业获取的，而是凭借股票、债券等凭证向证券发行者索取的收益。这部分收益仅是实业投资经营成本与利润的转移，而实业投资者的收入来源是直接的。

证券投资与实业投资风险不同。只要证券投资者与企业经营者之间存在信息不对称现象，只要公司治理结构不合理，委托的代理关系缺乏有效制约机制，即存在大量的"道德风险"、"逆向选择",那么证券投资风险是很大的。因为上述现象存在,证券投资者无法预测自己红利、利息收入的未来变化趋势,也无法了解企业真实价值,不能判定股票市场价格是高估还是低估,从而会频繁遭遇股票市价低于股票买入成本的损失。更为严重的是,由于影响证券价格波动因素众多,除经济变化原因外,还包括政治、军事、外交及投资群体心理情绪波动等诸多因素,因此更不可控和不可测。此外,证券投资风险来势迅猛,风险程度之高也是任何其他投资无法比拟的。

实业投资也有风险,但考虑到投资人自己决策,自己运作,因而信息齐全;一旦处于不利境地也可及时控制。当然现代企业制度大多为投资人与经营者两权分离的形式。投资人(作为委托人)与经营者(作为代理人)也存在信息不对称现象。投资也有风险,但与证券投资相比,中间环节要少些,因而风险相对可控。此外,影响实业投资损益的因素相对证券投资少些,风险也是逐步积累的。

(5) 投资专业知识不同。证券投资专业知识涉及经济金融各方面内容,它包括宏观经济发展现状及演化态势的预测,包括对各个产业发展现状及企业经营财务状况的了解;同时,还要熟悉各类证券品种的收益风险特点,价格波动规律,更要掌握投资组合,风险防范各类方式和手段。

虽然实业投资也离不开对社会经济状况的总体认识,但实业投资更多涉及特定投资领域的专业知识,包括特定产品市场需求特点、特定产品的生产技术、生产工艺及管理特点等。

(6) 投资周期不同。证券投资周期长短与被投资企业经营状况发展阶段紧密相关,也与投资者投资策略相关。如果企业经营状况稳健良好,投资周期可长些,反之亦然。同时,投资者以红利、利息收入作为投资主要回报,投资周期也可长些;如果投资策略是短期的,即以博取市场差价作为利润主要来源,那么投资周期则短些。此外,证券投资是一个买入—卖出反复循环的过程,因为时机选择是证券投资的重要策略。证券投资周期更多与牛市、熊市相交替,多头市场与空头市场的循环相联系。通常,牛市、熊市交替构成一个投资周期。因为在熊市,业绩最优秀企业的股票价格也会大幅下跌而被严重低估;而在牛市,业绩最糟糕的企业的股票价格也会大幅上涨而被严重高估。

实业投资周期则由另一种规律所支配。实业投资周期长短主要由所投资产品的特征有关。大多重化工业(采掘业、造船业)产品投资规模大,建设周期长。此外,公路铁路等投资周期也较长,而商业、运输及部分服务性行业投资周期则短些。此外,实业投资周期长短也与技术含量高低、生产流通工艺复杂程度有关,通常技术要求高,生产流通工艺复杂的实业投资周期长,反之亦然。以上分析可通过表1-1来加以概括。

表 1-1 实业投资与证券投资特点比较

内容	实业投资	证券投资
投资对象	厂房、机器设备、办公用房及各类投资品	证券及其衍生品
投资流程	生产技术、生产工艺差异大,投资流程更为多样化、复杂化	投资目标确定→证券品种分析选择→买入证券并进行组合→获利卖出,收取本金与收益
投资收益与风险	收入来源直接及相对确定;中间环节少,风险相对可控,风险集聚缓慢	收入来源间接及收益高度不确定;风险程度高,风险集聚迅速
投资专业知识	更多涉及特定投资领域的专业知识	涉及经济金融各方面知识,熟悉各类证券品种的收益风险特点及价格波动规律
投资性质	创造新的物质产品,直接增加社会物质财富	证券投资具有虚拟性特征,仅是既有社会财富的重新分配,并不新增社会物质财富
投资周期	周期长短主要与所投资产品的特征有关	与投资者投资策略及证券市场周期波动相关

(三) 证券投资与其他金融投资比较

证券投资只是金融投资的一个组成部分。除证券投资外,金融投资还包括企业和个人为获取利息而购买的银行存款,银行为获取利差而对企业发放的贷款及投资者购买信托公司发放的各种信托产品,即信托投资产品等。

与其他金融产品投资相比,证券投资具有如下特点:

(1) 证券投资是一种直接金融投资。投资者根据自己年龄职业特征,风险偏好及不同的投资目标直接在证券市场上自主选择证券品种。而购买银行存款及购买信托产品则为间接金融投资。银行获取存款及信托公司发放信托产品后,由它们来决定贷款对象及投资方向,而存款者对资金投向无选择权。

(2) 证券投资产品是一种能在市场上交易的价值凭证。由于证券产品上市交易,因种种因素所致,其价格是经常波动的。证券价格有时大大高于其内在价值而出现"正泡沫",有时价格严重低于价值而出现"负泡沫"。因而投资者买卖时机把握不当或选择品种不当,常处于本金受损的市场风险与本金血本无归的破产风险中。

银行产品则不同,一旦投资者把资金存入银行,风险也就转嫁到银行身上,即使银行出现不良贷款及坏账,投资者仍有索取本金利息的权利而形成"挤兑"。此外,银行产品并不流通交易,因而投资者也不会遭受价格波动导致本金损失的风险。至于信贷产品,虽然投资者也会遭受本金无法收回的风险,但因为信贷产品不交易,故投资者并不遭遇低卖高买所形成的价格风险。

(3) 因为证券产品是流通的、可交易的,因此投资者不仅可获取利息、红利收入,在证券买卖时机把握好的情况下还可获取差价收入。而银行信贷产品不能流通,也就不存在这类收入。也正因为不流通,银行存款尤其是信托产品也就存在流通性风险。

(四) 证券投资与证券投机

1. 证券投机的含义

证券投机是指在证券市场上,投资者短期买卖证券以获取资本利得的行为。其特点在于:第一,时间较为短暂。第二,以买卖差价为主要获利形式,并不在意公司支付利息和股息多少,也不在意企业未来发展前景如何。第三,投机大致分为博弈证券价格单边走势和套利两种形式。以前者为例,如 A 股票当前价格为 10 元,某投资者预计未来几天内 A 股票价格可能会上升到 12 元左右,于是买入 10 000 股。若市场实际走势符合预期,则可在 12 元卖出获利 20 000 元。若有融券做空机制,又可进行以下操作:预计 B 股票未来几周内将要下跌。B 股票当前价格 18 元,预计要下跌到 15 元,于是该投资者从券商处融出 B 股票 10 000 股,即刻在市场上出售,获取资金 180 000 元,随后等 B 股票下跌时再回补;后不出所料,B 股票果然下跌到 15 元,于是买回 10 000 股,用去资金 150 000 元,不考虑佣金费用,获利 30 000 元。当然,上述状况只是符合预期的结果,若实际情况与之相反,那么投机将遭遇亏损。

至于投机套利,则是在同一证券在不同市场存在不同价格时,在一个市场上低买而在另外一个市场上高卖而获利;亦可将同一证券不同合约期限作对冲组合,利用期货价与现货价临近交割日而趋于一致的规律从中获利。

应当指出的是,此处所讲的证券投机并不属于欺诈、操纵市场等违法行为。而是在遵守相关法律的情况下,投机者通过自己对证券价格走向的判断谋取高额利润。当然,一旦预测失误,损失也是惨重的。

2. 证券投机的功能

证券投机与投资相伴而行。良好的投资是一项成功的投机。从某种意义上讲,投资是稳健的投机,而投机是冒险的投资。

(1) 证券投机的正面作用。

(a) 证券投机可有效平抑价格波动。因为低买高卖的投机行为频繁出现,使价格不会向上向下走得太远。价格过高有人卖出,价格过低有人买入,由此防止市场暴涨暴跌单边走势出现。这种平衡主要体现在：① 同一证券在不同市场的价格不会相差太远。② 同一商品证券的现货价和期货价最终趋于一致。③ 不同证券按照比价效应会形成合理的比价关系。

（b）证券投机可为保值者分散风险。投机者大多为风险偏好者，但在市场上同时还存在风险中立者和风险规避者。当风险规避者为了保值而需要转移风险时，敢于承担风险的投机者正好做其对手；否则，若全是套期保值者，买卖方向一致，那么交易就无法进行。

（c）证券投机可增强市场流动性，保证市场能够连续交易。由于投机者是以买卖证券谋取差价为目的的，哪怕有较小的差价，他们也乐意操作，这样证券交易就不会因买卖无对手而中断。

（2）证券投机的负面作用。当然，若证券市场投机过度，甚至恶性投机，也会对市场造成破坏作用。如夸张某种消息作用，利用市场"羊群效应"，哄抬价格，最终导致泡沫产生，引发市场危机。

3. 证券投资与证券投机的区别

（1）时间长短的不同。通常证券投资着眼于公司未来发展，着眼于公司盈利稳定持续增长，持有证券时间与企业稳定增长经营周期相匹配。而证券投机者则热衷于做短线，期望周转速度越快越好，因而买入证券后持有时间较短。

（2）盈利模式不同。证券投资者一般以股息与利息收入的获取为主要盈利模式，或通过资本扩张增值，分享企业增长的成果。而证券投机者则以资本利得的获取为盈利模式。

（3）分析方法不同。证券投资者注重证券内在价值的评估，重视宏观经济形势走向、企业所处的行业周期波动特征以及企业经营财务状况等基本面分析。而投机者通常不关注证券内在价值，更多的是从价格走势成交量变化特点的分析中寻找买卖时机。他们通常使用的方法是技术分析法和心理分析法。

（4）风险偏好不同。投资者大多是风险规避者。当证券价值被低估，在安全边际之下时，他们会买入并持有证券；当证券价格严重偏离内在价值，出现高估时，则卖出证券；一旦经济形势恶化，企业经营滑坡时，投资者将转而投资国债等低风险品种。而投机者是风险偏好者，更多关注价格波动趋势及波动特点。即使证券价值被高估，若仍有上涨动力，投机者仍会积极买入或做多；而当证券价值被低估，若趋势仍向下，投机者则将继续卖出或做空。此外，证券投机者更热衷于买卖高收益、高风险的垃圾债券或有并购重组消息的绩差股。

应当指出的是，上述区分仅从理论角度来探讨，在实际生活中，投资与投机很难截然分开。投资和投机行为经常相互转化。

二、证券投资的社会功能

(一)证券投资使企业融资成为可能

虽然,社会公众参与投资是趋利行为,但正是由于人们广泛的参与,才使证券发行者能通过证券市场筹集到资金,开发新产品、扩大新项目,有利于迅速增强公司实力。证券投资加快了社会资金余缺的调剂,推动了社会经济的发展。

(二)证券投资保证了企业资产合理定价

证券交易价格是在证券市场上通过证券投资者和证券供给者的竞争及证券投资者之间竞争形成的。整个证券市场成交迅速,通过证券市场众多买卖双方的竞争易于形成均衡价格,均衡价格即为合理价格。

(三)证券投资推动了经济信息传递

因利益驱动,所有影响证券价格波动的政治、经济和社会的信息都会在市场投资者之间迅速地扩散传播。人们可根据股票市场状况观察一国政治、经济和社会的动态变化。正因为如此,人们把股票市场看作国民经济的"晴雨表"。

(四)证券投资促进了资源优化组合配置

证券投资的出现在很大程度上铲除了生产要素部门间转移的障碍。因为在证券市场中,企业产权已经商品化,资产采取了有价证券的形式,可以在证券市场上自由买卖,这就打破了实物资产的凝固和封闭状态,使资产具有最大的流动性。一些效益好、有行业发展前途的企业可根据发展需要,通过市场融资,通过控股、参股或兼并其他企业,得到进一步发展。而效益差、行业无发展前途的企业,则因融资失败及无人投资而被淘汰。

第三节 证券投资运作程序

证券投资过程极为复杂,其包含目标确定、分析决策、组合构建、灵活运作及绩效评价等多个环节,且每个环节环环相扣。只要某个环节稍有失误,就会导致全盘皆输。本节将对整个证券投资运作程序作全面论述,以便为读者以后各章节的学习提供一个框架性的认识。

大多数人认为,证券投资十分简单,也就是一个证券买卖过程。其实这是一种误解,就以买卖而论,买什么,何时买;卖什么,何时卖,卖多少,都包含了很多学问。它需要确定合适的投资目标,作出准确的投资分析,构建合理的投资组合。

理性的证券投资过程通常包括以下五个阶段:投资目标制定阶段→投资分析阶段→投资组合构建及调整阶段→投资运作阶段→投资绩效评估阶段。

一、投资目标制定

在证券投资运作之前,首先必须有一个投资目标的设定。由于不同投资者的资金实力、资金可支配时间以及风险承受能力各不相同,因而不同投资者投资目标的设定必然有所不同。

(一) 投资目标设定的基本内容

投资目标是投资者根据自己实际情况而提出的,是既能使资本增值又能有效缩减风险的量化指标。明确投资者各自投资目标,才能针对性地构建证券组合,加以有效运作。不管投资者的投资目标区别有多大,都必须满足本金安全、收入稳定、资本增值、流动性高等要求。

上述投资目标设定的内容是投资者都必须考虑到的。但实际情况并不是那么理想化。虽然在某些方面是一致的,如本金安全是收益获取的前提,同时保证投资安全也就意味着能使证券兑换成现金,但在很多情况下,它们又是相互矛盾的。收益性与本金安全矛盾最为突出,能带来高收益的证券往往伴随着更大的风险。同时收益性与流动性也是矛盾的,期限越长收益越高,但流动性往往越差。此外,安全性与流动性有时候也相互冲突。投资高成长的小公司股票,流动性差,但收益则较高。

不同投资者,由于自身的条件、特点及需求并不相同,在设定投资目标时,上述三者关系的处理各有侧重点。比如,有些投资者的投资目标以获得稳定收入为主,有的则以追求高收入为目标,并愿承担高风险,有的则希望既有稳定收入又能使资本增值。显然,在不同投资目标的设定下,投资分析、构建组合绩效评价的着眼点也是不同的。

进一步分析,同一投资者在不同时期投资目标侧重点也不一样,如青年时期追求高收益,老年时期注意安全性。

(二) 投资目标设定需要考虑其他因素

投资目标设定除了考虑安全性、收益性及流动性因素以外,还必须注意投资资金数量、资金来源、资金的可支配时间,投资者自身风险承受能力,以及如何合理避税等多方面因素。

1. 投资数量、资金来源及使用期限

制定投资目标及计划时,必须考虑有多少资金可供投资。资金是自有的还是借来的,资金可供使用的时间有多长等。

就个人投资而言,一般以自有资金为主,投资资金主要来源于消费剩余的部分,即个人投资者投资证券的资金必须是"闲钱",不可将家庭所有资产全部投入,否则将危及基本的生存,更不可借贷资金来进行短期的高风险的证券投资。

就机构投资者而言,特别是投资基金及其他证券投资机构,这些机构投资数量巨大,有的达百亿元、千亿元以上。机构投资者资金来源较为复杂,有的是委托资金,有的以自有资金为主,有的以融资资金为主。机构资金来源不同,投资目标不完全一致。

由于不同投资者的资金性质、资金规模及资金支配期限不同,因而他们的投资目标设定也有很大差异。

比如,对资金规模较大的机构来说,投资必须充分考虑流动性,投资的品种必须分散。若投资某一证券品种数量过多,一旦遭遇投资人赎回,或融资期限已到必须还钱,就会遇到变现困难的流动性风险。然而,若投资的品种过于分散,无法追逐市场热点,又将难以获得较高收益。

又如,若机构投资者资金是借来的,且借贷的期限较短,那么投资品种选样还需注意到融资期限与投资期限匹配问题。将短期融资所得到的资金投资长期债券就会遭遇很大风险。因为一旦市场利率上升,长期债券价格会立即作出反应,其价格跌幅更大,由于还款期限已到,投资者被迫在市场上售出未到期的债券会遭受很大损失。

2. 投资者风险承受能力

考察投资者风险承受能力,是制定投资者目标所必须考虑的又一重要因素之一。

所谓风险承受能力,是指投资者面对风险时的心态,即为了获得一定收益,他们愿意承受多大的风险。

由于证券投资在获取收益的同时也伴随着巨大风险,证券投资不能仅考虑收益目标,还必须考虑可能面临的风险,并在收益与风险平衡中制定出符合自身特点及适应特定投资环境的投资目标。投资者都有自己的行为偏好,即不同投资者的行为偏好有差异。根据行为金融学理论分析,即使同一投资者在不同时期及不同情况下其风险偏好也并不一样,比如投资者投资资金是自有的与借来的,或借来的资金期限长短不同,风险偏好就不一样。另外,同一投资人其青年时期和老年时期的风险偏好也不一样。对机构投资者而言,不同基金经理其投资策略也不尽相同,有的激进,有的保守,有的敢闯敢干,也有为维护原有声誉,稳扎稳打等。

按照现代投资组合理论分析,投资者对风险的态度一般可分为三类:风险规避者只在收益随之增加时才愿去冒些风险,而随着风险增大要求收益增加的幅度越来越大。风险偏好者则愿意冒巨大风险来获取可能的巨大收益。风险中立者只要有收益就愿去投资。他们既不像风险规避者必须有相应的收益才愿承担风险,也不像风险偏好者愿意冒风险获取高收益。

各种投资者风险偏好不同,因而他们设定的投资目标也就不尽相同。

二、投资分析

制定了证券投资目标,仅完成了第一步,下一步是在已定的证券投资目标指导下进行投资分析,以便为具体投资方案的制定提供依据。投资分析包括基本分析、技术分析及其他多种分析方法。基本分析是对影响证券价格的各类经济因素作出分析,识别不同投资对象收益风险特征,判断不同投资对象价格是否合理,为构建有效组合提供组合对象。技术分析则为证券买入和卖出时机提供良好的切入点。

(一) 投资分析的必要性

在现实中,证券市场并非完全有效,在市场效率不高的情况下,积极管理策略的吸引力是显而易见的。投资者采用积极管理策略会有获得超额收益的机会。积极投资组合由一些被市场错误定价的证券构成,而要在众多的证券中识别出哪些证券定价是合理的,哪些证券定价过高,哪些证券定价过低,则需要借助投资分析。在投资过程中,无论采用消极策略,还是积极策略,都需要进行投资分析。任何合理的资金配量都需要作出恰当的估计与预测。

(二) 投资分析的主要方法

投资分析的主要方法有技术分析法、基本分析法、组合分析法及行为金融学分析法等。

1. 技术分析法

技术分析法又称为图表分析法,它是利用数学、逻辑学工具,通过对市场本身各种数据(成交量、价格、时间移动)的处理与分析,形成图表、公式,以此来预测市场价格变化特点的分析方法。

技术分析法的主要特点是:① 对价格历史变化状况作实证分析,找出规律性东西,以此作为预测未来价格走向的依据。② 可对价格短期变化的趋向幅度作出定量分析,便于投资者寻找到买卖时机。③ 不关心股价变动的原因,也不注重股价绝对水平是高估还是低估,而是价格变化的相对高低点。④ 对投机性的短期操作更有指导意义。

技术分析的理论依据是:① 市场价格已反映一切信息。② 股价变动有趋势、有惯性,因而有规律可循。③ 历史上价格变动形态会在以后走势中重复出现,并反映出相似的买卖信号。虽然上述假设也有不合理处,但其基本思想还是站得住脚的。因而,技术分析法的有效性不可否认。

技术分析包括形态分析、波浪分析、趋势分析、指标分析及量价分析等多种分析工具。

2. 基本分析法

基本分析法为证券投资重要的分析方法之一。基本分析法又称为经济因素分析法,它是以各种经济理论为指导,通过对影响证券价格变动的各种经济因素的分析,来评估证券内在价值及预测证券价格未来变化方向的分析方法。

基本分析法的特点是:① 以经济因素对证券价格的影响特点为依据来预测价格变化趋向。它侧重研究股价变化的原因。② 虽然对价格长期走向有较好的预测功能,但因为不能给出具体涨跌幅的提示,所以对短线操作缺乏实际指导意义。③ 在一个以投资为主的市场中,基本分析法的功效十分突出。

基本分析法的理论依据是:① 股价变化本身是经济变化的"晴雨表"。只有用经济现象才能予以正确说明。② 公司业绩、成长性是股价变化的基础。不管价格如何变化最终会受到其内在价值的制约。高估了会下跌,低估了会上涨。同时,宏观经济、行业状况变化也是股价变动重要影响变量。

基本分析法的基本框架是:以公司状况分析为核心,同时注意到宏观经济产业变化特征,最后对证券内在价值作出合理评定。

3. 组合分析法

证券组合分析法是根据投资者对收益和风险的共同偏好及投资者的个人偏好,确定投资者的最优证券组合并进行组合管理的方法。

组合分析法的理论基础是:对于传统的证券组合管理理论而言,以多元化证券组合来降低非系统性风险;对于现代证券组合管理理论而言,均值方差模型是其重要的理论基础,单因素模型、多因素模型、资本资产定价模型(CAPM)和套利定价模型(APT)又扩充了该分析方法内容。

组合分析法的内容是:根据证券组合管理理论进行投资,首先是基于历史数据计算出所考虑的每一只证券的期望收益率和方差,其次用线性规划或其他方法确定有效组合,最后根据投资者的无差异曲线确定投资者最满意的证券组合。

4. 行为金融学分析

现代主流金融理论是建立在有效市场假说和资本资产定价模型两大基石之上

的。这些经典理论继承了经济学的分析方法,其模型与范式局限在"理性"的分析框架中,忽视了对投资者实际决策行为的分析。随着金融市场各种异常现象的累积,模型与实际的背离使得现代主流金融理论的理性分析范式开始发生动摇。20世纪80年代悄然兴起的行为金融学是以投资者个体心理分析和群体心理分析为主要研究对象,分析投资者如何在投资决策过程中产生心理障碍以及如何使投资者在投资活动中保证正确的观察视角等问题。

表1-2为不同投资分析方法的比较。

表1-2 不同投资分析方法比较

方法	定义	理论基础	主要内容	特征
技术分析	根据K线图表及指标反映量价变化特征,以预测价格走势的分析方法	市场行为包含在价格信息中 价格波动有趋势 历史会重演	形态分析、线路分析、指标分析、波浪分析、周期分析、量价分析	注重市场交易变量的影响;有利捕捉短期投资机会,适合投机;忽略经济因素影响
基本分析	通过对影响证券价格变化的各种经济因素分析,评估证券内在价值及预测价格未来走向的分析方法	任何投资对象有内在价值;市场价格与内在价值的偏差会被纠正	宏观经济分析 行业分析 公司分析	注重经济因素对价格变化的影响;把握价格长期走向,适合投资;忽略心理情绪影响
组合分析	根据投资者收益风险偏好,确定最优组合的分析方法	多元化组合可在保持收益一定时降低风险	均值方差分析、因素模型分析、资本资产定价模型分析、套利定价模型分析	强调市场有效,认为价格变化不可测,主要是调整好收益风险关系
行为金融分析	基于心理学实验结果,研究投资者的决策行为及对资产定价影响的分析方法	人是有限理性、有限控制力、有限自利;市场非有效	前景理论 套利限制 行为资产定价模型 行为资产组合理论	借鉴了心理行为科学的实验分析方法,将实验方法引入了金融学研究

三、投资组合构建

一旦投资分析步骤完成,紧接着就要根据所确定的投资目标,并以所获得的详尽资料的分析结论为基础,构建投资组合。也就是说要制定出买什么,何时买,以及买多少的具体方案,并在多个方案比较中选出最优的同时也是可行的方案。

投资组合的构建是受到投资目标的特点限制的,也与投资者风险偏好特征紧密相关,更与市场本身效率高低特征相联系。

1. 投资目标的特点决定投资组合的构建

(1) 如果以获取经常的稳定收入为主要投资目标,那么国债投资所占的比重大些,此外能稳定提供股息收入分配的公司股票也占较大比重;不能稳定提供收入分配的中小公司股票尽管它具有成长型,也不应该作为主要投资对象,更不要说未来收益隐含巨大不确定的高风险的高新技术产业。如果以资本利得获取及享受企业股票价格快速增长收益为投资目标,那么投资组合的成分与上述情况恰好相反。如果投资目标兼取上述两种盈利模式相结合方式出现,那么投资组合则要考虑以上两种组合的结合。

(2) 如果投资目标将证券流动性高低作为重要内容,那么投资组合必须多关注国债及流通性高的大盘蓝筹股。

(3) 如果既追求较高收益,又要保证适度的流动性,则要对债券股票、大市值股票及小市值股票作一个合理的配置。

2. 风险承受能力大小是影响投资组合构建的重要因素

如果投资人是风险偏好者或风险中立者,那么投资组合必然以股票等风险资产为主,甚至百分之百投资风险资产,即使投资股票,也更青睐高成长、高风险的新兴行业及高新技术中小企业。因为投资者更关心收益的高低。

如果投资者为风险规避者,则要对风险资产与无风险资产进行组合。至于无风险资产比重的大小则需根据风险规避程度高低而定。

风险规避者的投资组合按以下步骤展开:

第一步,构建最优风险投资组合。

第二步,引入无风险资产,确定分配于最优风险投资组合与无风险资产的资金比例,从而形成最优投资组合。

3. 市场效率高低是制约投资组合构建的又一因素

如果市场是强有效的,所有证券价格都对证券内在价值得以良好的估计,也就是说市场没有被低估与被高估的证券,这时投资组合构建相对容易,只要按指数组合即可,剩下任务只是根据风险偏好大小来确定无风险资产组合的比重。只有在投资目标及风险偏好发生变化时,或者证券本身收益风险发生变化时才对投资组合作出调整。

如果市场是弱有效的,那么,投资组合构建就不能简单地以指数组合代替最优风险资产组合,而必须不断挖掘市场各种被错误定价的证券,卖出高估的证券,买入低估的证券,从而对组合不断进行调整,使组合处于最佳状态。

上述两种投资组合构建方法,前者被称为消极投资组合构建,后者则命名为积极投资组合构建。当然,积极的投资组合是要冒一定的投资风险的。

由于不同国家市场效率高低不一样,同一市场不同发展阶段或同一发展阶段不同证券的估值效率高低也有差异,所以,在实践中两种组合方式经常被结合使用。

四、投资运作

完成了组合方案构建后,下一步则要将纸上的东西化为实际投资行动。证券投资不同于一般的商品买卖,它有独特的操作规则及严密的交易程序。因此证券投资运作要详尽了解各项投资规则,并严格遵守,不能在交易中发生违规行为,甚至出现操纵市场、内幕交易等行为。

五、投资组合调整

投资组合构建完成并进入操作阶段后,还要根据情况的变化不断对组合作出动态调整。

首先,投资者因自身情况的变化,需要阶段性调整原投资组合。

就个人投资者而言,主要基于如下情况而需要调整投资组合:其一,个人稳定收入预期增减。其二,进入了不同年龄阶段。其三,消费支出发生增减。其四,投资方向发生调整。

就机构投资者而言,调整投资组合的主要原因是投资客户构成发生变化,原客户是风险规避型,新客户转换为风险偏好型,于是需要重新调整投资目标。

其次,由于投资对象随时间推移会发生变化也需要改变原投资组合,如一些公司因行业周期波动,业绩可能出现滑坡或上升,一些公司经营规模有了扩大或缩减;一些公司可能业务出现转型等。由此,一些原来不具有吸引力的证券将变得有吸引力而进入组合视野,一些原具有吸引力的证券则因风险扩大而被排斥掉。这样投资者则需要在原有组合基础上加入一些证券及减少一些证券,即不同证券组合比例将重新调整。对积极投资组合管理者来说,上述调整将频繁进行。当然重新组合还需要考虑交易成本。只有调整后组合收益增加额大于支出费用,重新组合才有意义。

再次,由于市场不断发展,金融创新层出不穷,于是又产生了新的投资品种与新的投资机会,无疑,投资组合又必须不断加入这些新的品种。

最后,宏观经济与市场环境将不断发生变化,对消极投资管理者来说,投资组合不会轻易改变,但在宏观经济形势发生拐点时,或市场环境发生重大变化时也必须重新调整组合。比如,在经济形势走出萧条、进入复苏阶段时,市场趋势发生向上逆转时,则必须增加风险资产的比重,或在风险资产中扩大成长型股票的比重;相反,若预计市场将进入下跌趋势时,则减少风险资产比重,增加无风险资产的比重。这时,对积极投资管理者来说,基于市场环境的变坏,将改变原有投资风格,如从积极投资策略转变为消极投资策略。

六、投资绩效评估

投资绩效评估是证券投资过程中最后一个环节,主要是对投资实际运作结果进行分析与评价,以判断投资目标实现程度。

投资绩效评估的基本依据是对投资收益率与对应的风险水平作一个综合考察,将已出现的投资效果与其他可替代的投资效果作一比较,以考察绩效是来源于投资者的技能还是运气。投资绩效评估将为以后投资目标的修正及投资组合调整奠定重要的基础。

投资绩效评估的基本目的是:① 为投资组合重新构建及投资目标再调整提供重要依据。② 及时检查投资者是否达到原定目标,是否严格坚持既定的投资目标。即便是取得超乎寻常的投资收益时,若不遵循原定的投资方针,也不应鼓励。因为这可能是偶然因素所致。③ 良好的经营绩效是对资产管理者投资方法的肯定,差的绩效则会促使其改变投资方法。它提供了一种发现投资过程不足及改进的机制。

由于短期投资易受偶然因素影响,评估期限不应过短。通常需要以一个证券价格波动的完整周期为评价时间段。

复 习 思 考 题

1. 证券投资与实业投资主要区别是什么?
2. 证券投资与其他金融投资区别何在?
3. 简述证券投资与证券投机的区别。
4. 简述证券投资运作程序。
5. 投资目标的设定应考虑哪些因素?
6. 证券投资的主要分析方法有哪些?各有什么特点?
7. 投资组合的构建应考虑哪些因素?
8. 为什么要进行投资组合的调整?

第二章

基础证券估值

证券投资收益的相当部分来源于价格波动收入,因此,必须对证券准确估值,以便买入低估品种,卖出高估品种,从而提高投资收益,由此必须研究如下问题:① 如何正确评估出证券合理的价格。② 为正确评估出证券的理论价格,应明确证券内在价值决定的基本因素有哪些,外在的影响因素是什么。

应该指出,影响证券价格变化的因素错综复杂。证券内在价值仅是影响其市场价格变化的一个因素,而不是唯一因素,尤其在一个不成熟的市场,有时影响证券价格的更重要的因素是供求关系及市场心理因素。因此在投资过程中,应综合考虑各种因素,以把握证券价格走向。

尽管如此,证券理论价格的评估仍是十分重要的。因为:证券内在价值是其价格决定的基础,不管市场价格如何波动,其最终仍受制于其内在价值,一旦远离内在价值,价格最终将会回归价值。

在本章,我们对基础建设证券价值评估问题作一探讨。

第一节 债券估值理论

一、债券价格确定的依据

债券市场价格形成的因素有很多,即它由多种经济变量综合决定,但在众多因素中必有决定性的因素,这就是债券的内在价值又称为理论价格。国民经济运行状况、债券市场供求关系,有时会使债券市场价格即实际价格偏离其内在价值,但市场一旦回到均衡状态,必然会使不正常价格回归,如同商品价格一样,其总是围绕价值上下波动。考虑到债券的票面利率与未来获得的收益可预测程度高，贴现率确定也相对简单，因此，与股票相比，债券价值评估对实际操作更有指导意义。

债券理论价格的评估与一般商品不同，其价值不是一般人类劳动的凝结，也不是按成本加上行业平均利润原理来确定。债券之所以具有价值就在于其能使持有者在一定期限内固定地获得收益。由此，投资者所获利息的多少及期限长短就成为债券价值确定的首要因素。通常，债券票面利率越高，未来可获得的利息越多，其价值就越高。同时，期限较长，支付年利率高些，再加未来所获利息次数增加，也提高了其内在价值，但期限长，预期获得收入时间越远，其现值也就越小，由此又降低了其内在价值。无疑，期限因素的影响较为复杂。

然而，考虑到收益现金流，不管是以后每年定期获得，还是到期一次还本付息获得，都是在将来实现的，因而，投资者欲在当前买入，还必须要考虑货币的时间价值。即要把未来预测可获得的现金流之和取适当的贴现率折算成现值，这一现值为债券价值评估的基础。当未来所获收益折算成现值后大于投入成本，投资者就获得了投资收益。以此推论，债券理论价格实质上就是未来预期现金流按一定条件折算成的现值。

那么要计算债券的现值，其贴现率如何确定呢？贴现率又称为投资者应得的必要回报率或大多数投资者能接受的市场平均投资收益率。它反映了货币时间价值与债券投资所隐含的风险程度。通常情况下，投资者购买某一债券时，总是要将该债券所提供的收益与其他相同期限、相同信用等级的债券加以比较。他们要求投资该债券的收益至少不低于其他同类债券，如果其票面利率低于其他债券，说明机会成本放大，比较收益减少，因而购买该类债券的需求减少，其价格必然下跌。由于其价格下跌，买入者成本降低，虽然其票面利率低于其他债券，但所获收益率与其他同类期限及同等信用等级的债券持平；反之，如该票面利率高于其他债券，对它的需求就会增加，促使其价格上涨。由于该债券价格提高，买入者成本增加，虽然其票面利率较高，但实际收益率也会同市场大多数同期限、同等级的债券持平，由此，在市场自动调节下所形成的又为大多数人所接受的市场收益率，即为贴现率。总之，债券价格是在供求关系的作用下，使每一种债券实际收益率不断趋近贴现率的过程中形成的。

为明确上述道理，不妨举一例说明。假设某一新发行债券利率为8%，那么大多数投资者会舍弃利率为6%的同类已发行的债券，转而购买新债券。6%的同类已发行债券因卖出者多买入者少而出现价格下跌。当价格跌到一定程度，使其收益率升到8%时，跌势停止，从而达到了市场买卖双方都能接受的水平。同理，新发行债券票面利率为10%，买入者增多，必然使其价格上涨；当价格上涨到一定程度时，其实际收益率下降，当达到与市场买卖双方认可的市场收益率的水平时，其价格才停止上涨。

根据上述分析,我们知道,决定债券理论价格的主要变量是债券票面利率、债券期限及贴现率(市场平均收益率)这三个要素。以这三要素为变量即可建立起债券理论价评估模型。

二、债券价格评估模型

(一)债券价格评估的一般模型

以 P 代表债券理论价,以 C_t 代表 t 时间的预期现金流;r 代表贴现率或市场平均收益率;n 代表投资期限(通常以年计算),那么债券价格评估的一般模型为:

$$P = \sum_{t=1}^{n} \frac{C_t}{(1+r)^t} \qquad (2-1)$$

由此可见,债券价格与预期现金流包括利息与本金部分大小成正比,与贴现率高低成反比,与期限关系则略微复杂。

期限包括有效期限、待偿期限及持有期限三种。有效期限指债券发行之日至到期日为止这段时间;待偿期限指债券自转让成交之日至到期日这段时间;持有期限指发行或转让成交之日至未到期售出之日这段时间。计算发行价,应使用有效期限,计算转让价时应使用待偿期限及持有期限。

将上述模型具体化,我们可得出如下公式:

$$P = \frac{\frac{i}{m}F}{\left(1+\frac{r}{m}\right)} + \frac{\frac{i}{m}F}{\left(1+\frac{r}{m}\right)^2} + \cdots + \frac{\frac{i}{m}F}{\left(1+\frac{r}{m}\right)^{mn}} + \frac{F}{\left(1+\frac{r}{m}\right)^{mn}} = \sum_{t=1}^{mn} \frac{\frac{i}{m}F}{\left(1+\frac{r}{m}\right)^t} + \frac{F}{\left(1+\frac{r}{m}\right)^{mn}} \qquad (2-2)$$

式中:P 为债券理论价;F 为债券面值;n 为期限(以年为单位);i 为债券票面利率;r 为贴现率;m 为年支付定额利息次数。

上式告诉我们,债券价格由预期利息现金流现值之和与到期偿还本金的现值两部分构成。前者为 $\sum_{t=1}^{mn} \frac{\frac{i}{m}F}{\left(1+\frac{r}{m}\right)^t}$,后者为 $\frac{F}{\left(1+\frac{r}{m}\right)^{mn}}$。

考虑到债券有单利与复利之分,同时利息支付方式也不同。有些是分期付息,到期一次还本;有些是一次还本付息。在分期付息中,有些是1年付息一次,有些是半年甚至1季度付息一次,因此可形成许多具体的计算公式。

(二)债券价格评估的具体模型

1. 一次还本付息债券定价公式

(1) 按单利计息,债券定价公式为:

$$P = \frac{F(1+in)}{(1+rn)} \tag{2-3}$$

式中符号含义同前。

【例2-1】 某一债券票面价为100元,票面利率为10%,有效期限为3年,预测该段时期的贴现率(到期收益率)为8%。该债券发行价可定为:

$$P = \frac{100 \times (1+10\% \times 3)}{1+8\% \times 3} = 104.8(元)$$

(2) 按复利计算,债券定价公式为:

$$P = \frac{F \times (1+i)^n}{(1+r)^n} \tag{2-4}$$

仍用上例数据,该债券理论价可定为:

$$P = \frac{100 \times (1+10\%)^3}{(1+8\%)^3} = 105.66(元)$$

2. 分期付息一次还本债券定价公式(按复利计算)

(1) 按年付息的债券价格公式为:

$$P = \sum_{t=1}^{n} \frac{i \times F}{(1+r)^t} + \frac{F}{(1+r)^n} \tag{2-5}$$

(2) 半年付息的债券定价公式为:

$$P = \sum_{t=1}^{2n} \frac{\frac{i}{2}F}{\left(1+\frac{r}{2}\right)^t} + \frac{F}{\left(1+\frac{r}{2}\right)^{2n}} \tag{2-6}$$

(3) 按季付息的债券定价公式为:

$$P = \sum_{t=1}^{4n} \frac{\frac{i}{4}F}{\left(1+\frac{r}{4}\right)^t} + \frac{F}{\left(1+\frac{r}{4}\right)^{4n}} \qquad (2-7)$$

以下以实例说明。

【例 2-2】 现有 3 年期债券 4 种,分别按 3 个月、6 个月及 1 年付息一次方式付息,面值 100 元,票面利息率 8%,预计贴现率 9%,其价格可分别测算如下:

(a) 3 个月付息的债券价格为:

$$P = \sum_{t=1}^{4 \times 3} \frac{\frac{8\%}{4} \times 100}{\left(1+\frac{9\%}{4}\right)^{12}} + \frac{100}{\left(1+\frac{9\%}{4}\right)^{4 \times 3}} =$$

$$\frac{2}{(1+2.25\%)} + \frac{2}{(1+2.25\%)^2} + \frac{2}{(1+2.25\%)^3} + \cdots +$$

$$\frac{2}{(1+2.25\%)^{12}} + \frac{100}{(1+2.25\%)^{12}} = 97.396(\text{元})$$

(b) 半年付息的债券价格为:

$$P = \sum_{t=1}^{2 \times 3} \frac{\frac{8\%}{2} \times 100}{\left(1+\frac{9\%}{2}\right)^6} + \frac{100}{\left(1+\frac{9\%}{2}\right)^{2 \times 3}} =$$

$$\frac{4}{(1+4.5\%)} + \frac{4}{(1+4.5\%)^2} + \frac{4}{(1+4.5\%)^3} + \cdots +$$

$$\frac{4}{(1+4.5\%)^6} + \frac{100}{(1+4.5\%)^6} =$$

97.421(元)

(c) 1 年付息的债券价格为:

$$P = \sum_{t=1}^{3} \frac{8\% \times 100}{(1+9\%)^3} + \frac{100}{(1+9\%)^3} =$$

$$\frac{8}{(1+9\%)} + \frac{8}{(1+9\%)^2} + \frac{8}{(1+9\%)^3} + \frac{100}{(1+9\%)^3} =$$

97.4687(元)

如果债券期限较长,有时计算十分繁杂,为此可查阅年金表和现值表(这在有关会计手册上均可查到)进行计算。首先将每次的利息支付额乘以对应期限的年金贴现系数;再将本金乘以相应期限的本金贴现系数;随后将这两个值相加,即得出债券价。用公式表示为：

$$债券价 = 每次支付利息额 \times 对应期限的年金贴现系数 + 本金 \times 对应期限的本金贴现系数$$

贴现债券价格评估的基本原理同附息债券相似。

贴现债券的发行价格计算公式为：

$$P = V \times (1 - dn) \tag{2-8}$$

式中：V 为债券面值；P 为发行价格；d 为年贴现率（以 360 天计）；n 为期限。

【例 2 – 3】 某贴现债券，面值 100 元，期限 180 天，以 10.5% 的贴现率发行，发行价格为：

$$P = 100 \times \left(1 - 10.5\% \times \frac{180}{360}\right) = 94.75(元)$$

贴现债券的交易价格评估公式同一次还本付息的附息债券相同。因为贴现债券不存在中途付息，可看作一次还本付息。此外，贴现债券是按面值偿还的，也不存在名义付息问题（实际上为先付息），因而其未来值就是面值。由此，其评估公式为：

(a) 按单利计：

$$P = \frac{V}{1 + rn} \tag{2-9}$$

(b) 按复利计：

$$P = \frac{V}{(1+r)^n} \tag{2-10}$$

同样用上例数据，市场贴现率为 9%，期限为 120 天，即 $\frac{1}{3}$ 年。按单利计算，其交易价格为：

$$P = \frac{100}{1 + 9\% \times \frac{1}{3}} = 97.08(元)$$

三、债券价格波动的特点及影响因素

（一）债券内在价值变动的特点及决定因素

债券内在价值的变动与债券面值、发行价大小、票面利率高低、到期期限的长短及预期贴现率(市场平均收益率)的大小等因素密切相关,这从债券内在价值评估模型可作出推论。由于债券面值、发行价、票面利率及期限都是事先确定的,因而可看作常量。它对债券收益率的变化及债券价格的变化影响相对稳定,即可预测,主要影响因素是贴现率(也就是投资者对于相同条件的债券或其他金融商品所要求的必要收益率)。由于金融市场利率经常波动,债券贴现率也变动频繁,由此就必然引起债券价格的变动。那么这一变动有何特点呢?

(1) 债券价格与市场贴现率呈反向变动。贴现率上升时,债券价格下跌;贴现率下跌时,债券价格上涨。由债券价格评估一般模型可看出:r 值越大,贴现系数 $\left(1+\dfrac{r}{m}\right)^t$ 和 $\left(1+\dfrac{r}{m}\right)^{mn}$ 的值也越大,债券价 P 就越小;反之,则出现相反情况。前面所举例子已说明这一特点。现再举一例。

某债券票面利率 10%,面值 100 元,到期年限 3 年,1 年付息一次,当贴现率为 8% 时,其价格为 105.15 元,随后贴现率上升到 12%,其他条件不变,同一债券的价格下跌到 95.2 元。同理,在贴现率为 12% 时,该债券价格为 95.2 元,当贴现率下跌到 8% 时,其他条件不变,该债券价格上涨到 105.15 元。图 2-1 可说明债券价格与贴现率变化的关系。

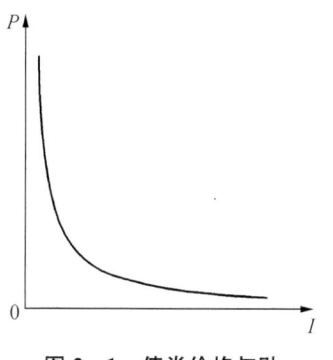

图 2-1 债券价格与贴现率负相关

明确这一定理,对投资者评估债券现有价格是否合理十分重要。通过预测市场利率(贴现率)走向,也可正确把握买卖时机,预期贴现率要下行,应赶快买入债券,等候其价格上涨;反之,应卖出债券,待其价格下跌后补入。

(2) 因贴现率下降而引起的债券价格上涨金额更多于贴现率以同等幅度提高时可能引起的价格下跌的金额。仍以上例进行数据分析。当期限为 3 年、票面利率为 10% 的债券在贴现率从 10% 下降到 8% 时,其价格上涨金额为 5.154 元,价格变动百分率为 5.154%;反之,贴现率从 10% 上升到 12%,同样也是两个百分点,其价格下降金额仅为 4.804 元,小于前者 5.154 元,价格变动百分率为 4.804%,也小于前者 5.154%。

(3) 债券价格与债券面值差额的大小与市场贴现率直接相关。若贴现率不变,且票面利率又等于贴现率,则债券价格等于其面值;若贴现率上升,债券票面利率低于贴现率时,债券价格必然低于其面值;若贴现率下降,债券票面利率高于贴现率时,债券价格则高于其面值。以下例子即可说明这一问题。

【例 2-4】 某债券面值为 1 000 元,3 年期,到期一次还本付息,票面利率为

10%,当贴现率也为10%时,价格等于面值:

$$P = \frac{1\,000 \times (1+10\%)^3}{(1+10\%)^3} = 1\,000(元)$$

若贴现率上升到12%,其他条件不变,债券价格必然低于面值:

$$P = \frac{1\,000 \times (1+10\%)^3}{(1+12\%)^3} = 937.38(元)$$

若贴现率下降到8%时,其他条件不变,债券价格必然高于面值:

$$P = \frac{1\,000 \times (1+10\%)^3}{(1+8\%)^3} = 1\,056.59(元)$$

(4) 由市场贴现率与债券票面利率不等而引起的债券价格与面值的不相等,随到期期限拉长其形成的差额就大。换言之,债券到期年限越长,债券价格对贴现率的变化越敏感。即长期债券价格受市场贴现率影响的程度大于短期债券价格所受到的影响。以下例子即可说明这一问题。

【例2-5】 某债券面值为1 000元,年票面利率为10%,1年付息一次,有市场贴现率下降到8%或上升到12%两种情况,债券到期年限分别选择1年、3年、5年及10年四个数据,将上述数据代入债券价格评估模型,可得出表2-1中的数字。

表2-1 贴现率及到期期限变动对债券价格的影响

到期年限 (年期) (1)	贴现率为8% 时债券价格(元) (2)	价格变动 百分率(%) (3)	贴现率为12% 时债券价格(元) (4)	价格变动 百分率(%) (5)
1	1 018.52	1.852	982.15	1.785
3	1 051.54	5.514	951.96	4.804
5	1 080.12	8.012	927.91	7.209
10	1 134.20	13.420	886.21	11.379

从表2-1可见:

其一,无论贴现率为8%还是12%,都与10%的票面利率不等,这时债券价格都不等于其面值。

其二,债券价格与其面值的差异随年限拉长而不断增大,这从第(1)栏、第(3)栏及第(5)栏债券价格与面值差异的百分率中可以看出:1年期贴现率为8%时的债券价格为1 018.52元,债券价格与面值相比,变动百分率为1.852%;同样的债券,当其期限延长到5年和10年时,其价格分别为1 080.12元及1 134.2元,债价格与其面值相比,变动百分率迅速增到8.012%和13.42%。贴现率上升到12%时,情况也相似。根据这一原理,投资者在预期贴现率上升时,应首先出售长期债券以规避价格大幅下跌损失;而在预期贴现率将下降时,首先应买入长期债券以获取更多溢价。

(5) 由市场贴现率与债券票面利率不等引起的债券价格与其面值的差额随年限的增加而增大,但增大的幅度逐渐变小,呈收敛状,即这一差额以递减的比例增加。

仍以上述数据为例,当贴现率为8%,期限分别为1年、3年及5年时,其价格与面值的差额占面值的百分比依次为1.852%、5.154%、8.012%,在1~3年、3~5年(每隔2年)间递增幅度分别为3.302%、2.858%,由此可见增幅是逐年递减的。从图2-2中曲线变化可直接看出这一特点。

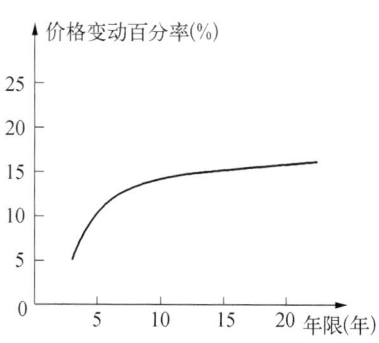

图 2-2　价格变动百分率与到期年限的关系曲线

(6) 在其他因素不变的情况下,债券票面利率越低,债券价格对贴现率的变化越敏感。通常,无息债券价格对贴现率变化最敏感,当市场贴现率由10%降到8%时,其价格变动百分率高达44.38%;反之,票面利率提高到4%、8%及12%,贴现率同样下降到8%时,债券价格相应变动的百分率依次降低到24.51%、21.83%及19.14%。图2-3可看出这一变化。

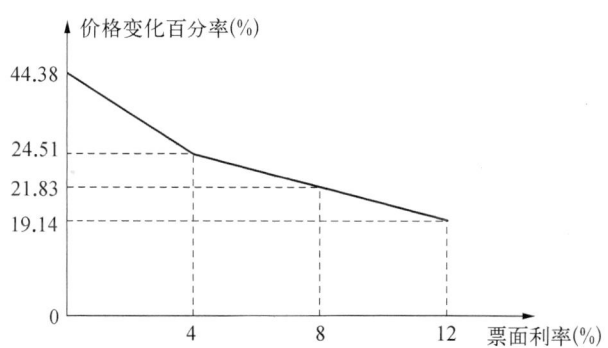

图 2-3　债券票面利率与价格变化的关系

上述原理对债券投资者十分重要,对到期日相同且贴现率也相同的两种债券,如投资者预期贴现率将下降,则应选择票面利率较低的债券买入,因为日后贴现率果真下降,该类债券价格上涨的幅度会更大,从而能获得更多收益,反之相反。

(二) 债券市场价格变动的影响因素

前面我们讨论的是债券内在价值(即理论价格)的分析与评估问题。然而在实际生活中,我们会有这样一个感觉,即债券每天随行就市的价格变化并非与理论价格一致,有时还经常与内在价值背离,这又作何解释呢?

应当指出的是,理论价格仅是将影响债券价格变化的因素作了抽象与简化的分析,并没有把所有影响因素考虑进去。虽然现值是决定债券价格的主要因素,但不是唯一因素,如把其他因素包括进来,自然就出现市场价与内在价值不一致状况。尽管如此,债券内在价值仍是其市场价波动的轴心,无论远离在上,还是远离在下,经过一段时间,终究会向内在价值靠拢。

那么,导致债券市场价波动且有时又与内在价值不一致的主要因素是什么呢?

从内部因素看:

(1) 债券流通性高低。如果债券较容易买卖,特别是迅速出售不会导致其实际价格损失,那么该类债券的内在价值就高,市场价也可略高些;而流通性差的债券则相反。

(2) 债券的信用度高低。通常,信用度高,无偿还风险的债券(如短期国债),愿持有的人较多,买入的需求较高,因而其市场价即使略高也会为市场所接受;反之,规模较小,经营风险较大,偿还风险较高的公司债券,则只能保持较低的市场价。

(3) 税收待遇。有些债券收益要征税,有些则免税。由于出现税收,就使投资者成本及预期收益发生变化。反映到市场上,不同税收待遇的债券价格定位不同,价格波动的幅度也不同。

(4) 提前赎回规定。提前赎回条款是债券发行人所拥有的一种选择权。它允许发行人在债券到期前按约定的赎回价格部分或全部偿还债券。这种规定在财务上对发行人是有利的,因为发行人可以在市场利率降低时发行票面较低利率的债券,取代原先发行的票面利率较高的债券,从而降低融资成本。但对投资者来说,他将遭遇风险,即再投资利率也将降低,这种风险必须从价格上得到补偿。因此,具有较高提前赎回可能性的债券应具有较高的票面利率,因此,也对这类债券的定价产生影响。

从外部因素看:

(1) 市场利率。若市场利率上升,超过债券票面利率,债券持有人将以较低价格出售债券,将资金转向其他利率较高的金融资产,由此引起对债券需求的减少,导致债券价格下降;反之,若市场利率下降,已有债券利率相对较高,其他资金会流向债券市场,推动债券价格上升。

（2）债券供求关系。如同商品价格围绕价值波动一样，引起债券市场价格波动的重要原因是供求关系。通常，新债券发行数量适中，发行条件合理，市场会顺利吸收这部分供给，即不会对债券发行价造成冲击；反之，发行量过大或过小，就会引起债券发行价变化。供大于求导致价格下跌，供小于求引起发行价格上涨。在二级市场交易的债券价格则受到市场买卖双方力量对比的影响。买入需求大于卖出供给，价格上涨，反之亦然。当投资者通过收益与风险的分析预测作出选择且这种选择意愿一致并产生群体的买卖行为时，债券价格就会出现剧烈的波动。

（3）社会经济发展状况。经济增长呈现周期性波动。这对债券价格变化亦有很大影响。在经济景气阶段，企业将增加投资。企业投资所需资金可通过发放债券取得。银行也可通过发行金融债券筹集资金，这时债券供给增加。与此同时，企业忙于实业，银行忙于贷款，资金紧张必然减持各类债券，从而减少了债券投资需求，最终结果是债券供大于求，导致债券价格下降。从另一角度看，经济景气，社会资金需求扩大必然导致利率上升，而市场利率的提高，也是导致债券价格下降的重要因素。当然，经济状况好转会使居民收入增加，也会增加债券投资需求，推动债券价格上涨，但与前一因素相比，影响力略小些。在经济衰退、萧条阶段，则出现相反情况。这时，企业、银行闲置资金增多，会扩大债券持有比重，增加需求。同时，公司投资、银行贷款的减少会缩小公司债及金融债发行规模，这些都会促使债券价格回升。

（4）财政收支状况。当财政资金宽松，经常有剩余资金时，会增加银行存款，也可能买入一些金融债、公司债，以提高资金使用效益。这样会增加债券的需求并推动债券价格上升。与此同时，因财政收支有结余，发行国债规模也会减少，债券供给压力减轻，由此又进一步有利于债券价格上涨。当财政资金紧张并有严重赤字时，财政会减少银行存款或向银行借款，或减少各项拨款，这样会引起整个社会资金紧张，减少债券购买需求。与此同时，为弥补财政赤字，政府还会发行巨额国债，由此又增加了债券供给，这种供求关系的变化必然促使债券市场价格下跌。

（5）经济政策。经济政策主要包括财政与货币政策两种。财政方面的影响已讨论过，以下分析货币政策的影响。货币政策工具主要包括存款准备金制度、再贴现政策及公开市场业务等。首先，中央银行提高存款准备金率时，会使商业银行资金贷款乘数减小，直接后果是社会资金偏紧及利率上升，由此又会减少债券需求，导致债券价格下跌；反之，当中央银行降低存款准备金率时，债券价格会上涨。其次，中央银行提高再贴现率，会直接引起市场利率提高，债券价格下降；反之，则出现相反情况。至于公开市场业务则是中央银行直接买卖国债的行为，其对债券价格的影响就不言而喻了。为实施紧缩货币政策，中央银行在金融市场上抛售债券，会引起债券价格下跌；反之，为放松银根，从市场上大量赎回债券，自然就会促进债券价格上升。

(6) 汇率变化。在一个开放型的国家,汇率变化以及国内外市场利率变化及两者相互影响也对债券价格产生重要影响。当本国货币升值时,国外资金会大量流入本国市场,增加对本币债券需求,自然会推动债券价格上涨;当本国货币贬值时,国内资金又会换成外汇转向国外,从而减少对本国债券的投资。同理,当本国利率低于外国利率时,资金会流出;反之,则流入。这些都会改变国内债券市场供求关系而引起价格波动。这种套利行为,有时会成为一国债券价格波动的重要原因。

四、久期与债券价格变化

在金融市场上,不同期限的债券具有不同的利率,由此就形成利率期限结构问题,其反映的是不同期限债券利率之间的关系及对债券价格变化的影响。

(一) 收益曲线

为反映期限与债券到期收益率之间关系,可用收益曲线加以描述。设一坐标,横轴为债券距其到期日的期限,纵轴为到期收益率,每个点在横轴位置上代表目前至到期日的时间长度,在纵轴上它表示目前至到期日持有某债券的到期收益率,将各个点连接,便得到收益曲线。

应当指出的是:① 收益曲线分析对象仅指同质债券(主要指中长期国债)。这类债券风险、税收待遇及变现能力等基本相同,唯有期限不同。也就是说,它只分析其他条件相同而只是期限不同的债券利率之间关系。② 研究债券利率期限结构实质上是研究债券收益率期限结构,因为投资者关心的是实际收益率而不是票面利率。

由于不同期限债券的收益不同,曲线显示出不同形状,从而反映了不同的收益率关系。

1. 正收益曲线

它又称上升收益曲线,表示在正常情况下短期债券利率低于长期债券,即债券期限越长,收益率越高,期限与收益率呈正向关系(见图 2-4)。在经济运行正常、不存在通胀压力或经济衰退情况下,常出现债券正收益曲线。

2. 反收益曲线

它又称下降收益曲线,表示短期债券收益率较高,长期债券收益率较低,期限与收益率呈反向关系(见图 2-5)。这是一种反常的利率期限结构现象,它通常发生在银根抽紧的时候。由于短期资金偏紧,供不应求,造成短期利率急剧上升。同

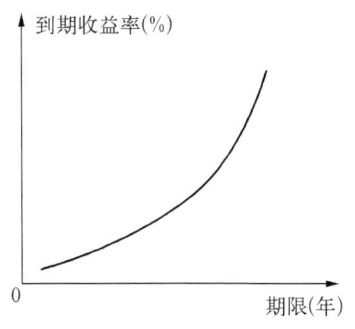

图 2-4 正收益曲线

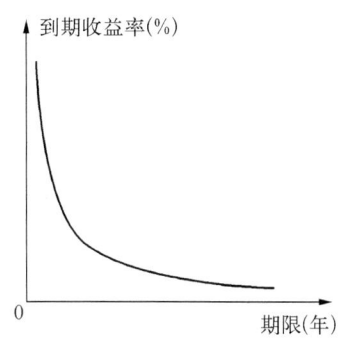

图 2-5 反收益曲线

时抽紧银根又使人们对今后经济产生不乐观预期,对长期资金需求下降,又导致长期利率下降。

3. 平收益曲线

在前面两种曲线互相替代过程中,还会出现一种长短期债券收益率接近的状况,此时收益率曲线为平行线(见图 2-6)。这往往是正反收益曲线调整过程中的一种过渡,或者由市场自动调节,或者由中央银行调控所致。

4. 拱收益曲线

它表示在某一期限之前债券的利率期限结构为正收益曲线,在该期限之后又成反收益曲线(见图 2-7)。出现这种曲线是由于中央银行采取严厉紧缩政策时短期利率急剧上升所致。

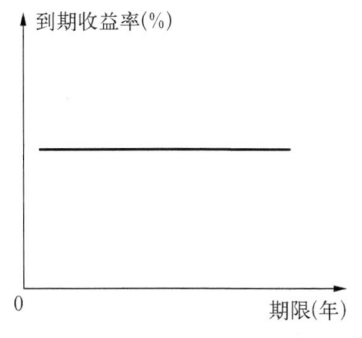

图 2-6 平收益曲线

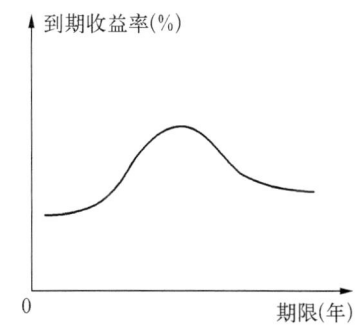

图 2-7 拱收益曲线

不同收益曲线揭示了不同期限债券收益率的相互关系。那么如何解释其成因呢?为此理论界作出各种分析,或从预期角度,或从流动偏好及市场分割角度。虽各有道理,但都有片面性。

通过收益曲线分析,首先,我们可以明白在不同经济条件下,债券期限与收益率相互关系如何变化,由此来调整持有债券的期限结构,争取更大收益。如预期收益曲线由平为正,应多持有短期债券;反之,预期曲线由正转为反,则增加长期债券投资比重。其次,可预测资金在不同市场之间的流动趋势,从而了解即期利率的变化现状,也可为预测未来利率变化提供帮助。再次,可在各种债券中寻找出当前最佳投资对象。比如,当前市场上短期利率水平较低,收益曲线从左向上。如预期 3 年后将出现转折,这时某投资者要作一笔为期 6 个月的投资,在确认上扬的收益曲线短期内不变时,他就选择 3 年期债券,6 个月后变现。这时他不应该购入 6 个月期限的短期债券。原因是:短期债券收益率低,短期获得较低收益,同时因收益低,买入价格相应也高,而 3 年期债券的情况则相反。又如,当发现在同样期限情况下某债券收益高于其他债券时,投资者可分析,这种高收益会引起整条收益曲线上扬呢?还是此债券收益率脱离了实际水平会回落,若是后者,这种债券便是当前很好的投资对象,因为不久后,伴随着收益下降,其价格必然会上升,从而会给投资者带来差价收益。

(二) 久期

久期是分析债券收益波动及价格变化关系的一项重要工具,它既可反映收益率与期限关系,又可从期限角度反映债券价格对利率变化的反应弹性。就此,久期也成为风险管理的重要指标。

久期不同于实际到期期限或剩余年限,它是指债券未来一系列现金流入的平均到期时间。对发行者来说,它是支付债券剩余的所有货币额所需的加权平均年数。对投资者来说,它就是完全收回本金和利息的加权平均年数。久期的分析只对分次付息的附息债券有用,而贴现债券及一次还本付息债券的久期就等于其剩余年限。

1. 久期的计算

久期的计算公式为:

$$D = \sum_{t=1}^{T} \frac{PV(C_t \times t)}{P_0} \qquad (2-11)$$

式中:C_t 为在期限内第 t 期现金流量金额;$PV(C_t)$ 为第 t 期现金流的现值;P_0 为债券的最初价格(目前市价);T 为债券的剩余期限;t 为每次现金流动所需时间。

上式中 $\frac{PV(C_t)}{P_0}$,可认为是每一次现金流量现值占债券市场价格(现金流量总现值)中的比率(权重)。然而将各个比率分别乘以每次现金流动所需的时间并加总后即可得到该债券的久期。对附息债券来说,$D<T$,即久期必然小于剩余期

限。以下举例说明。

【例 2-6】 某一债券,剩余期限为 3 年,面值 1 000 元,年支付利息额(C)为 100 元,假定其贴现率(r)为 8%,那么其久期为多少?

(1) 先计算债券当前市场价。

$$P_0 = \sum_{t=1}^{n} \frac{C}{(1+r)^t} + \frac{F}{(1+r)^n} = \sum_{t=1}^{3} \frac{100}{(1+8\%)^t} + \frac{1\,100}{(1+8\%)^3} = 1\,051.55(元)$$

(2) 再计算每次现金流量现值及其占债券市场价的比重。

第一年现金流量为 92.5926 元,所占比重为:

$$\frac{92.5926}{1\,051.55} = 0.08805$$

第二年现金流量为 85.7338 元,所占比重为:

$$\frac{85.7338}{1\,051.55} = 0.08153$$

第三年现金流量为 873.2237 元,所占比重为:

$$\frac{873.2237}{1\,051.55} = 0.83042$$

(3) 求久期。

3 次现金流量所需时间分别为 1 年,2 年,3 年。

权数依次为 0.08805,0.08153,0.83042。

久期为:

$$1 \times 0.08805 + 2 \times 0.08153 + 3 \times 0.83042 = 2.74237(年)$$

2. 久期变动规律及其应用价值

(1) 久期与息票率及贴现率关系。影响久期的主要因素是债券息票率及贴现率。一般而言,息票率越高,债券久期越短;债券的贴现率越高,其久期也越短。即债券久期与息票率和贴现率呈负相关关系。这可通过数学推导得出,推导从略。

(2) 久期与到期期限关系。到期期限是债券发行时规定的期限。久期则是指收回本金、利息的平均期限,债券票面利率越高,收回本金、利息速度越快,因此高票面利率债券虽到期期限较长,但久期可能反而较短。到期期限与久期并不一致。但在其他条件相同时,到期期限越长,久期也长,反之亦然。

(3) 久期与投资风险关系。久期越长,与该种债券相关的风险也越大,而且风险随久期延长而呈正比例增加。

(4) 久期与债券价格变化的关系。债券价格对利率的敏感程度,即利率变动引起债券价格变动的程度是投资者十分关心的问题。

通常,具有相同到期日但息票率不同的债券价格对利率变化的反应是不同的。即利率发生变化,债券价格调整幅度不尽相同。不过,久期相同的债券价格变化则有相似之处,尽管息票率也并非相同。这是因为债券久期变化与债券价格变化存在着$(1+r)$的负弹性值关系。也就是说,久期等于价格对$(1+r)$的负弹性值。用公式表示:

$$\frac{\Delta P}{P} = -D\frac{\Delta r}{1+r} \text{ 或 } D = -\frac{\Delta P \div P}{\Delta r \div (1+r)} \qquad (2-12)$$

式中:ΔP为债券价格变化值;P为债券初始价格;Δr为债券贴现率(到期收益率)变化值;r为债券初始贴现率。

上式表明,债券价格对利率的敏感程度是久期的函数或久期等于价格对$(1+r)$的负弹性值。

上述分析的意义在于:① 算出久期和了解了利率变化特点后即可预计债券价格的变化。② 久期越长,债券价格对利率变动的敏感程度越高,因而持有该债券风险越大,反之亦然。③ 调整持有债券结构,改变久期,可有效控制风险,争取较大收益。

第二节 股票价格评估

一、股票价格决定的复杂性

股票作为一种有价证券,其价格决定的依据与债券相同,也是以现值理论为基础的。现值理论认为,人们之所以购买股票,是因为它能够为持有人带来预期收入,因此,它的价值大小取决于未来收益的多少。

然而,与债券不同,股票价格决定因素更为错综复杂,且不说股票实际价格形成变化更多受供求关系、市场情绪波动、投机等因素影响而变幻莫测,即使从内在价值评估看,也远比债券复杂,这主要有以下因素所致:

(1) 债券是有期限的,不管其年限多长,总是一个定数。由此就可确切计算出其未来收入总额,并将其折算成现值。然而,股票不存在到期还本问题,只要公司经营正常,不解散不破产,可无限期存在下去。显然,时间系列的无限性(即 $n \to \infty$),使股票未来值及现值的评估十分困难。

(2) 债券票面利率是事先确定的且大多为固定比率,即使是浮动利率债券,其利率变动(累进、累退及与通货膨胀率挂钩)也有规律可循,再加上利息支付数额、次数也为定数,因此现值计算较为简便;相反,普通股支付的股息事先不确定,分配与否、分配多少及变化趋势均未知,因此,事先将未来收入总额加总很困难,所作预测带有很大主观色彩,前提不可靠,推算出的现值也只能似是而非了。

(3) 未来现金收入贴现率的确定是否合理是证券理论价格评估的关键。众所周知,贴现率是指人们对某类证券投资收益与风险评估后所愿接受的必要收益率,其随着经济形势的变化及金融市场投资品种价格波动而不断变化。如果时间较短,贴现率的预期可能较为准确,如果期限很长,就很难正确评估。因而与债券相比,股票理论价格的评估又多了一层不确定因素。

(4) 股票代表了一种股权。股票持有者不仅可获取收益,还可对公司决策产生影响,大股东还可对公司运作形成控制权,显然这种控制权价值也是很难用一般方法评估出来的。

以下我们将介绍一下股票价格评估的几种方法及定价原理。

二、股息贴现评估法

(一) 股息贴现评估法的依据

这一分析方法的基本依据是:股票资产的内在价值是由投资者拥有该股票未来可得现金收入决定的。显然,它也是"收入资本化估值法"的具体运用,其基本原理同债券现值评估法相似。

众所周知,股票投资现金流是由每期取得的股息收入与股票出售时价格两部分组成,将这两部分收入折算成现值即为股票理论价格。

$$V = \left[\frac{D_1}{(1+K_1)} + \frac{D_2}{(1+K_1)(1+K_2)} + \cdots + \frac{D_n}{(1+K_1)(1+K_2)\cdots(1+K_n)}\right] + \frac{P_0}{(1+K_1)(1+K_2)\cdots(1+K_n)} \quad (2-13)$$

式中:V 为股票理论价;D 为每股股息;K 为市场平均利率(贴现率);P_0 为股票出售价;n 为持有股票年限。

设:每年股息不变,即 $D_1 = D_2 = \cdots = D_n$

市场利率不变,即 $K_1 = K_2 = \cdots = K_n$

投资者持有期为永久,即 $n \to \infty$,则:

$$V = \left[\frac{D}{(1+K)} + \frac{D}{(1+K)^2} + \cdots + \frac{D}{(1+K)^\infty}\right] + \frac{P_0}{(1+K)^\infty}$$

因为 $K \geqslant 0$，所以，$1+K > 1$，当 $n \to \infty$ 时，$\dfrac{P_0}{(1+K)^\infty} \to 0$，这时，$V$ 可视为各期股息现值之和。

$$V = \frac{D}{1+K} + \frac{D}{(1+K)^2} + \cdots + \frac{D}{(1+K)^\infty} = \sum_{t=1}^{\infty} \frac{D}{(1+K)^t} \qquad (2-14)$$

上式就属无限期持有的股票价格评估公式。

引入收入资本化估值法后，通过预测，将预测值与市场目前价格作比较，即可作出正确的投资决策。如市场价高于预测值，则说明该股票被高估，应卖出；反之，则买入。由此就产生了净现值评估法。

假设当前时点为零，即 $t=0$，某股票在 $t=0$ 时的市场价（购买成本）为 P，那么它的净现值（NPV）等于其理论价格（V）与当前市场价（购买成本）之差，这同其他投资项目决策所用的净现值计算方法类似。

$$NPV = V - P_0 = \left[\sum_{t=1}^{\infty} \frac{D_t}{(1+K)^t} \right] - P_0 \qquad (2-15)$$

如果 NPV 大于零，说明有利可图。因为未来现金流入现值的总和大于投资成本（买入价格），亦表明目前股价低估。

如果 NPV 小于零，说明得不偿失。因为未来现金流入现值总和小于投资成本（买入价格），亦表明目前股价高估。

除了净现值法外，投资者还可通过内部收益率的计算来评估股票的买卖价格是否合适。

内部收益率是使净现值等于零时的贴现率，用等式表示：

$$\sum_{t=1}^{\infty} \frac{D_t}{(1+K^*)^t} - P_0 = 0 \qquad (2-16)$$

解上述等式，就可得内部收益率（K^*）。如果内部收益率（K^*）大于市场贴现率，则表明该股票值得投资，反之亦然。

在股价评估中，贴现率的合理确定十分重要。然而该值计算又十分困难。考虑到股票折现所用的贴现率应充分反映其承担风险的大小，因而用资本资产定价模型计算出股票的贴现率比较合适。

计算公式为：

$$E(\gamma_j) = \gamma_f + [E(\gamma_m) - \gamma_f] \times \beta_j \qquad (2-17)$$

式中：$E(\gamma_j)$ 为某股票预期收益率；γ_f 为无风险利率；$E(\gamma_m)$ 为市场组合预期收益率；β_j 为某证券的 β 系数。

该公式说明：任一股票的预期收益率等于无风险收益率(γ_f)加上风险补偿收益$[E(\gamma_m)-\gamma_f]\times\beta_j$。因此，计算预期收益率，先要估出无风险利率($\gamma_f$)、市场组合预期收益率$[E(\gamma_f)]$和$\beta$系数。

无风险利率(γ_f)通常以中长期国债的即期利率或历史上中长期国债收益率的平均值为参照。

市场组合收益率$[E(\gamma_m)]$可以市场指数为分析依据。通过技术分析、基本分析及指数与经济指标组成的相关模型，对指数未来走向作出预测，得出指数的预期收益率并以其代替市场组合收益率。

证券β系数的获取有以下方法：

方法之一：以某证券β系数的历史资料，估计下一时期该证券的β值。历史的β值可用某段时期证券价格与市场指数之间协方差对市场指数的方差的比值求得。即：

$$\beta_j = \frac{\text{cov}\gamma_j\gamma_m}{\sigma_m^2} \qquad (2-18)$$

方法之二：用回归分析法计算β值。即：

$$\beta_{t+1} = \alpha_0 + \alpha_1\beta_t \qquad (2-19)$$

通过许多年β值的积累和回归，估出上式中的α_0和α_1就可计算出下一年度的β值。

为准确计算β值，还应考虑公司规模、资本结构、收益稳定增长、证券流动性状况等诸多影响因素，以此形成多元回归模型。

通过以上几种方法，我们获得了γ_f、$E(\gamma_m)$及β值，即可预测某股票预期收益率。

在发达国家，目前有不少专门机构通过收集整理股市有关数据、资料，计算各种证券的β系数、市场指数预期收益率及无风险利率，因而投资者只要有选择地索取这些信息，进行简单计算即可。

（二）股息贴现评估模型

由于股息贴现一般公式含有无穷多项，实际运用十分困难。要计算出所有未来预期股息收入，甚至无限期的股息收入，显然是不可能的。然而，只要作出限定条件，即对股息增长状况作出不同的假设，还是可以推导出不同类型的股息贴现模型的，从而估算出不同股息增长条件下的股票理论价格。当然，假设不能代替实际情况，这也是股息贴现评估模型的不尽如人意之处。以下对各类模型作一介绍。

1. 零增长模型

假设未来各期所得股息为一固定值，即是一个常数，用等式表示：

$D_0 = D_1 = D_2 = \cdots = D_\infty$，其中 $D_0, D_1, \cdots, D_\infty$ 为一无限期内各时段股息，由于是一个固定值，即所有时段增长率为零，所以这种模型称为零增长模型。

将 D_0 代入上述(2-13)模型中的 D_t，那么该模型为：

$$V = \sum_{t=1}^{\infty} \frac{D_0}{(1+K)^t} = \frac{D_0}{(1+K)}\left[1 + \frac{1}{(1+K)} + \frac{1}{(1+K)^2} + \cdots + \frac{1}{(1+K)^{t-1}}\right]$$

式中，方括号部分是无穷等比级数，由比值 $q = \frac{1}{(1+K)}$ 和常数项 $a=1$ 所组成。由于级数比绝对值 $|q|<1$，则判断此级数为收敛级数，其极值为 $\frac{a}{1-q}$，即 $\frac{1+K}{K}$；代入上式，得到：

$$V = \frac{D_0}{1+K} \times \frac{1+K}{K} = \frac{D_0}{K} \tag{2-20}$$

由此可见，当股息为一常数时，股票理论价等于每股股息与贴现率之比。

【例 2-7】 某股票预计以后每年固定发放股息 0.5 元，再假设贴现率为 5%，当无限期持有该股时，该股票理论价为：

$$V = \frac{D_0}{K} = \frac{0.5}{0.05} = 10(元)$$

如果该股票当时市场价为 8 元，则每股净现值为 2 元（10-8）。也就是说该股票价值被低估，可考虑买入；反之，则不宜投资。

以内部收益率计算公式，可对此进一步作出验证。以当前股价(P_0)代替理论价(V)，以内部收益率(K^*)代替市场平均利率(K)，上述公式改为：

$$P_0 = \frac{D_0}{K^*} \text{ 或 } K^* = \frac{D_0}{P_0} \tag{2-21}$$

上例中，$D_0 = 0.5$ 元，$P_0 = 8$ 元，那么：

$$K^* = \frac{0.5}{8} = 6.25\%$$

显然，$K^* > K$，即 $6.25\% > 5\%$。这一方法同样说明该股票价格被低估。

如果市场价为 12 元，则 $K^* = \frac{0.5}{12} = 4.17\%$，低于 5%（$K$），这表明该股市场

价被高估,不宜投资。

零增长模型假设某一股票分配的股息永远不变,这基本符合优先股特征,但与普通股实际情况不符,因而其实际应用价值有限。因为普通股股息大多不是固定的,是随公司盈利的变化而变化。

2. 不变增长模型

假设下一时段的股息较之一个时段股息以一个固定不变的百分比增长,直到永远。即后期股息与前期股息存在着一个固定增长率关系。这种模型称为不变增长模型(Gordon 模型),其又称稳定增长模型或永续增长模型。以下公式表明股息的稳定增长特点:

$$D_t = D_0(1+g)^t, t=1, 2, \cdots, n, \cdots$$

这里 D_0 为上 1 年的股息,将上式代入(2-14)模型,即得到:

$$V = \sum_{t=1}^{\infty} \frac{D_0(1+g)^t}{(1+K)^t} = \frac{D_0(1+g)}{(1+K)} \left[1 + \frac{1+g}{1+K} + \left(\frac{1+g}{1+K}\right)^2 + \cdots + \left(\frac{1+g}{1+K}\right)^{t-1} \right]$$

式中中括号部分为无穷等比级数,它由级数比 $q = \frac{1+g}{1+K}$ 和常数 $a=1$ 组成。

假设 $K > g$,级数比绝对值 $|q| < 1$,则此级数为收敛级数,其值为 $\frac{a}{1-q}$,即 $\frac{1+K}{1-g}$,代入上式,得到不变增长率模型:

$$V = D_0 \left(\frac{1+g}{K-g}\right) = \frac{D_1}{K-g} \quad (g<K) \tag{2-22}$$

【例 2-8】 某公司上一年度每股派发股息 2 元,预测该公司的股息以后将以每年 5% 的增长率递增,假如市场必要收益率为 10%,那么该股理论价为:

$$V = D_0 \left(\frac{1+g}{K-g}\right) = \frac{2 \times (1+0.05)}{0.1-0.05} = 42(元)$$

如果该股目前市场价为 52 元,那么净现值为 -10 元(42-52),也就是说,该股价值被高估,应弃之。

同样,上述公式也可改为内部收益率计算公式,即:

$$P_0 = D_0 \left(\frac{1+g}{K^*-g}\right)$$

或

$$K^* = \frac{D_0(1+g)}{P_0} + g \tag{2-23}$$

代入上式数据,

$$K^* = \frac{2 \times (1+0.05)}{52} + 0.05 = 0.0904$$

显然,内部收益率9.04%,低于市场平均利率10%,这也说明该股票价格被高估。

上述的分析告诉我们:如持有期限无限长,且 $g > K, D_0 > 0, K > 0, n \to \infty$,这时公式 $\sum_{t=1}^{n} \frac{D_0(1+g)^n}{(1+K)^n}$ 中分子的增长速度将远远快于分母增长速度。由于这个多项式是发散的,因此现值不存在,即无法计算。而事实上一个公司股息增长率永远高于贴现率,则无论市场定价多高都低于某股票的实际价值,这样的股票不存在。只有当 $g < K$ 时,该多项式的后一项值均小于前一项,随着项数增加,项值逐渐收敛,股票才能得到一个有限现值,于是上述公式才有实际使用价值。

那么 g 应如何求得呢?在不考虑公司新增资本及负债的情况下,增长率与公司利润留成率及预期投资收益率有关,通常利润留成比例越高,投资收益率越高,业绩增长率越高。设利润留成率为 B,预期收益率为 R,则 $g = B \times R$。其中 $B = \frac{E-D}{E}$。这里 E 为利润额,D 为股息额。

事实上,公司不负债经营的情况极少,若考虑负债,增长率的计算要复杂得多。以下是负债条件下公司业绩增长(g)的计算公式:

$$g = B\left\{ROA + \frac{D}{E}[ROA - i(1-t)]\right\} \quad (2-24)$$

式中:B 为留存比率;ROA 为总资产报酬率 $= EBIT \div$ 总资产;i 为债务利率;t 为所得税率;$\frac{D}{E}$ 为债务股权之比。

上述公式告诉我们,增长率(g)与公司利润留成比率(B)及总资产报酬率(ROA)成正比,而与债务利息率(i)成反比。在总资产报酬率大于债务利息率(资金使用成本)时,可充分利用债务杠杆 $\left(\frac{D}{E}\right)$,即债务与股权比值越高,对增长率贡献越大,此外,举债有避税功能,这一公式也体现出这一点。

不变增长率模型适合稳定增长率略低于宏观经济名义增长率这一条件。另外,红利实际支付率必须与预期增长率相一致。

与零增长模型相比,我们可发现,不变增长率模型与零增长模型有着联系,即 $g=0$ 时,不变增长模型转为零增长模型。零增长模型实际上是不变增长模型的一个特例。进一步分析,如 g 为负数,即股息为负增长率,股息逐年下降时,该公式也适用。由于 g 为负数,评估公式分母值增加,股票的理论价也就下降,这也是符合逻辑的。

3. 配股增资股息增长模型

大多数公司为了发展业务,都通过配股进一步筹资,配股后股本扩大,利润股息能否随之增加,对股价会产生什么影响,这都是投资者所关心的,以下通过模型来分析这一问题。

假设配股前每股股息为 D,增资后原有 1 股股息增加额为 ΔD,贴现率为 K,这时股价为:

$$V = \frac{D + \Delta D}{K} \quad (2-25)$$

式(2-25)中, $\Delta D = D'm - D - LR$。

式中: D' 为增资配股后每股预期股息; m 为增资倍率,即等于 1+配股比率; L 为配股增资追加的投资额,即等于新股每股配股金额×配股比率; R 为公司投资收益率。

将 ΔD 公式代入股价公式 $V = \frac{D + \Delta D}{K}$ 中,又假设 $R = K$,则公式改写为:

$$V = \frac{D}{K} + \frac{D'm - D - LK}{K} \quad (2-26)$$

再简化,可得到:

$$V = \frac{D'm}{K} - L \quad (2-27)$$

公式(2-27)表明,增资配股后的股票价值等于把包括新股份在内所领取的股息折算成现值减去投资额所得的值。

【例 2-9】 某公司决定以 10 股配 6 股的比例增资扩股,配股价为 2 元,原每股股息为 0.2 元,预计增资后每股股息为 0.18 元。假定公司投资收益率与贴现率均为 4%,利用(2-26)公式计算其股价为:

$$\Delta D = 0.18 \times (1 + 0.6) - 0.2 - 2 \times 0.6 \times 0.04 = 0.04(元)$$

$$V = \frac{0.2 + 0.04}{0.04} = 6(元)$$

利用(2-27)公式同样可以计算:

$$V = \frac{0.18 \times 1.6}{0.04} - 1.2 = 6(元)$$

若没有配股因素按(2-20)式计算,原股价为:

$$V = \frac{0.20}{0.04} = 5(元)$$

显然,股价在配股情况下得到提升,虽然每股股息表面上看从0.20元降到0.18元,但实际上并未给股价变化带来消极影响。

上述分析提示,要使配股后仍使股价提升的前提条件是:① 配股价不能过高,否则股东追加投资增多,会出现不利局面。② 增资配股以后预期股息不能大幅下降,即股息增长要赶上股本扩张。如上例,追加资本如果不产生效益,在股本扩张1.6倍后,每股股息将降至0.125元,而实际预期股息为0.18元,说明投入资本提高了效益。③ 配股比率大小对股价也有影响。这些因素都是配股以后评估股价必须注意的问题,不能简单认为配股均会使利润股息实质增加,从而使股票价值提高。

4. 两阶段评估模型

以上模型均以某一时期公司特殊分配政策为分析依据,不具有普遍意义。事实上,不同公司及同一公司不同时期分配政策并不完全相同。因此有必要形成更为复杂的模型,以便更贴近实际。

通常,零增长模型更适合股息分配值固定且长期稳定支付的优先股。而不变增长模型则与处在成熟期的公司分配政策特点相符合。

两阶段增长模型考虑了增长的两个阶段:增长率较高的初级阶段和随后的稳定阶段,在稳定阶段中公司的增长率平稳,并预期长期保持不变。

两阶段红利贴现模型为:

$$p_0 = \sum_{t=1}^{t=n} \frac{D_t}{(1+k)^t} + \frac{P_n}{(1+k)^n} \tag{2-28}$$

式中:P_n 为第 n 年年末公司的价格为 $\frac{D_{n+1}}{k_n - g_n}$;$D_t$ 为第 t 年预期的每股红利;k 为超常增长阶段公司的要求收益率(股权资本成本);k_n 为稳定增长阶段公司的要求收益率;g 为前 n 年的超常增长率;g_n 为 n 年后的永续增长率。

在超常增长率(g)和红利支付率在前 n 年中保持不变的情况下,公式可简化为:

$$p_0 = \frac{D_0(1+g)\left[1 - \frac{(1+g)^n}{(1+k)^n}\right]}{k-g} + \frac{D_{n+1}}{(k_n - g_n)(1+k)^n} \tag{2-29}$$

其中输入变量含义同上。

在 Gordon 增长模型中对增长率的约束条件同样适用于两阶段增长模型中后

一阶段增长率(g_n),即公司的稳定增长率低于宏观经济名义增长率或与宏观经济名义增长率相当。另外,红利支付率必须与预期增长率相一致。如果在超常增长阶段结束后预期公司增长率将大幅下降,则稳定阶段的红利支付率应比超常增长阶段高。

两阶段红利贴现模型的关键是如何确定超常增长阶段的时间长度及稳定增长阶段的增长率。

【例 2-10】 YT 公司基期每股收益＝2.7元,基期每股红利＝0.9元,超常增长期为 5 年：

$g = 13.04\%, \beta = 1.45, rf = 7.5\%, ER_m - rf = 5.5\%$,红利支付率 $= 33.33\%$

稳定增长期：

$g_n = 6\%, \beta = 1.1, rf = 7.5\%$；红利支付率 $= 69.33\%$

求：每股价值 P。

解：超常增长期：$K = rf + \beta(ER_m - rf) = 7.5\% + 1.45 \times 5.5\% = 15.48\%$

稳定增长期：$K_n = rf + \beta(ER_m - rf) = 7.5\% + 1.1 \times 5.5\% = 13.55\%$

代入式(2-29)：

$$\frac{D_0(1+g)\left[1-\frac{(1+g)^n}{(1+k)^n}\right]}{k-g} = \frac{0.9 \times (1+13.04\%) \times \left[1-\frac{(1+13.04\%)^5}{(1+15.48\%)^5}\right]}{15.48\% - 13.04\%} = 4.22(元)$$

$D_6 = E_6 \times 红利支付率_6 = 2.7 \times (1+13.04\%)^5 \times (1+6\%) \times 69.33\% = 3.66(元)$

$$\frac{D_6}{(k_n-g_n)(1+k)^5} = \frac{3.66}{(13.55\%-6\%) \times (1+15.48\%)^5} = 23.62(元)$$

$P_0 = 4.22 + 23.62 = 27.84(元)$

也有人认为,两阶段模型过于简单,最好使用三阶段模型,因为后者与公司生命周期演变的三阶段相符合。大多公司的发展通常经历三个阶段,即成长期、转折期及成熟期。这三个阶段的股息分配特点可分别用高速增长、减速增长及不变增长予以归纳,随后组成三阶段增长模型。接下来的事情是：① 预测每一阶段时间跨度及转折点。② 每一阶段收益增长率及股息支付比率为多少。通常,大多数公司高速成长期收益增长率在 25% 以上,红利支付率很低；成熟期收益增长率为 2%～5%,而在转折期,收益增长率会以一定百分比速率下降。最后,计算不同阶段股票的必要收益率,随后把各阶段估值加总求得股票理论价格。

通过上述分析,可知,股息贴现模型的基本优点是它把股价与股票未来股息收益的资本还原(现值)联系起来,抓住了企业业绩成长性及企业给予投资者回报这一本质东西,因而具有积极意义。随着模型不断完善,还进一步考虑了公司投资收益率、利润留成率等因素对股价的影响。然而这一评估方法,假设条件太多,抽象掉因素太多,因而实际应用仍有不足之处。事实上,公司股息分配不是完全有规律的。股息分配少或不分配未见得说明该企业缺乏现金流。此外,公司分配未必都是现金,有时送股,若出现这一情况,评估就很困难。再有,股价不仅与股息分配有关,主要与创利能力相关,而这一点此模型亦未充分注意,于是还需要借助其他评估方法来加以补充、完善。为更完整地预测股价,通常将股权现金流(FCFE)替代股息作贴现计算出股价,因为 FCFE 与分配政策无关,也能较全面反映公司股东可支配的现金流情况。因篇幅限制,对此不再作介绍。

三、市盈率评估法

虽然贴现模型为评估股价的最基本方法,但人们更愿意使用另一种简单方法。这种方法被称为市盈率评估法,又称价格—收益比评估模型。这种模型的基本方法是将股价与收益(税后利润)作比较,随后判断该股是否具有投资价值。其依据是投资本金收回周期的长短。股票市盈率越高,说明回收期越长,通常不可取,反之相反。这种方法的优点是:① 计算与使用更为简便。② 不仅考虑股息分配状况,还更多注意公司的创利能力。③ 即使多年不派发现金股息的公司,其股票价格也可进行评估。

然而,市盈率评估也暴露出许多不足之处:

其一,市盈率低的股票对购买者来讲是有利的,因为对于同样的企业盈利水平,所付出的投资成本相对较低。但市盈率高的股票又反映了投资者看好这类股票和企业的发展前景,因为股价反映了投资者对企业未来盈利能力的预期。

其二,每股收益与价格并不同步运动。同一股票在各个时期,市盈率各不相同,且变化幅度很大,因此无法有一成不变的市盈率标准。

其三,利率对市盈率影响很大。利率处于高水准时,市盈率相对低,反之亦然。当预测企业进入衰退期,静态市盈率低的股票也缺乏吸引力;当预测企业进入高速增长期,静态市盈率高的企业照样有吸引力。

正因为如此,在运用市盈率评估时,不仅考虑静态状况,更要考虑动态状况,还要考虑其他诸多因素,这在后面分析中将进一步补充。

市盈率计算公式为:

$$\text{市盈率} = \frac{\text{股价}}{\text{每股税后利润}} \quad (2-30)$$

转换公式得：

$$\text{股价} = \text{每股税后利润} \times \text{市盈率}$$

上述公式告诉我们：只要把未来各期每股税后利润预测出，再估算出合理的市盈率，就可计算出合理的股价。或者把某股票合理的市盈率与其市场上实际的市盈率作比较，也可判断出该股股价是高估还是低估。

运用市盈率评估，可有以下几种方法。

方法之一：分别测算某公司税后利润及合理市盈率，随后两者相乘即得出其合理价格。当该股市场价低于合理价时，即买入，反之亦然。

这一方法的要点是如何正确测算出某公司税后利润及合理市盈率。以下就这两方面分别论述。

首先，讨论税后利润的预测。

(1) 通过收入与利润增长的关系式作预测。其计算公式为：

$$E_t = \alpha + \beta S_t + q_t \quad (2-31)$$

式中：E_t 为第 t 年某公司预测利润；S_t 为第 t 年某公司的销售收入(或主营业务收入)；α 为回归系数；β 为回归系数；q_t 为随机扰动项，$\sum_{t=1}^{n} q_t = 0$。

其中：
$$\beta = \frac{\sum_{t=1}^{n}(S_t - \overline{S}_t)(E_t - \overline{E}_t)}{\sum_{t=1}^{n}(S_t - \overline{S}_t)^2}$$

$$\alpha = \overline{E} - \beta \overline{S}_t$$

式中：$\overline{S}_t$ 为销售收入样本平均值或期望值 $\left(\overline{S}_t = \frac{1}{n}\sum_{t=1}^{n} S_t\right)$；$\overline{E}_t$ 为股票收益样本平均值或期望值 $\left(\overline{E}_t = \frac{1}{n}\sum_{t=1}^{n} E_t\right)$。

有了 α 与 β 值，就可以建立起预测公式，因为估计值在多大程度上反映真实值，仍未知，于是又可引入相关程度测定公式。测定公式为：

$$R_{es} = \frac{\sum_{t=1}^{n}(S_t - \overline{S}_t) \times (E_t - \overline{E}_t)}{\sqrt{\sum_{t=1}^{n}(S_t - \overline{S}_t)^2 \times \sum_{t=1}^{n}(E_t - \overline{E}_t)^2}}$$

R_{es} 在 $-1\sim1$ 之间波动。

当 $R_{es}=1$ 时,变量 E_t 与 S_t 完全相关;当 S_t 变大或变小时,E_t 随之同比例扩大与缩小。

当 $R_{es}=-1$ 时,两者完全负相关,即 S_t 变小,E_t 放大,反之亦然。

当 $R_{es}=0$ 时,两者无相关。

通常,相关系数在 0.5～0.6 以上,两者才确定相关关系,0.7～1 才有分析意义与应用价值,否则应删除这一变量分析。

上述计算完成,将 α 值与 β 值代入公式,关系式确立,由此计算未来的利润值。限于篇幅,例证从略。

(2) 将历年利润按时间序列排列,预测未来利润变化趋势,这适合利润增长稳定的成熟企业。如果企业发展不稳定,利润波动很大,不能使用这一方法作预测。

预测公式为:

$$E_t = \alpha + \beta S_t + q_t \qquad (2-32)$$

式中:E_t 为第 t 年某股票预期利润;q_t 为随机扰动项,$\sum_{t=1}^{n} q_t = 0$,n 为考察年数。

其中:

$$\beta = \frac{\sum_{t=1}^{n}(E_t - \overline{E_t})(t - \bar{t})}{\sum_{t=1}^{n}(t-\bar{t})^2}$$

$$\alpha = \overline{E_t} - \beta \bar{t}$$

$$\overline{E_t} = \frac{1}{n}\sum_{t=1}^{n} e_t \qquad \bar{t} = \frac{1}{n}\sum_{t=1}^{n} t$$

(3) 按企业历年利润变化的平均值(正常利润值),描述未来利润变化特点,假如这期利润高于正常利润很多,以后各期按正常利润回归;反之,这期利润低于正常利润很多,以后各期按正常利润回归。

(4) 以最近一两年利润为预测未来值的基数,给定一个正或负的增长率,预测未来利润值。

后两种方法各有优缺点。前者对处于周期性企业的利润预测有效,后者对开拓期转到高速成长期及成熟期转为衰退期的企业利润预测有效。

其次,市盈率的预测。

(1) 利用该企业历年市盈率变化数据,运用算术平均数或中间数方法,算出平均市盈率,以此作为未来市盈率参考。这一方法较适合增长稳定的股票。

(2) 利用历年市盈率变化数据,运用方差分析、回归分析等数学方法,将个别市盈率与市场平均市盈率作比较,找出合理市盈率的变化轨迹。

(3) 找出影响市盈率变化的各种因素。通过分析,确定各类因素对市盈率的影响方向及影响程度,随后运用回归方程估算出合理市盈率。随着影响因素增加及各种因素权重的变动,市盈率也随之变化。通常,影响市盈率的主要因素有:股价、利润及股息增长状况、风险、市场利率、企业分配政策等。

若只考虑利润股息增长率与市盈率关系,则可形成最简单回归方程式:

$$S = \alpha + \beta x \tag{2-33}$$

式中:S 为市盈率;x 为影响变量;α 为固定系数;β 为变量权数。

再考虑多种因素,公式为:

$$S = \alpha + \beta_1 x + \beta_2 y + \beta_3 z \tag{2-34}$$

式中:β_1、β_2、β_3 分别为三个变量影响权数;x、y、z 为三个影响变量。

美国证券分析人士通过实证研究发现,20 世纪 60 年代初,美国股市的市盈率公式为:

$$市盈率 = 8.2 + 1.5 \times 收益增长率 + 0.067 \times 股息支付率 - 0.2 \times 增长率标准差$$

式中:α 为 8.2;β_1 为 1.5;β_2 为 0.067;β_3 为 -0.2。

上述公式的含义是:收益增长率、股息支付率与市盈率成正比。即收益增长率增加 1%,市盈率增大 1.5%;股息支付率增大 1%,市盈率增大 0.067%;增长率标准差与市盈率成反比,前者增加 1%,市盈率减少 0.2%。

例如,某股票增长率为 10%,股息支付率为 30%,增长率标准差为 2,市盈率为 24.8 倍。

当然上述关系式中,α 与 β 的估计值仅为美国当时情况实证分析结果,不能一成不变套用,随着样本变化,时间与环境变化,都需要重新评估,何况影响因素远不止这些。根据对我国股市所作的分析,可以发现,影响我国股市市盈率除上述三个变量外,还有股本扩张情况(送配股情况)、股本规模与结构、同行业平均市盈率、行业成长性、企业在行业中所处地位、利润增长率与销售收入增长率之比等因素。因篇幅有限,在此不作论述。

(4) 市场因素评估法,其主要方法有:

(a) 可将市场平均收益率(贴现率)的倒数作为整体股市合理市盈率的评判标准。在我国,货币资本市场不发达,很难估算社会平均收益率(即市场预期贴现率),通常可将银行 5 年存款率或 5 年期国债利率扣除通胀率后的数值作参考,如市场平均收益率为 8%,合理市盈率为 12.5 倍 $\left(\dfrac{1}{8\%}\right)$ 等。若评估某公司时,可以该公司所处行业的平均投资收益率(用平均净资产收益率替代)作参考,以其倒数视为其合理市盈率标准。按照这一思路,进一步得出的结论是:在市场平均利率未变情况下,如果某公司股票净资产收益率高于市场利率时,那么该股票市盈率必然低于合理市盈率,风险较小,股价上涨潜力较大,反之亦然。

(b) 将不同公司股票按风险收益特点、市场供求特点及行业特点归类,求出同一类股票平均市盈率,以此作为评估的依据。这种方法不仅对发行价的合理确定有效,对交易市场投资者也有参考价值。

(c) 不同股票,市场表现不一,有些活跃,能给投资者带来较大收益;有些较呆滞,可得差价很小。市场表现不同的股票市盈率,其衡量标准也不一样。通常,活跃的小公司股票允许有较高市盈率,也能为市场接受,反之亦然。

方法之二:结合股息贴现模型合理对市盈率作出评估。

再引入市盈率模型,以 V 表示股价,以 S 表示市盈率,以 E 表示税后利润,市盈率公式为:

$$S = \frac{V}{E}$$

转型后得:

$$V = E \times S \tag{2-35}$$

第一,假设未来各期税后利润固定,且全部支付给股东,公司发放股息为零增长,那么:

合理市盈率为:
$$\frac{V}{E} = \frac{1}{K}$$

合理股价为:
$$V = \frac{E}{K} \tag{2-36}$$

这两个公式表示:在满足上述条件后,该股合理市盈率为市场平均利息率(贴现率)的倒数,股价为每股税后利润与市场贴现率之比。

【例 2-11】 某公司股票市场价为 15 元,今年税后利润为 1 元,税后利润全部支付给股东,假设未来各期不变,若市场贴现率为 10%,那么合理市盈率为 10 倍 $\left(\frac{V}{E} = \frac{1}{K} = \frac{1}{0.1}\right)$,合理股价为 10 元 $\left(\frac{V}{E} = \frac{1}{K} = \frac{1}{0.1}\right)$。

如果实际股价为 15 元,其高于理论价 10 元,实际市盈率 15 倍,高于合理市盈率 10,故该股票被高估,应卖出。

第二,假设未来各期每股税后利润增长率不变(g),股息支付比率(π)为一常数,这时,合理市盈率及股价为:

合理市盈率为：
$$\frac{V}{E} = \frac{\pi(1+g)}{K-g}$$

合理股价为：
$$V = E \times \frac{\pi(1+g)}{K-g} \tag{2-37}$$

【例 2-12】 某公司去年税后利润 1.2 元,发放股息 0.4 元,预计未来税后利润增长率为 5%,市场平均利率为 8%,年初股价为 10 元,求合理市盈率与合理股价。解：

合理市盈率为：$\dfrac{V}{E} = \dfrac{\pi(1+g)}{K-g} = \dfrac{1}{3} \times \dfrac{1+0.05}{0.08-0.05} = 11.67(倍)$

合理股价为：$V = E \times \dfrac{\pi(1+g)}{K-g} = 1.2 \times \dfrac{1}{3} \times \dfrac{1+0.05}{0.08-0.05} = 14(元)$

由于该股市价为 10 元,低于理论价 14 元;实际市盈率为 8.34 倍,低于合理市盈率(11.67 倍),故该股价格被低估,应买入。

第三,假设为两阶段模型,则市盈率为：

$$\frac{V}{E} = \frac{\pi_p \times (1+g)\left[1 - \dfrac{(1+g)^n}{(1+k)^n}\right]}{k-g} + \frac{\pi_{pn} \times (1+g)^n(1+g_n)}{(k_n-g_n)(1+k)^n} \tag{2-38}$$

式中：π_p 为高速增长期股息支付比率；π_{pn} 为稳定增长期股息支付比率。

这时,市盈率由以下因素决定：

(1) 高速增长阶段和稳定增长阶段的股息支付比率：支付比率上升时市盈率上升。

(2) 风险程度(通过贴现率来体现)：风险上升时市盈率下降。

(3) 高速增长阶段和稳定增长阶段的预期盈利增长率：增长率上升时市盈率上升。

第四,动态市盈率与价格评估。事实上,影响市盈率变化的原因错综复杂。市盈率下降,既可能是税后利润未变,股价下降所致,也可能是股价未变,税后利润增长所致。同理,市盈率提高情况也如此,只是数值相反变化而已。更为复杂的是,股价与税后利润都会变动。如果变动方向幅度相同,市盈率不变；如果方向相反,则市盈率快速提高或快速降低；如果变化方向一致,但幅度不同,市盈率也会变化。再有,贴现率也在变化之中,只不过不像股价波动那么频繁。此外,市场利率的变动及市场利率变化预期值与实际值不一致,也是影响市盈率的重要因素。

由此,就可作这样的理解：① 为什么有些股票市盈率很低却无人问津,因为人们预期该公司经营将走向衰退,利润有进一步下滑趋势,哪怕该公司当前利润尚可,股价却超前下滑,所以市盈率才低；反之,具有成长性的公司股票,尽管目前利润并不高,但人们预期其今后会快速增长,可赋予其较高市盈率,因为随着今后利润快速增长,市盈率有下降潜力。② 当人们预期市场贴现率呈提高趋势时,以往市场可接受的市盈率也被认为偏高;反之,当预期市场贴现率呈下滑趋势时,以往认为偏高的市盈率却并不为人拒绝。

为进一步明确上述观点,可引入动态市盈率公式。本节开始引入的公式$S=\dfrac{V}{E}$可称为静态市盈率公式。它可理解为:在不考虑市场贴现率及企业盈利变化情况下,以每股市场价格V购买每股盈利为E的股票的回收投资年限。若考虑企业利润不断增长及它与市场贴现率相关性因素,可形成动态市盈率公式:

将$V = E \sum_{N=1}^{\infty} \dfrac{(1+g)^N}{(1+K)^N}$改写成自然对数形式:

$$N = \ln\left[1 - \frac{S(K-g)}{(1+g)}\right] \div \ln\left(\frac{1+g}{1+K}\right) \quad (2-39)$$

式中:S为静态市盈率;N为动态市盈率;g为盈利增长率;K为贴现率。

显然,$g \to 0$,$N \to S$时,假定贴现率$K=10\%$不变,对于不同静态市盈率S和企业盈利增长率g组合,可求出相应动态市盈率N,见表2-2。从表中可以看出,当企业盈利增长率g在一段时间内大于市场贴现率K时,动态市盈率低于静态市盈率;而且企业盈利增长率越高,静态市盈率对动态市盈率影响越小。当然上述分析是假定贴现率K不变,贴现率发生变化,那么动态市盈率随之变化。若贴现率提高,动态市盈率降低速度就减慢;反之,则更快。

表2-2 动态市盈率表

g \ N \ S	20	30	40	60	100
8%	25.21	44.20	73.57	∞	∞
20%	11.27	14.40	16.85	20.59	25.67
50%	5.95	7.08	7.92	9.14	10.71
100%	3.85	4.47	4.93	5.57	6.40

根据动态市场市盈率分析,可得出以下结论:

(1)在市场贴现率不变情况下,企业盈利增长率越高,市盈率下降速率越快,股价上涨潜力越大;反之,企业盈利增长率下降,市盈率提高速度越快,股价下跌空间越大。

(2)由于预期效应,成长性良好的企业股票市盈率在一段时期内往往高于市场平均市盈率,股价可居高不下;反之,成长性差的企业股票,市盈率低于社会平均市盈率,股价超前回落。

(3) 若市场贴现率发生变化或预期发生变化,动态市盈率也必然作相应调整。同时股价评估值也发生变化。

(4) 若贴现率与企业盈利增长率作同向、反向变化,且变化幅度不一致时,则要对市盈率变化作具体分析。

第三节 基金价格决定

一、基金价格决定的基础

基金价格决定的基础是基金的单位净资产值。基金单位净值是基金组织经营业绩的重要体现,也是基金市场价格变化的基础。

基金的单位净值计算公式为:

$$基金单位净值 = \frac{基金资产总值 - 负债 - 各种费用}{基金单位数量} \quad (2-40)$$

基金资产总值是指一个基金所拥有的总资产(包括现金、股票、债券和其他有价证券及金融工具)在每个营业日收市后,按收盘价计算的总资产价值。由于基金所持证券资产价值随市场价格波动,是变化的,因而基金总值、净值也在不断变化。基金负债包括基金经营管理中各种费用,它也影响净值。经营管理费用多,基金净值就低,反之亦然。基金单位数量的变化也是重要的影响因素,对封闭型基金来说,一次发行,然后封闭,在一定期限内,其单位数量是不变的,因而这一因素是常量。而开放式基金可不断发行新基金,亦可不断赎回,因此这一因素是变量。基金的净值确定后,基金价格也就可大致测定出,因为基金净值是基金内在价值,它决定基金的市场价。这一点在开放式基金中表现最为典型。基金净值越高,其价格越高,反之亦然。但封闭式基金不尽相同,这在后面将再论述。

二、基金发行价与交易价

基金发行价是指基金发行时投资者购买基金单位的认购价。它主要由三部分组成:① 基金面值。类似于股票面值,它仅是将基金总额作等额划分,便于表明投资者持有份额与分配比例,不代表基金实际价值。通常,基金面值为1元。② 发行费用。即基金成立时发生费用占基金发起总额的2%~5%,一次分摊在基金单位售价内。③ 基金销售费。后两项总称为基金发行手续费。由此可见,基金发行价＝基金面值＋手续费。我国目前发行基金都是在 1 元面值基础上加 0.01 元手续费，即发行价为 1.01 元/份。若基金分几次发行，后发行的单位基金价就以基金净值而不是面值为基础了。因为前期募集资金已有收益，不能摊薄净值，即发行价＝净值＋手续费。

基金交易价是指基金在二级市场流通的价格。对开放式基金来说，投资者可随时申购与赎回，不必上市交易，因而无发行价与交易价之分。开放式基金价格只有赎回与认购两种价。赎回价是投资者赎回基金份额的价格。赎回价＝基金单位净值＋赎回手续费；认购价是投资者认购单位基金的价格。认购价＝基金单位净值＋认购手续费。由于手续费为固定的费率，因而决定开放式基金价格的变动因素是基金单位净值。封闭式基金不存在再次发行及赎回问题，因而必须上市交易。无疑，其市场价格除了受净资产值影响外，还有受市场供求关系因素影响。

就交易方式而言，开放式基金与封闭式基金也有差异。前者通常在基金公司成立 3 个月后自行或委托证券公司设立柜台进行转让交易，采用每天或 1 周几次报价制度，每天只有一个赎回与申购价，而后者如同上市股票，价格时时在波动。

三、基金价格形成机理

封闭式基金价格决定的基础仍然是基金单位净资产值，但因供求关系所致，交易价经常高于或低于净值，即市场价出现溢价与折价现象。在大多数情况下，封闭式基金出现折价现象。

开放式基金价格不受供求关系影响，基金单位净值为决定其价格的唯一依据。虽然还有手续费，但它是固定的。因此只要评估出基金单位净值，即可计算出其合理的价格。

对开放式基金来说，基金单位净值计算有历史价与期价两种计算方法：

历史价计算公式为：

$$基金单位资产净值 = \frac{根据上一交易日收盘价计算的总值 + 现金}{已售出的基金单位总数} \quad (2-41)$$

期货价计算公式为：

$$基金单位资产净值 = \frac{根据当日收盘价计算的总值 + 现金}{已售出的基金单位总数} \quad (2-42)$$

由于投资者在收盘前进行基金买卖是无法确切知道当日收盘价的，故称为期货价。

复习思考题

1. 债券价格评估依据是什么?
2. 不同付息方式的债券价格如何计算?试举例说明。
3. 影响债券市场价格变化的内在因素有哪些?它们分别对债券市场价格产生什么影响?
4. 影响债券市场价格变化的外在因素有哪些?它们分别对债券市场价格产生什么影响?
5. 简述久期的含义及其与债券价格变化的关系。
6. 什么是股价评估的零增长模型?试举例说明。
7. 什么是股价评估的不变增长模型?试举例说明。与零增长模型相比,两者关系如何?
8. 简述股价两阶段评估模型。试举例说明。
9. 市盈率评估模型是怎样建立起来的?运用这种评估方法应注意哪些问题?
10. 开放式基金与封闭式基金的价值如何评估?两者有什么区别?

第三章

衍生证券定价

本章将对期货、期权合约、转债等衍生证券的价格决定机制作一分析。与基础证券不同,衍生证券价格的决定及变化有其特殊性。下面逐个加以介绍。

第一节 期货定价原理

期货交易是商品、证券现货交易派生出来的新的交易方式,期货合约则是重要的衍生资产。如要通过期货交易达到保值、投机获利的目的,必须明确期货价格形成及决定的原理,了解期货价格变化的特征。以下我们就期货价格生成、变化的原理作一介绍。

一、期货价格的含义及影响因素

(一) 期货价格的含义

期货价格是与现货价格相对应的价格,实际上就是指未来现货的价格。由于未来的不确定性,在未来到期日,现货价格究竟为多少是难以知晓的。考虑到随着交割的临近,期货价会收敛到现货价,因此,利用"无套利"理论可从期货价格与现货价格关系中估算出合理的期货价格。

(二) 期货价格、远期价格的关系

与远期交易相比,期货交易具有如下特点:① 交易合同规模及交割日期统一

规定。② 实施保证金制度,确保交易双方履约。③ 现金流量因执行逐日盯市制度而随时发生。④ 到期实际交割为少数,大多到期前冲销。当然,由于两种交易都实行当前成交、未来交割的方式,因而也有许多相似之处。正是两种交易有同有异,所以两种价格的形成变化既有相同点又有区别点。从理论上讲,在利率一定的情况下,到期日相同的期货价格与远期价格应该是相等的。

然而,在实际生活中,利率不可能不变化,即使变动也并非都可准确预测。由此,期货价格与远期价格就会产生差异。差异主要在于:

若利率变化与期货价格正相关(即利率上升,期货价格也上涨,反之亦然),那么,即使其他条件不变,期货价格应高于远期价格。假如期货对应的标的物为货币时,即呈现这一特点。

若利率变化与期货价格负相关(即利率上升,期货价格下跌,反之相反),那么,即使其他条件不变,期货价格应低于远期价格。假如期货以债券、股票为标的物,就会出现这一情况。

若利率变化与期货价格不相关,那么期货价格等于远期价格。

除了利率因素外,税收手续费的差异也是导致两者区别的重要因素。再有,期货合约流动性大,更容易转手,因而对远期合约更有吸引力,因而价格更高些。尽管有上述区别,但考虑到两种合约期限都不长,利率影响并不大,其他因素也可忽略不计,因而期货价格的研究可以远期价格替代。即两者的价格决定原理是一样的。

(三) 期货价格、现货价格及预期未来现货价格的关系

期货价格是指未来的现货价格。在期货合约期限内,期货价格会逐步与未来现货价格趋于一致。合同到期,期货价与现货价完全一致,至少非常接近,否则会产生明显的套利行为。而套利者买低卖高迫使期货价与现货价重新趋合。虽然现货、期货价格有到期趋合的特点,但在这一过程中,两者并非时时一致,相反经常出现差异。期货价格与现货价格之间的差异称为基差,这种基差正是期货投机的基础。

人们对未来现货价格会作出预期形成了交易者预测的交割日的现货价格,预期价格与期货价格又是什么关系呢?如果市场是高效率的,预期价应是对未来实际现货价的无偏离估计,从这个意义上讲,预期价与期货价是一致的,但预期毕竟是预期,不可能与实际价一致,因此两者偏离是经常的,由此才会产生低买高卖的投机行为。

(四) 影响期货价格变化的因素

影响期货价格变化的因素十分复杂。所有宏观、微观经济因素都会对金融期

货价格变化产生影响,甚至也不可忽略投资倾向、心理因素及供求关系对期货价格的影响。这些影响更多的是通过与期货相关的现货(证券标的物)价格变化起作用的。这些影响因素在其他章节会做详细论述。

这里所讲的影响因素主要有以下几方面:

(1) 如现在以现货价买入期货合约的标的物,储藏到交割日可能带来的持仓费用。

(2) 持仓期间可能现货带来的利息之类的收入。

(3) 买卖合约至交割日期这段时间内,相关证券标的物价格的变化及供求关系变化。

上述因素最终是通过现货与期货的价差(基差)变化起作用的,间接地又影响着期货价格。

此外,逐日盯市制度、保证金制度以及交割凭证和最终结算价格的不确定性也会影响期货价格的确定。

根据上述第(1)、第(2)条因素,我们可划分出几种不同的期货及期货合约的定价公式,以下分析将涉及这方面问题。

二、期货定价模型

(一) 假定条件

(1) 不存在交易成本。

(2) 交易产生利润不纳税或税率都相同。

(3) 市场存在唯一一个无风险利率,投资者可在此基础上无限止借贷款。

(4) 市场参与者灵活套利,使任何套利机会在刚出现时就消失。

(5) 为保证充分套利,允许卖空行为,投资者可出卖他本人并不拥有的资产,并在一段时间内赎回。

(6) 所有利息均按连续复利计算 e^T 为未来值,e^{-rT} 为现值。其中,e 为自然对数的底数(e 等于 2.71828,r 为无风险利率,T 为期限)。

(二) 符号说明

S:相关证券当前的价格。

f:当前期货合约的价格。

F:当前的期货价格。

K:期货合约中的协定交割价格。

r：按连续复利计算的无风险年收益率。

$E(\cdot)$：预期价格。

T：合约期限。

(三) 期货定价模型

根据期货对应的相关证券的不同特点，可设计出不同的定价模型。其主要种类有：以不提供利息、红利收入的证券作为基础资产的期货定价模型，以确定的利息、红利收入额的证券作为基础资产的期货定价模型，以固定的利息率、红利率的证券作为基础资产的期货定价模型。

1. 期限内不提供收入的证券的期货定价模型

这一定价模型主要针对在期货合约有效期内，相关的证券资产没有利息、红利发放的期货而设计的。比如，贴现债券就是典型的代表。又如，为扩大投资暂不发放红利的公司股票也属此类。

如果一个市场是高效率的，任何套利的机会都不存在，那么，上述证券当前的期货价格 F 与当前证券（期货对应的基础资产）的市场价格 S 应满足如下条件：

$$F = Se^{rT} \tag{3-1}$$

如何来理解这一公式呢？为什么合理期货价格等于以当前证券价格为本金的按无风险利率计算的未来值呢？

上述分析我们已提到持仓费用问题。通常持仓费用包括三个部分：① 仓储费用。② 利息费用，是指因拥有现货占用资金而导致的利息损失，实际上是指一种机会成本。③ 自然收益，是指有效期内，占有现货可能带来的利息、红利收入。

对于金融产品，第①个费用不存在，剩下来只涉及②与③。因为这类证券期限内不提供收入，没有自然收益。也不涉及③，由此只讨论利息费用。

因为持有现货者占用了资金，在有效期内产生了利息损失，如果是借来资金，还要承担利息费用。而持有期货合约者则相反，拥有了除保证金外的资金，可进行无风险投资，获取无风险收益，于是两者利益不等。在有效市场，这种现象不会存在下去，因为 $F = S$，谁都会买入 F，出售 S，套取差价。随着市场自身调节，必然使 F 价格上涨，直到持有现货者的利益得到补偿，与 F 持有者利益均衡，才不发生套利行为，于是最后形成了 $F = Se^{rT}$ 的平衡关系。

以下以无套利均衡模型进一步说明这个问题。

如果 $F > Se^{rT}$，套利者可进行如下交易：

(1) 期初以无风险利率 (r) 借入 S 元，购买一个单位的现货证券，同时在期货市场卖空一单位的期货证券。

(2) 到期末 T 时,交割期货合约,以 F 的约定价出售手中的证券,同时归还贷款,连本带利为 Se^{rT}。

结果是套利者在 T 时可稳获 $F-Se^{rT}$ 的收益。

反之,若 $F<Se^{rT}$,投资者可作如下套利活动:

(1) 期初在现货市场卖空证券,得到 S 元收入,并将这笔收入投资于货币市场,获取 r 的利率,同时在期货市场买空 1 单位的期货证券。即在期货市场上建立多头部位。

(2) T 时交割期货合约,支付 F 的价格,得到现货证券,即结束现货市场上空头部位,同时连本带利得到 $Se^{rT}-F$ 的利润。

显然,无论 $F>Se^{rT}$,还是 $F<Se^{rT}$,都会产生套利行为,通过不断套利,最终使两者趋于平衡,即 $F=Se^{rT}$。

在期货价格确定后,又如何确定期货合约(f)的价值呢。以下再作推理。

假设一份期货合约的数量为 1 单位证券,现有两个资产组合,即资产组合 A 与资产组合 B。

资产组合 A:1 份期货合约的多头部位 f 加上金额为 Ke^{-rT} 的现金。

资产组合 B:持有 1 单位现货证券 S。

到了 T 时,组合 A 的现金部分进行无风险投资增值到 K,正好用来交割远期合约,得到 1 单位现货证券。这与组合 B 内容完全相同。既然如此,两个组合期初的价值应相等,否则就会产生套利行为。从套利不可能条件出发可得:

$$f+Ke^{-rT}=S$$

即:

$$f=S-Ke^{-rT} \qquad (3-2)$$

上式提示:期货合约的理论价应是当前现货证券价与期货合约中的协定交割价的现值之差。

由于期货合约 f 的初始价值为零(推理省略),协定价 K 应等于合约开始时的期货价 F,令 $f=0$,$F=K$,得:

$$K=Se^{rT}=F$$

这与上述定价公式相一致。

2. 提供确定收入额的证券期货定价模型

这一定价模型适用于有效期内相关证券能提供确定的利息红利收入额的期货合约。

这一类合约,既存在利息费用问题,又有自然收益,所以定价时必须同时考虑这两个因素。在考虑后一因素时,应注意到这样一个事实,即持有期货合约者实际是放弃了持有现货可能带来的收入(利息红利收入),这样会使持有期货吸引力减小,为求得平衡,必须将这些收入从期货价格中减去。从另一个角度看,股票分红后要除权,其市场价会下跌,因此也应在1单位证券中扣除这部分收入。考虑到这部分收入是未来得到的,求当前价又必须将其折算成现值。若利息收入的现值为 I,那么公式为:

$$F = (S-I)e^{rT} \tag{3-3}$$

以下作进一步推导:

资产组合 A:1 份期货合约的多头部位(f)加上金额为 Ke^{-rT} 的现金。

资产组合 B:1 单位扣除期限内收入现值后的证券($S-I$)。

由于两个组合 T 时价值相同,因而,它们的现值亦应相同,即:

$$f + Ke^{-rT} = S - I$$

转换公式,得出期货合约的价值:

$$f = S - I - Ke^{-rT} \tag{3-4}$$

在合约始点上,合约价值为零,协议价 K 即为当前的期货价格,即: $f=0$, $F=K$,所以可知:

$$F = (S-I)e^{rT}$$

同样,若市场实际期货价格偏离这一理论价格,套利者便有机会,但套利结果最终会使市场价趋于这一理论价。

3. 提供固定收益率的证券期货定价模型

这类证券在未来一段时间的收益率(货币收益与证券价格的比率)可确定。比如收益率相对稳定股票、债券等即属此类。令确定的收益率为 d,并将以上的资产组合 B 改为 1 份 Se^{-dT} 价值的证券,并且假定合约期内证券带来的收入再投资于该证券。

在组合 B 中,证券价值随时间推移、红利的不断再投资而增加,到 T 时,正好为 1 单位证券,于是组合 B 的初始价值应该与组合 A 相同,于是得到平衡公式:

$$f + Ke^{-rT} = Se^{-dT}$$

这类期货合约的价值为:

$$f = Se^{-dT} - Ke^{-rT} \tag{3-5}$$

令 $F=K$, $f=0$, 得期货价格公式:

$$F = Se^{(r-d)T} \qquad (3-6)$$

应当指出,以上公式的推导是以高效率市场为基础的。然而,现实市场并不都是有效率的。由于交易有费用,假定费率为 C,那么,不存在套利机会的期货价格不应该是一个确定值,而是一个区间。以不提供货币收入的证券期货为例,首先,其价格区间是 $[S(1-C)e^{rT}, S(1+C)e^{rT}]$。期货价格可长时间在上述区间波动而不引致套利活动。其次,借入借出资金的利率是有差异的,通常借入利率(RB)大于借出利率(RL)。均衡价格必然在以下区间:$[Se^{RL \times T}, Se^{RB \times T}]$。再次,卖空者将全部资金进行无风险投资的假设也不成立,因为经纪人要扣留部分保证金,令垫头比率为 m,则均衡期货价格应位于 $[mSe^{rT}, Se^{rT}]$ 之间。考虑到上述因素,现实市场上期货价格不是一个确定值,而是一个区间的事实就可接受了。

为更明确直观地理解上述期货及期货合约定价模型,以下举例说明在三种情况下期货及期货合约价格的具体计算方法。

【例 3-1】 期间内不提供收入的证券期货定价。某一种贴现债券期货合约,6 个月后到期,当前该债券价格为 930 元,6 个月的无风险年利率为 6%,那么当前该期货价格为:

$$F = 930e^{0.06 \times 0.5} = 958.3(元)$$

期货合约多头部位的价格为:

$$f = 930 - 958.3e^{-0.06 \times 0.5} = 3.7(元)(空头部位价格为 -3.7 元)$$

【例 3-2】 期间内提供确定收入的证券期货定价。

有一 5 年后到期的附息债券,目前市场价为 900 元,这种债券的期货合约交割日为 1 年后,协定价格为 920 元,有效期末支付一次利息,利息收益为 60 元。假如无风险年利率为 10%,该期货价格为多少?持合约多头部位者想出让这份合约,应以什么价转手?

先求出利息收入现值 I:

$$I = 60e^{-0.1 \times 1} = 54.3(元)$$

再求期货价格 F:

$$F = (900 - 54.3)e^{0.1 \times 1} = 845.7e^{0.1 \times 1} = 934.64(元)$$

求合约多头部位价值 f:

$$f = 900 - 53.4 - 920e^{-0.1 \times 1} = 13.25(元)$$

假如协定价格不偏离期货价格,那么合约价(f)为零。由此可见,当协定价低于期货理论价时,持合约多头部位者转让合约可获利,而空头部位者受损,反之亦然。

【例 3-3】 期间内提供确定收益率的证券期货定价。有一股票目前市价为 20 元,年均红利率为 5%,无风险收益率为 10%,现有该股票 6 个月的远期合约将要上市,期货价应为多少?

$$F = 20e^{(0.1-0.05)\times 0.5} = 20.506(元)$$

假如合约协定价为 21 元,那么持空头部位合约价为:

$$f = 21e^{-0.1\times 0.5} - 20e^{-0.05\times 0.5} = 0.47(元)$$

第二节　期权定价模型

一、金融期权价格构成及影响因素

期权价格是指市场上买卖期权的价格和费用。确切地讲,期权价格就是指期权合约价格,这与前面的期货价格有区别。期权价格的决定及变动是一个十分复杂的问题。对这一问题,人们曾做过长期研究,终于在 20 世纪 70 年代以后研究出各种定价模型。在介绍这些模型之前,有必要先对期权价格作些定性分析。分析包括期权价格构成及影响因素两方面内容。

(一) 金融期权价格的构成

金融期权价格由两个部分构成:一是内在价值;二是时间价值。即期权价格=内在价值+时间价值。

1. 内在价值

内在价值是期权价格的主要组成部分。内在价值又称"履约价值",它是指期权合约本身所具有的价值,也就是期权购买者立即执行该期权所能获得的收益。对看涨期权来说,如标的物(指与期权交易相关的证券及其他金融工具)的市场价格超过期权的行使价格(协定价格),则期权的买方就可能行使其权利而获利,这时看涨期权就具有内在价值,内在价值=市场价格-行使价格,这时该期权处于实值状态;对看跌期权来说,同理反证,当市场价格低于行使价格时,买方可行使权利而获利,同样,这时看跌期权具有内在价值,内在价值=行使价格-市场价格,这时该期权也处在实值状态。如果实际变化处于相反情况,即在看涨期权中市场价低于执行价或者在看跌期权中市场价高于执行价时,此时行使权利无利可图,反而亏本,期权持有人会放弃权利,显然,这时期权内在价值为负,换言之,期权处于虚值状况;当标的物的市场价格等于执行价格时(不考虑交易费用),内在价值为零,此时期权处于平值状态。实际上,不管期权内在价值为零或为负,持有者均不会执行,故内在价值均为零。

【例3-4】 某种股票市场价为每股60元,而以这种股票为标的物的看涨期权的执行价为每股50元,如果不考虑交易费、期权费,而这一期权交易单位是100股该种股票,那么,它的购买者只要执行此期权即可获利1 000元[(60-50)×100]。这1 000元就是这一看涨期权的内在价值,期权处于实值状态。

如果该股票市场价为每股50元,或低于50元,那么这一期权内在价值为零,期权处于平值或虚值状态。

根据上述分析可知,一种期权有无内在价值以及内在价值的大小,取决于该期权执行价与其标的物的市场价之间的差额,以表3-1说明这一情况。

表3-1 期权内在价值的计算

价值 期权类型	实 值	虚 值	平 值
看涨期权	市场价>行使价	市场价<行使价	市场价=行使价
看跌期权	市场价<行使价	市场价>行使价	市场价=行使价

2. 时间价值

时间价值又称为外在价值,它是指期权价格超出其内在价值的部分。由于到期时期权只有内在价值而无时间价值,所以,只有期权未到期,才有时间价值。时间价值的真正含义是:只要有余留时间,期权所对应的标的物市场价格还有向有利方向变动的可能。在到期前任何时点,实值的期权价格由内在价值与时间价值两部分组成,而平值、虚值期权的价格没有内在价值,仅有时间价值。比如,某一份看涨期权,还有一段时间到期,当时内在价值为80元,考虑到余下时间其标的物的市场价还有上涨可能,因此,购买者还愿支付高于80元的价格购买它,以补偿卖方的风险(高于80元部分为时间价值)。所以时间价值又称为风险补偿费。该实值期权价有内在价(80元)与时间价(高于80元部分)两部分组成。

即使在未到期某一个时点上,某期权内在价值为负或为零,即处在虚值、平值状态,但它的交易价仍大于零。也就是说,即使平价期权或虚值期权,持有者也不会因为它没有内在价值而免费提供给他人。之所以如此,是因为该期权还有时间价值,随着时间推移,市场价格的变动可能使虚值、平值期权变为实值期权。

与内在价值不同,时间价值不易计算,因为随着时间推移,市场价究竟如何变动很难事先知晓。一般它是以实际成交价减去内在价而得出的。比如某债券当时市场价为110元,以该债券为标的物、执行价为105元的看涨期权在市场上以7元成交,这样该期权内在价为5元(105-100),而它的时间价则为2元(7-5)。

(二) 影响金融期权价格的因素

为分析方便起见,我们在讨论每一个影响因素时,均假设其他因素不变。以下分点讨论。

1. 期权所处状态

期权处于实值、虚值还是平值状态,对期权价格有很大影响。从内在价值角度看,市场价与执行价之间差额为关键因素。对看涨期权来说,标的物市场价越高,执行价越低,实值越大,从而期权价格也越高。看跌期权正好相反,标的物市场价越低,执行价越高,实值越大,期权越昂贵。无论是看涨还是看跌期权,如果市场价与执行价之间出现与以上相反情况,则都为虚值。

2. 剩余期限

这是影响期权时间价值的主要因素,但也间接影响内在价值,两者综合起来,影响整个期权价。在考虑期限对期权价格影响时,必须注意美式期权与欧式期权的区别。美式期权的期限效应比较简单,无论看涨看跌期权,期权价格与到期日远近呈正相关。可做这样解释:假设有两份期权,除到期日之外其他变量都相同,由于美式期权购买人在到期日前任何一天都有执行期权而获利的机会,到期日越远,对期权持有人来说机会越多,即市场价格向有利方向变动可能性越大,而对期权卖方来说则是风险越大,从而索要的期权价越高,以此作补偿。欧式期权的情况要复杂一些,无论期限长短,对期权持有人来说,执行机会都只是到期日那一天。例如,有两种看涨期权,一个在1个月后到期,一个在6个月后到期,虽然在6个月内证券价格上涨机会大于1个月,但我们无法断定证券在6个月后到期那天与1个月后到期那一天哪个上涨概率大。所以期限对欧式期权价格的影响没有美式期权那么显著。当然,不管欧式和美式期权有何区别,有一点是相同的,即期权时间价格随期限缩短而减少。

3. 期权标的物价格波动状况

标的物价格在未来期限内波动幅度对期权价格影响很大。对证券现货持有者来说,只要持有证券不动,价格暴涨暴跌的结果正好抵销。但对期权持有者来说,则存在着极大盈利机会,但损失则为一个可控制的定量。比如,股价暴涨会给看涨期权持有人带来巨额利润。但股价暴跌不会带来很大损失,最坏结果也就是放弃执行期权,从而损失期权费。对期权卖出者来说,出售标的物价格波动大的期权被执行的可能性较大,必须以较高出售价格来抵偿自己承担的风险。由此可得出结论,期权标的物价格波动越大,期权持有人获利的可能性越大,期权出售者索要补偿费越高,因而期权价格越高,反之亦然。

4. 无风险收益率(短期利率)

无风险收益率对期权价格影响比较复杂。一方面,期权所对应的金融资产价格与利率成反比,即:利率上升,证券价格下跌;利率下降,证券价格上涨。从这个角度看,似乎利率上升对看涨期权不利。另一方面,风险资产(股票)的收益是在无风险利率基础上加风险溢价,收益高又有利于股票价格增长。通常后一个因素强于前一个因素,因为看涨期权损失有限而获利无限,无风险利率上升多少能提高看涨期权的价值。至于买进看跌期权,情况正相反,无论利率上涨下跌均会使看跌期权价值减少。从理论上讲,作为期权定价的利率应是期权到期前一段时间的利率。由于期权到期日一般较短,故这里所讲的利率主要是指短期利率。

5. 分红

分红将使股票因除息而价格下跌,因此对看涨期权是坏消息,而对看跌期权则是好消息。结论是:看涨期权的价格与预期分红的数额负相关,而看跌期权的价格与预期分红数额为正相关。

根据上述分析,我们可归纳如下:

标的物市场价格变化与看涨期权价格成正相关,与看跌期权价格成负相关。而执行价格与期权价格关系与上述情况相反。期限对欧式期权价格影响不明显,而与美式期权价格为显著的正相关关系。无论看涨看跌期权,标的物价格的波动都有利于期权价格的抬升。而分红有利于看跌期权持有者,不利于看涨期权买入者。

二、布莱克-斯科尔斯期权定价模型

有两种常用的期权定价模型:两项式期权定价模型与布莱克-斯科尔斯(Black-Scholes)期权定价模型(或称 B-S 模型)。

两项式期权定价模型假设股票价格变动呈二次分布的形式,也就是在单一时间里,价格变动只存在上升一定幅度或下跌一定幅度两种情况,而上升下跌的概率是呈两次分布的。虽然这种假设过于简化,但它抓住了期权定价中的重要因素。同时,因两项式期权定价模型考虑了期权提前执行问题,因此更适合于美式期权定价。再有,用树型结构来表示价格分布状况,对不同条件期权也可方便地作出计算。

虽然两项式期权定价模型有上述优点,但由于计算过于复杂,因而可操作性差,而 Black-Scholes 定价模型的运用则方便、快捷。特别在计算期权风险敏感性指标时,这一优点更为突出。Black-Scholes 期权定价模型的推导是以价格正态分布为前提,对市场价格分布状况的假设更接近于现实,同时它还考虑了利率因素,从而把投资于期权所受损失列入投资成本,使这一假设更接近实际。

限于篇幅,在此仅对 Black-Scholes 期权定价模型作一介绍。

1. 期权定价模型的一般假设条件

在引出 Black-Scholes 期权定价模型之前,有必要作若干假设,以便使以后的论述简洁明了。

第一,期权价格计算不涉及交易费用与税收。

第二,可以无风险利率为基准无限借与贷。

第三,市场不存在套利机会。

第四,考虑期权期限短,所有的贴现率均按连续复利计算(e^{rT} 为未来值,e^{-rT} 为现值)。

2. Black-Scholes 期权定价模型

除上述假设外,这一模型还进一步假设:① 假设股价变化呈对数正态分布,其期望值与方差一定。② 本模型仅适合欧式期权,由于无红利分配的美式看涨期权与欧式期权价值相同,故美式看涨期权也适用,但不能用于美式看跌期权。③ 利率与股价波动为常数。④ 期权有效期内无红利分配。⑤ 在很短时间内,相关证券价格变化很小。

Black-Scholes 期权定价模型公式为:

$$c = SN(d_1) - Ke^{-rT}N(d_2) \tag{3-7}$$

$$p = Ke^{-rT}N(-d_2) - SN(-d_1) \tag{3-8}$$

其中:

$$d_1 = \frac{\ln\left(\frac{S}{K}\right) + \left(r + \frac{\sigma^2}{2}\right)T}{\sigma\sqrt{T}}$$

$$d_2 = \frac{\ln\left(\frac{S}{K}\right) + \left(r - \frac{\sigma^2}{2}\right)T}{\sigma\sqrt{T}} = d_1 - \sigma\sqrt{T}$$

式中:c 为欧式看涨期权价值;p 为欧式看跌期权价值;$N(d_1)$、$N(d_2)$ 为累积的正态分布概率,可通过查表得到;σ 为标的物价格波动幅度。

以上公式使用需要输入五个变量:标的物市场价(S)、期权执行价格(K)、到期日前的时间(T)、利率(r)及标的物市场价波动幅度(σ)。

前四个变量容易找到。那么标的物市价波动幅度(σ)如何测定呢?

股价波动性是指某股票以连续复利形式计算的年收益的标准差。具体计算方法是:取得历史数据,利用有一定时间间隔的系列股价数据进行估算(包括每天、每周或每月的数据)。我们以 $n+1$ 表示所观察股价数据的总数,S_i 为第 i 个时间间隔结束时的股价,Δt 为以年为单位的时间间隔的长度。令 $r_i = \ln\dfrac{S_i}{S_{i-1}}$,则 r_i 的标准差的一个估计值可以表示为:

$$\sigma^* = \sqrt{\frac{1}{n-1}\sum_{i=1}^{n}(r_i - \bar{r})^2}$$

或者:

$$\sigma^* = \sqrt{\frac{1}{n-1}\sum_{i=1}^{n}r_i^2 - \frac{1}{n(n-1)}\left(\sum_{i=1}^{n}r_i\right)^2} \tag{3-9}$$

式中:$\bar{r}$ 为 r_i 的平均值;σ^* 为计算的交易日或周的标准差。

$$\text{年标准差 } \sigma = \sigma^*\sqrt{\Delta t} = \text{平均交易日或周的标准差} \times \sqrt{\text{每年交易日或周}}$$

在这个估计过程中,选择恰当的观察数目 n 十分重要。一方面多一些数据使估计更为精确;另一方面 σ 是会随时间变化的,太旧的数据会失去意义。同时兼顾这两方面因素,一般可取最近的 180 天或 50~150 周的数据。

有了上述五个变量的数据,只要代入公式,即可计算期权价格。

以下举例说明:

【例 3-5】 某一看涨期权,股票价=236 元,执行价=235 元,$T=90\div 365 = 0.247$ 年,年利率=6%,价格波动幅度=18%。

$$d_1 = \frac{\ln(236 \div 235) + (0.06 + 0.18^2 \div 2) \times 0.247}{0.18 \times \sqrt{0.247}} = 0.258$$

$$d_2 = 0.258 - 0.18 \times \sqrt{0.247} = 0.168$$

查阅正态分布表,可得:

$$N(d_1) = N(0.258) = 0.60169$$
$$N(d_2) = N(0.168) = 0.56684$$

把这些值代入看涨期权公式(3-7):

$$c = 236 \times 0.60169 - 235 \times e^{-0.06 \times 0.247} \times 0.56684 = 10.75(\text{元})$$

这个期权公式给出了 10.75 元的期权价格,如市场价格偏离它,就存在套利机会。

虽然 Black-Scholes 期权定价模型以不分红为假设条件之一,但这与绝大多数情况下股票支付红利的现实不符。考虑到期权期限很短,一般可估算出预期可分的红利值。另外,从理论上讲,在发放红利的那天,除权后股票价格将下跌,跌幅与红利值相同。而在其他日子,股价变化仍服从正态分布特点。明确了这些,稍作处理,Black-Scholes 期权定价模型仍然适用。

处理方法是：先假设股息支付多少是可预期的。由于期权有效期较短,这个假设是合理的。对欧式期权来说,可假定股价由两部分构成：一部分为无风险部分,即用来支付期权有效期内股息的;另一部分为有风险部分。无风险部分等于将期限内所有股息分别从其未来除息日折现至目前所得到的现值的总和。这样,我们只要将 B-S 期权定价模型中 $\hat{S}$ 股价代表股价的有风险部分就可继续利用模型来进行期权估价了。这里要注意两点：一是折现股息以无风险利率为贴现率(r);二是价格波动率(σ)针对股价中有风险部分,理论上此部分波动性应为原股价波动率(σ)的 $\dfrac{S}{S-D}$ 倍(S 为股价,D 为股息贴现值)。

现举例说明：

【例 3-6】 某一欧式看涨期权,执行价为 65 美元,距到期日为 8 个月,该股票现价为 62.5 美元,已知 6 个月后有 1.5 美元的股息分配。另外,原股价波动率为每年 25%,无风险利率为 8%。求该期权的理论价格。

先计算股息现值：

$$D = 1.5\mathrm{e}^{-0.5 \times 0.08} = 1.4412(元)$$

再计算股价中有风险部分的波动率(σ)：

$$\sigma = 0.25 \times \frac{62.5}{62.5 - 1.4412} = 0.2559$$

利用 $\hat{S} = 62.5 - 1.4412 = 61.0588$,$\sigma = 0.2559$,$r = 0.08$,$T = \dfrac{8}{12}$ 这些数据,计算 d_1,d_2：

$$d_1 = \frac{\ln\dfrac{61.0588}{65} + \left(0.08 + \dfrac{0.2559^2}{2}\right) \times \dfrac{8}{12}}{0.2559 \times \sqrt{\dfrac{8}{12}}} = 0.0604$$

$$d_2 = d_1 - \sigma\sqrt{T} = 0.0604 - 0.2559 \times \sqrt{\dfrac{8}{12}} = -0.1485$$

查表后得：

$$N(d_1) = 0.5240$$
$$N(d_2) = 0.4410$$

代入式(3-7),最后有：

$$c = 61.0588 \times 0.5240 - 65\mathrm{e}^{-0.08 \times \frac{8}{12}} \times 0.4410 = 4.82(元)$$

该看涨期权的合理价格应为 4.82 美元。

对于美式期权,在期限内无股息情况下,美式看涨期权与欧式看涨期权实际是一样的。而有股息时,则在最后一个除息日前执行为最优。如要用 B-S 模型,需要作调整。因过于复杂不再论述,但可用近似方法替代。这里包括两个步骤:① 计算与该美式期权同时到期的欧式期权价值。② 计算在期权期限内最后一个除息日前一刻到期的欧式期权价值。③ 两个期权中价值较高的一个可视为近似美式期权价值。

B-S 期权定价模型最早是针对股票期权提出的,以此为基础,适当加以修改,又可形成各类期权的定价模型,如外汇期权、期货期权、债券期权及股指期权定价模型。以下仅介绍股指期权 B-S 期权定价模型。

股指期权 B-S 期权定价模型为:

$$c = e^{-qT}N(d_1) - Ke^{-rT}N(d_2) \tag{3-10}$$

$$p = Ke^{-rT}N(-d_2) - Se^{-qT}N(-d_1) \tag{3-11}$$

式中:q 为期权对应股票年股息率。

其中:

$$d_1 = \frac{\ln\left(\frac{S}{K}\right) + \left(r - q + \frac{\sigma^2}{2}\right)T}{\sigma\sqrt{T}}$$

$$d_2 = d_1 - \sigma\sqrt{T}$$

以下用一例子说明股指期权定价模型的应用。

【例 3-7】 标准普尔股价指数目前为 610 点,有一个有关此指数的欧式看跌期权,执行价为 630 点,到期日为 3 个月,该指数年波动率为 25%,并有 3% 的年度化股息收益,无风险利率为 8%,则该指数期权的合理价格应为多少?

将 $S = 610$, $K = 630$, $\sigma = 25\%$, $q = 3\%$, $r = 8\%$, $T = 0.25$ 代入定价公式(3-9),得:

$$d_1 = \frac{\ln(610 \div 630) + \left(0.08 - 0.03 + \frac{0.25^2}{2}\right) \times 0.25}{0.25 \times \sqrt{0.25}} = -0.0956$$

$$d_2 = d_1 - 0.25\sqrt{0.25}$$

查表可知:$N(d_1) = 0.5380$,$N(d_2) = 0.5873$

则:$p = 630e^{-0.08 \times 0.25} \times 0.5873 - 610e^{-0.03 \times 0.25} \times 0.5380 = 36.9448$(美元)

第三节 可转换债券定价

有关可转换债券的特点与功能已在《证券市场学》教材中作过详尽分析,本节主要就可转换债券价值评估方法作一介绍。

一、可转换债券的价值构成

可转换债券是一种基础证券与衍生证券组合而成的证券品种。其兼有债券与期权双重特征。在转换期间,如标的股票市场价格高于约定的股票转换价格,投资者将行使转换权,或在市场上出售,由此取得溢价收入;反之,则持有债券到期等待偿还。由此可知,可转换债券内嵌一个看涨期权。

可转换债券价值由两部分组成:一是纯债券价值;二是转换选择权价值。后一部分价值受到决定看涨期权所有变量的影响。这些变量包括标的股票市场价格、转换价格、转换比率、转换期限、股价波动标准差及市场利率水平。转换选择权价值随标的股票价格、股价波动幅度及转换期限增加而提高,随转换价格、转换比率的提高而降低。

公司风险增加可能从两个方面影响转债的价值,当转换权价值提高时,可能会降低纯债券部分价值,反之亦然。两种影响的抵销效果使转债受公司风险的影响减少。

二、可转换债券定价模型

因为可转换债券价值由两部分组成,即:

$$可转换债券价值 = 纯债券价值 + 转换选择权价值$$

故其定价模型为:

$$P = \left（\sum_{t=1}^{n} \frac{A}{(1+r_c)^t} + \frac{F}{(1+r_c)^n}\right） + [SN(d_1) - CDe^{-rt}N(d_2)] \times CR \quad (3-12)$$

$$d_1 = \left[\ln\left(\frac{S}{CD}\right) + \left(r + \frac{\sigma^2}{2}\right)t\right] \div \sigma\sqrt{t}$$

$$d_2 = d_1 - \sigma\sqrt{t}$$

式中:A 为债券年利息;F 为债券面值;S 为现行股价;CD 为股票转换价;r 为年

连续无风险收益率;r_c 为债券贴现率;t 为至到期日的时间;$N(d)$ 为累积正态密度函数;σ^2 为股票价格的年方差(波动率);CR 为转换比例。

若考虑期限内支付红利,转换权部分定价模型要作相应的改进。如果以 g 代表股票的持续股息收益率,则改进后的模型为:

$$\sum_{t=1}^{n} \frac{A}{(1+r_c)^t} + \frac{F}{(1+r_c)^n} + [Se^{-gt}N(d_1) - CDe^{-rt}N(d_2)] \times CR \quad (3-13)$$

$$d_1 = \left[\ln(\frac{S}{CD}) + \left(r - g + \frac{\sigma^2}{2}\right)t\right] \div \sigma\sqrt{t}$$

$$d_2 = d_1 - \sigma\sqrt{t}$$

以下以例题作进一步分析。

【例 3-8】 某一上市公司发行转债,转债的面值为 100 元,票面年利率 0.8%,存续期限 5 年,规定转股价格为每股 10 元,发行时,该上市公司股票市价为 10 元。试计算该转债合理的发行价格。

(1) 该转债纯债券部分价值的计算。转债的面值为 100 元,票面年利率 0.8%,存续期限 5 年。如果以当时 5 年期银行贷款利率 6.03% 作为年实际复利率 R,则年连续复利率为:

$$r = \ln(1+R) = \ln(1+6.03\%) = 5.86\%$$

在初始发行时,其纯债券部分的价值计算为:

$$\sum_{t=1}^{n} \frac{A}{(1+r_c)^t} + \frac{F}{(1+r_c)^n} = \sum_{t=1}^{n} \frac{100 \times 0.8\%}{(1+5.86\%)^t} + \frac{100}{(1+5.86\%)^n} = 78.6(元)$$

该转债纯债券部分的价值为 78.60 元。

(2) 可转换债券转换权价值计算。

(a) 股票波动率计算。在利用布莱克-斯科尔斯模型计算买入期权价值所需要的数据中,只有股票价格波动率这一变量是未知的,因此我们先来计算该股票的价格波动率 σ。我们以该公司转债发行前其股票连续 90 个交易日的价格为基础来计算股票价格波动率。计算结果为:

每日收益标准差: $\sigma = 1.94\%$
年标准差:$\sigma = 1.94\% \times (245)^{\frac{1}{2}} = 30.36\%$(以 1 年 245 个交易日计算)

(b) 转换权价值的计算。转债条款中规定的转股价格为每股 10 元,即 $CD=10$,以目前国债利率为参考,以年连续复利率表示的无风险利率 r 取值为 3%,在转债发行时标的物股价 10 元,即 $S=10$;转债发行时离到期日的时间 $t=5$ 年。

将上述数据代入公式(3-11),计算转债包含的转换权的单位价值 c。

$$d_1 = [\ln(10 \div 10) + (3\% + 30.36\%^2 \div 2) \times 5] \div 30.36\% \times \sqrt{5} = 0.5604$$

$$d_2 = 0.5604 - 30.36\% \times \sqrt{5} = -0.1185$$

查正态分布数值表可以得到：

$$N(d_1) = 0.7142, N(d_2) = 0.4528$$

所以：

$$c = 10 \times 0.7124 - 10 \times e^{-3\% \times 5} \times 0.4528 = 3.2267(元)$$

由于转债的转股价格为每股 10 元，所以每张面值为 100 元的转债可以转换成 10 股股票（$CR=10$）。

每张转债所包含的转换权价值 $C = 3.2267 \times 10 = 32.267(元)$。

（3）该转债整体价值等于纯债券部分的价值与部分的转换权价值之和，即：

$$P = 78.60 + 32.267 = 110.867(元)$$

细心的读者会发现，上述例题未考虑支付红利，这与现实情况不符合。以下例题将考虑支付红利的情况。

【例 3-9】 某上市公司转债的面值为 1 000 元，票面利率 6%，债券贴现率定为 8%，规定转股价格为每股 5 元，股票的年收益率为 3%，股票的价格年波动率 σ 为 20%。投资者准备买入时，此上市公司股票市价为 6.5 元，且离到期日还有 5 年。问：投资者可接受的合理转债价格为多少？

（1）该转债纯债券部分价值的计算。转债的面值为 1 000 元，票面年利率 6%，剩余期限 5 年，债券贴现率定为 8%。

纯债券部分的价值计算为：

$$\sum_{t=1}^{n} \frac{A}{(1+r_c)^t} + \frac{F}{(1+r_c)^n} = \sum_{t=1}^{n} \frac{1\,000 \times 6\%}{(1+8\%)^t} + \frac{1\,000}{(1+8\%)^5} = 920.15(元)$$

该转债相当于纯债券部分的价值为 920.15 元。

（2）可转换债券转换权价值计算。转债条款中规定的转股价格为每股 5 元，即 $CD=5$，无风险利率 r 取值为 7.5%，在投资者准备买入时该标的股股价为 6.5 元，即 $S=6.5$，买入时离到期日的时间 $t=5$（年）。

将上述数据代入公式（3-12），计算转债包含的转换权的单位价值 c。

查正态分布数值表可以得到：

$$N(d_1) = 0.9049, N(d_2) = 0.8078$$

所以：

$$c = 6.5e^{-3\%\times 5} \times 0.9049 - 5 \times e^{-7.5\%\times 5} \times 0.8078 = 2.286(元)$$

由于转债的转股价格为每股 5 元,所以每张面值为 1 000 元的转债可以转换成 200 股股票($CR=200$)。

每张转债所包含的转换权价值 $C = 2.286 \times 200 = 457.2(元)$。

(3) 该转债整体价值等于纯债券部分的价值与部分的转换权价值之和,即:

$$P = 920.15 + 457.2 = 1\ 377.35(元)$$

复 习 思 考 题

1. 期货价格计算的基本模型是什么?根据不同标的物特征又可延伸出哪些计算公式?
2. 期权价格是如何构成的?
3. 影响期权价格的主要因素有哪些?
4. 列出 B-S 期权定价模型。并举例说明。
5. 股价指数期货价格如何计算?试举例说明。
6. 可转换债券价格如何计算?试举例说明。

第四章

证券投资基本分析

基本分析法为证券投资的重要分析方法之一。基本分析法又称为经济因素分析法,它是以各种经济理论为指导,通过对影响证券价格变动的各种经济因素的分析,预测证券价格未来中长期变化方向的分析方法。

基本分析的基本框架是:以公司状况分析为核心,考虑到宏观经济产业变化特征,再对证券内在价值及价格走向作出分析预测。基本分析主要从宏观经济、产业变化及公司经营状况三个层面展开。

第一节 宏观经济分析

证券投资活动的成败很大程度上取决于投资者对当前和未来国民经济运行整体态势的分析判断。因为宏观经济形势的向好向坏:一方面对投资对象产生系统影响,即公司经营与宏观经济状况紧密相关;另一方面对证券市场运行环境产生影响。如银根放松与抽紧对证券市场供求关系有影响,经济景气循环方向对投资者的悲观乐观预期会产生影响等。由此可见,在投资活动中,宏观经济分析是一个基础环节,只有把握宏观经济的变化大规律,才能准确预测证券市场总体变化趋势,抓住有利的投资时机。

一、经济增长及其波动对证券市场的影响

(一) 经济增长分析

经济增长是指一国或一地区经济产品与劳务总量随时间推移而形成的数量增

长。经济增长通常以国内生产总值或国民生产总值作为衡量指标。

经济增长分为名义增长和实际增长。前者包含了价格变动因素,后者则剔除了这一因素。实际经济增长使对比的各期的国民生产总值仅反映产量变动。测量经济增长幅度的指标为经济增长率。经济增长率反映的是不同时期产品和劳务产量(价值)对比增长的速度。反映不同时期产品和劳务产量的指标取实际增长率;反映同时期产品和劳务价值的指标则取名义增长率。名义增长率与实际增长率的关系为:

$$实际增长率 = 名义增长率 - 通货膨胀率$$

经济增长率计算公式为:

$$经济增长率 = \frac{按可比价格计算的报告期国民生产总值}{按可比价格计算的基期国民生产总值} \times 100\% - 100\%$$

根据不同需要,可有不同增长率计算方法。

如需要反映某一段时间以来各期的增长状况,可计算定基增长率;如需要研究本年度某时点与去年某时点增长状况,则可计算同比增长率;如需要搞清各个时期逐期增长状况,则可计算环比增长率。

为了完整反映经济增长趋势,剔除各期经济增长率显著差异,通常还需要计算平均经济增长率。其计算公式为:

$$平均经济增长率 = \sqrt[时间间隔数]{\frac{按可比价格计算的报告期国民生产总值}{按可比价格计算的基期国民生产总值}}$$

(二) 经济周期分析

1. 经济周期定义

经济周期是指国民经济活动在总体发展趋势中所经历一次次扩张与收缩的时间长度。

2. 经济周期各阶段特征

一个完整的经济周期包括衰退、萧条、复苏与繁荣四个阶段。

通常,从萧条开始,经过复苏,最后进入繁荣阶段为景气上升阶段;反之,从繁荣开始,经过衰退,进入萧条阶段为景气下跌周期。图 4-1 为经济周期四阶段示意图。

萧条阶段是指经济活动处于最低水平时期。其主要特征是:大量生产能力闲置,不少企业亏损、倒闭,失业人口大量增加。由于市场机制自身调节,再加经济政策刺激,于是经济逐步走出萧条期而进入复苏阶段。在这一阶段,由于设备损耗,企业存货逐步减少,再加上宽松经济政策鼓励,企业开始增加投资,就业人口回升,

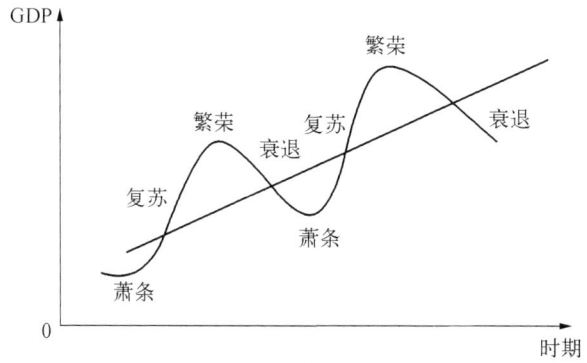

图 4-1 经济周期波动

产量逐步扩大。当这一势头不断延续,即投资、生产、就业扩大,则人们收入提高,促进消费增长,而消费增长又反过来进一步推动投资增长。由此经济进入良性循环,步入繁荣阶段。但这一状况不会持久下去,一旦出现严重通货膨胀,消费增长将放缓,投资随之减少。这时,经济增长就开始下滑,于是经济衰退不可避免了。由于消费需求减少,产品滞销,价格下跌,投资增长受到抑制,生产规模缩减,失业人口再次扩大,紧接着再次步入萧条阶段。随着情况变化,经济又开始了下一个循环周期。

3. 经济周期类型

经济周期按时间长短,可划分为长周期、中周期和短周期三种类型。

(1) 长周期。长周期的平均长度为50~60年,由于该周期由原苏联经济学家康德拉耶夫发现的,故又称康德拉耶夫周期。

(2) 中周期。中周期的平均长度为8~10年(也有定义为10~20年),这一周期被称为朱格拉周期。

(3) 短周期。短周期平均长度为3~5年,又称为基钦周期。

4. 经济周期波动的指标信号

经济周期波动是有一定规律的,因而可作出事先预测和事后评价。预测经济周期波动的指标按反映国民经济增长实际变化状况的敏感性可分为先行指标、同步指标及滞后指标三类。

(1) 先行指标。以经济实际波动为基准(通常取GDP指标),在时间上先于基准发生变动的指标为先行指标,即这类指标比经济活动预先上升或下降,预先达到峰顶与谷底。以美国而言,这类指标多达12种。择其要点,主要包括货币供应量、股价指数、生产工人平均工作时数、新成立公司指数、厂房设备订货单数量、新建筑许可的批准数量、制造业解雇率以及消费者预期指数等。比如,货币供应量持续增长了3个月,未来8~12个月后,经济活动持续转强,反之亦然。其他先行指标可类似解释。

为更完整地反映其领先作用,通常可将所有指标加权平均,编制成综合先行指标,观察这个综合先行指标,可预知未来经济整体变动趋势。若先行指标持续上升3个月,则未来半年后,整体经济会转强,反之亦然。这一分析也可细化到某一行业,从而预知哪个行业率先转强转弱。

(2) 同步指标。同步指标是指与经济活动同步变化的经济指标。这组指标与经济活动同步达到峰顶与谷底。这类指标包括工业生产指数、个人收入、GDP、制造业和贸易销售额、非农业在职人员总数、全社会失业率等。

同步指标可用来验证经济预测的准确性,如先行指标与同步指标都出现下跌,基本可确认经济衰退来临,反之亦然。若先行指标已下降,同步指标未下行,则要进一步观察。

(3) 滞后指标。在时间上滞后于经济活动变化的指标为滞后指标。当经济活动已经转强或转弱时,这类指标才开始上升或下降。

这类指标主要有生产成本、零售存货、物价指数、贷款未偿付余额、失业的平均期限、商业贷款利率等。

滞后指标也可用来进一步验证对经济预测的准确性。在预测经济前景时,同步指标与滞后指标的比率也是一个较好的分析指标。当同步指标上升,但滞后指标尚未上升或上升幅度小,这一比率必然上升,也预示经济继续好转;反之,同步指标下降(至少不上升),但滞后指标尚未下降(或小幅下降),则预示经济前景将会转坏或增长停止。

5. 当前各国经济周期变化的特点

当前各国经济周期变化有如下特点:

(1) 经济周期波动的周期拉长。所谓经济周期波动的周期拉长,指的是经济波动的谷底(峰顶)到另一个谷底(峰顶)延续的时间拉长。之所以出现这一状况是因为各国政府的政策调控起到"削峰填谷"的反周期作用,从而拉长了经济可持续增长时间。此外,新技术革命迅猛发展,产生了众多新兴产业,刺激了更多新需求产生,需求范围扩大及持续时间拉长,也推动了投资增长与生产规模扩大,从而拉长了经济周期。传统制造业增长经常受到基础产业、能源及材料供应的瓶颈限制,从而使周期波动频繁。而现代服务业快速发展及高新技术发展可打破上述限制,求得较长增长周期。

(2) 经济周期波动幅度收窄。所谓经济周期波动幅度收窄,是指经济增长高点与低点之间的落差拉小,即从10%以上高幅型转向5%～3%的中低幅型落差。此外,从经济增长波幅高点看,波幅也呈缩小趋势。经济增长从数量型特征转向质量型特征,从总量扩张型转向结构优化型。同样,从经济波动的低点看,也呈现上移趋势,体现了各国经济已具有较强的抗衰退能力。

(3) 经济周期波动各阶段模糊不清。经济周期波动各阶段模糊不清是指经济周期各阶段时间分布并不均匀,甚至跨越某一阶段直接进入另一阶段,如从衰退直接进入繁荣阶段等。出现这一状况首先与各国政府经济政策干预有关,强烈的政策效应加深了阶段跳跃程度。此外经济全球化使各国经济相互影响程度加大。别国经济发展状况会打乱本国经济周期波动序列。当一国经济对外依赖程度加大时,这一特征表现得更为明显。如欧美经济衰退会加速中国经济从高速增长走向低速增长,甚至形成衰退。

(三) 经济增长波动对证券市场影响

经济增长波动对证券市场影响主要体现在以下几个方面。

1. 经济增长波动导致股票债券内在投资价值变化

众所周知,证券是有内在价值的,但内在价值并不是一成不变的,它随着公司经营业绩、财务安全性及成长特征的变化而不断变化,不管公司处在周期型、防御型还是增长型行业,都会收到经济整体波动影响,只是影响程度不同而已。其中,经济周期波动对周期型行业与公司影响最大。

当经济从低谷走向顶峰时,即经济从萧条走向繁荣的上升阶段时,公司业务量扩大,开工率提高,生产规模扩大,产销两旺,产品价格上升,由此公司盈利快速上升,这时股息分配水平必然大幅提高,公司股票市盈率下降,内在价值也迅速增大;反之,当经济从景气高峰走向低谷时,公司订单快速下降,公司负债增加,生产规模缩减,存货增加,产品价格下降,公司因盈利减少甚至亏损而使股息分配水平下降甚至不分配。由此,公司股票市盈率上升,内在价值迅速下降。

就债券而言,虽然其支付利息与企业经营好坏不挂钩,但在经济形势较好的时候,公司财务安全系数高,利息保障倍数大,也不存在偿付危机,即利息支付及本金偿还均不成问题。一旦经济形势恶化,经济从繁荣走向萧条时,公司盈利急剧下降甚至亏损。由此利息支付受阻甚至债务偿还也受到威胁,从而使债权人利益受损。

2. 经济增长波动使证券价格发生剧烈波动

股市是国民经济的"晴雨表",国民经济周期波动反映到股市必然导致股市行情呈现牛市、熊市交替变化。当经济景气从高峰走向谷底时,股市行情也随之下跌,或长期处在低迷状态,股价下跌使大多数投资者遭遇本金损失;反之,当经济景气从谷底走向高峰时,股市行情必然向好,股价大幅上升使投资者获得可观的资本利得收入。

就债券投资而言,经济景气波动也会导致债券市场价格的波动。与股票相比,虽然这一波动小得多,但也会影响投资者收益变化。通常,伴随着经济繁荣及通胀加剧,政府会采取紧缩货币政策与财政政策。这时市场基准利率步入上升周期,由于利率上升导致债券价格特别是长期债券价格下跌。若未到期,投资者变现必然会赔本;反之,当经济从萧条走向复苏阶段时,政府会采取宽松的财政货币政策,市场基准利率会逐步下降,以刺激经济回升。这时,因利率下降推动债券价格上升,从而使投资者获得较高债券溢价收入。

二、宏观经济指标变化对证券市场的影响

一国经济形势变化主要通过各类经济指标来反映。反映宏观经济形势变化的主要指标有国民生产总值、社会固定资产投资增长率、居民收入增长率、通货膨胀率、利率、汇率、国际收支等。以下仅就这些指标与股市关系作些分析。

(一) 国民生产总值变化是股价变化的基础

一般而言,国民生产总值持续上升是股市稳步上升的重要基础,但对此要作具体分析。

如国民生产总值增长建立在低通胀基础上,这对股市最为有利。这是因为:① 企业的经营环境良好,市场打开,投资增加,利润不断上升,给予投资者回报丰厚,股票投资价值必然提高,股价上扬有坚实基础。② 经济发展使企业居民收入提高,满足基本消费需求后用来投资资金增多,从而扩大了证券市场投资需求,推动股价上涨。③ 经济形势转好增强了投资者信心,由于对未来经济发展有良好的预期,也加速了潜在投资需求向现实投资需求的转化。

如国民生产总值增长同时伴随高通胀甚至增长减速而通胀居高不下(滞涨),则对股价产生负面作用。衡量国民生产总值增长不能用名义增长率,而要用实际增长率。只有扣除通胀率才不会被名义增长率所迷惑。前几年一直困惑投资者的问题是:1993—1995年,我国国民生产总值每年以15%～17%以上速度增长,但股市却一路走熊,从表面看似乎与经济状况不协调,然而考虑当时高通胀率(13%以上)因素,就不足为奇了,因为实际增长率很低,股市当然难以走牛。同样2007年下半年以来,虽然保持了10%左右GDP增长,但因通货膨胀率一路上行,又导致股市进入新一轮大跌走势。为什么高通胀、缓增长不利于股市上涨呢?因为高通胀使企业经营环境恶化,居民实际收入也降低,高通胀会招致紧缩的经济政策,这些都会导致股市下跌。此外,这种状况的出现又使人们对未来经济及企业业绩增长形成不良预期,更加速了股市的下跌。

低通胀条件下的国民生产总值减速增长,既有促进股市上涨一面,也有不利股市的一面。通过经济政策调控,过热经济得到抑制,通胀率大大降低,经济增长率

也逐步下降。在初期，积压存货仍很高，市场消化也有一个过程，企业利润受到影响。根据菲利普斯曲线，低通胀导致失业率提高、人们收入减少、设备资源闲置、削弱了投资需求等。所有这些，均不利于股市上扬。在中后期，积压存货逐步消化，通过投资结构、产业结构、市场结构调整，企业经营状况逐步改善，就业率扩大，使人们收入逐步增多，这又促进股市走出低谷，平稳整理后而逐步回升。特别重要的是，在这一阶段经济矛盾更多表现在经济萎缩方面，政府也会采取各种政策给予刺激。这些先行指标使人们再次对经济向好产生良好的预期，增强了股市投资的信心。

国民生产总值由正增长转为负增长，或由负增长转为增长的转折点对股市的影响最大。当经济增长向下转折时，表明经济状况出现恶化，股市必然会作出反应，此后形成中长期下跌趋势，即进入熊市；反之，经济逐步复苏，经济出现转好的信号，股市由跌转涨，进入牛市。

上述分析表明，经济好坏决定股价涨跌，只有把握住经济周期循环节奏，才能找出股市涨跌大周期。

（二）社会固定资产投资增长与股市波动的关系

社会固定资产投资可从静态与动态两个方面来考察。

静态考察是指固定资产投资额占国民生产总值比重，其预先提示经济增长潜力，当然这一比率过高也不合适。因为投资比率过高表明经济过热，有可能引致紧缩政策推出。

以动态的角度来考察社会固定资产投资则更有意义。社会固定资产投资增长率逐步提高，表明经济开始增长，股指将作出反应，逐步向好。一方面投资增长，将使企业利润来源扩大，有利于股票升值；另一方面投资增长，会形成暂时未用的闲置资金增多，不时会有游资介入股市。当社会固定资产投资增长率逐步回落，表明经济增长已从高峰拐头，企业利润将滑坡，股市会预先作出反应，这时投资股票要谨慎。当然，社会固定资产投资增长率的变化与股市并不发生直接相关关系。因为投资还有一个效益问题。无效投资过多，不仅不能促进经济增长，反而会导致资源的浪费，由此对股市产生消极效应。此外，社会固定投资增长率提高也有一个度，当超越国力，也会形成负面影响。再有，投资有产业地区的倾斜特征，这对不同行业不同区域的股票价格影响形成差异。

（三）通货膨胀对股市影响有利有弊

通货膨胀指的是大多数商品、劳务价格呈现长时期持续上升的趋势。通货膨胀为现代经济生活中一个较为复杂的经济现象，其对股市的影响错综复杂。

通货膨胀导致收入和财富的再分配,物价指数上涨,形成价格体系扭曲及经济增长率失真。通货膨胀按其程度划分有温和与恶性两种。温和通胀(3%以下)对经济影响不大,恶性通胀(两位数以上)则影响极大。

通胀对股市的影响可从以下几个层面加以探讨。先分析其对股市的总体影响。

温和通胀对股价影响很小,基本上可忽略,在某种程度上,它还对股市有积极影响。因为温和通胀推动购买力提高,可使企业逐步消耗前期企业库存,从而带动企业新投资与扩大再生产规模,提高企业盈利能力。轻微通胀也可利用货币幻觉使企业名义资产增值即企业净资产值得以提升,导致股价上扬;同时温和通胀必然伴随经济增长,人们对未来经济预期变得较为乐观,这也会推动股价上扬。

当严重通胀出现后,情况就有所不同了。严重通胀会导致企业资金成本(利率)、原材料、设备、劳动力成本提高,当无法转嫁给消费者即产品滞销时,企业利润会受到影响,股价随之下跌。再加上货币迅速贬值,人们更多囤积商品,购买不动产以求保值,从而分流了股市的资金,导致股价进一步下跌。

更为严重的是,严重通胀必然招致政府的干预。随着紧缩政策的实施,货币供给量减少与资金成本上升使投资消费需求压缩,又使企业经营更困难重重。另外,货币供给量减少,利率提高又造成股市"失血",缩减了入市资金,供求关系失衡导致股价进一步下跌。

通货膨胀又通过经济结构的变化影响股市。

从产业链传递角度看,在温和通胀时期,企业处理了存货,同时劳动力成本低,还能消化原材料价格缓慢上升的负面效应。同时上游产业可将提高的成本转移到下游产业,下游产业又转移给消费者,消费者由于名义收入提高尚能接受。但到了恶性通胀阶段,情况就有所变化了。当消费者无法忍受突飞猛涨的物价时,于是缩减消费。由此,生产经营成本内部消化能力消失及成本转移的链条断裂,所有企业产品滞销,企业盈利下降甚至出现大面积亏损。股市转熊也就不可避免了。

由此可见,在通货膨胀初期,首先受益的是处在上游产业的企业(如能源、贵金属、原材料生产企业),当下游产业能把成本转移给消费者时,加工产业盈利能力也不受影响,但与上游企业相比,受益程度略低些。无疑在通胀初期,上游行业更值得投资。

从行业不同属性看,由于不同行业资产属性不同,因而通货膨胀产生的影响各有差异。一般来说,通胀(非恶性通胀)能给其带来正面效应的行业是:房地产业、采掘业、原油、煤炭等资源型行业;通胀对其产生负面效应的主要为劳动密集型及物资高消耗型行业。因为物价上升使工资成本随之大幅提高,使原料燃料成本急剧上升,若产品价格上升无法抵补成本上升,则必然导致股价下跌。至于物资消耗及人力资本消耗较小的技术密集型行业,其受通胀的影响就略小些。

归纳起来,通胀对股市的影响机制是:通胀初期,股指逐步回升,趋势向上,持续通胀开始对股市产生负面效应,直到恶性通胀,股价由涨到跌,最后导致狂跌。

(四) 利率变化与股价涨跌呈反向关系

与上述经济参数相比,利率对股市的影响更为直接,其通过如下机制产生作用。

利率下跌,使企业资金使用成本下降与利润率上升。公司业绩转好提高了股票价值,促进股价上扬,对负债比重较高的企业尤其有好处。利率下跌,使股票投资机会成本降低,由此,必然使部分资金从银行、债券中流出进入股市以追求更高利润。股市供不应求,进一步刺激股价上扬。

利率的上涨则产生了与此相反的效应。

除了利率之外,准备金比率、票据贴现率等利率衍生参数对股市也有相似的影响。当降低存款准备金比率时,商业银行可用的资金增加,贷款能力随之扩大,市场货币供给量增加,这可促进经济发展,又可使部分资金流入股市,从而推动股价上涨,反之亦然。此外,中央银行贴现率提高将限制商业银行向中央银行贴现,银根抽紧将不利于更多资金进入股市,导致股价下跌,反之亦然。

(五) 居民收入增长率高低直接影响股市

通常,在经济繁荣时期,企业发展,利润增加,居民收入提高很快。若无严重通胀,居民名义收入"水分"则不多,从而有充足资金介入股市;反之,居民收入降低,则限制入市资金。

(六) 税率变化对股市的影响

税收包括两个层面:一是企业的税率高低变化,二是对证券投资交易及收入征收税率的变化。前者的变化,对企业成本利润比值有影响,进一步又影响股票价值,后者则对投资者投资成本有影响。

一般而言,税率提高不利于股市向好;反之,则有利于股市上涨。

(七) 国际收支平衡状况及汇率变化对股市的影响

国际收支状况对股市的影响较为复杂。对那些以国内需求为主、本币未自由兑换、资本项目未开放的内向型经济国家来说,国际收支状况对股市的影响较小;反之,所受的影响很大。东南亚金融危机已说明这一点。

国际收支状况与汇率波动对股市的影响较为复杂,它们对一国经济的影响程度主要取决于如下两个因素:一是该国经济对外依赖程度(即一国外贸总值占GDP比重);二是该国货币可自由兑换程度及汇率制度特征。通常,一国对外经济依赖程度越高,同时货币可自由兑换性质越明显,那么,该国经济受汇率波动的影响越大。如果不具备上述两个条件或只具备某一条件,一国经济所受影响就小得多。当然,即使两者兼备,不同国家所受影响的程度深浅也不一,因此汇率波动对不同国家经济的影响又变得错综复杂。

一般而言,汇率(间接标价)上升,本币贬值,会引起通胀,一旦达到恶化地步,就不利于股市上扬。同时汇率上升又引起资本外流,资金的流失将减弱本国股票投资需求,也导致股价下跌。再有,政府为抑制汇率上升,将抛售外汇回笼本币,稳住本币币值,从而减少本币供应量,它又是引起股价下跌的因素。

如果汇率下跌,本币升值则对股市产生相反效应,导致股价上涨。

从行业结构角度考察,汇率的变化对不同企业影响不一:若汇率上升,本币贬值,有利于出口竞争,出口型企业将得利,使这类企业股价上扬;相反,依赖进口企业成本增加,其股价下跌。

就某一特定行业或企业而言,汇率变动所形成的影响可能更为复杂:一方面,不同行业企业资产负债币种结构差异很大,因此影响程度不一;另一方面,一个行业或企业有进口也有出口,或只进口不出口,或只出口不进口,即使有进有出,比重大小不一。因此对某一特定行业或企业进行分析,必须从净进口与净出口角度来考虑汇率变动可能对其所产生的影响。

应当指出,汇率变动仅是影响出口进口的一个因素,其他众多因素可能与其形成抵销或共振效应。例如,就不同产品而言,需求价格弹性、供给价格弹性、供给成本弹性差异很大,本国、异国居民消费偏好不同,因此对出口进口进行分析时,不能不考虑其他因素。

国际收支平衡对经济发展十分重要,也有利于股价向好;反之,无论是顺差,还是逆差,一旦差额过大,都会对股市产生不利影响。

国际收支调节的手段多种多样,所以对股市的影响是多方面的。

外汇储备的减少与增加,也是调节国际收支平衡的手段之一。抛出外汇,回笼本币必然减少本国资金,本币的紧缩必然形成股市下跌;反之,增加外汇储备,则会放出更多本币,货币供应增加则对股市产生相反效应。

三、宏观经济政策对股市的影响

现代经济是市场机制与政府调控机制相结合的经济。政府在经济生活中的作用日益显现。政府对经济的影响主要是通过经济政策实现的。如前所述,由于政策的影响,经济周期变化更为错综复杂。同时,因政策具有反周期特征,即有超前作用,从而又成为反映经济周期变化的先行信号。

与股市相关的经济政策可分为两个层面:一是宏观经济总体政策,其对股市的影响是间接的;二是有关股市规范与发展的具体政策,其对股市的影响是直接的。后一影响容易理解,因此不再论述。

宏观经济政策主要包括财政政策、货币政策、收入政策及产业政策。经济政策对股市的影响,主要反映在总量及结构两个层面。

(一)财政政策对股市的影响

财政政策主要通过财政税收、财政支出及预算收支平衡等手段影响经济。

财政政策的松动与紧缩对经济总量变化影响极大。一方面其本身引起经济周期波动,从而进一步对股市产生影响;另一方面其作为调节工具又具有反周期特征,其超前效应,使得股市对其反应更灵敏。

松动的财政政策有利于股市上涨。降低税率、减少税种、扩大减免税范围是松动财政政策的主要内容,这可刺激企业投资,降低经营成本,增加企业利润,提高公司股票价值。同时,降低证券投资印花税、所得税,可使证券交易成本降低,刺激股市交投活跃,推动股价上扬。扩大财政支出是松动财政政策又一内容,它包括增加政府购买与公共支出。政府直接投资及政府购买,将带动企业投资,扩大企业产品销路,提高企业利润,从而使股票升值。同时,通过贴息、补贴,也可提高企业与居民收入,促进更多资金流入股市,促进股价上涨。

紧缩财政政策的基本特征是提高税率、增加税种、缩小减免税范围、降低财政支出、减少财政补贴、大量发行国债等。其对股市产生相反影响,即导致股价下跌。

财政政策作用机制较灵活,可从财政收入与支出两方面同时入手,做到松紧搭配,其对股市影响还是要看松紧哪一方占优势:松的一方占优势,有利于股价上扬;紧的一方占优势,则使股价下跌。

财政政策还可对经济结构产生影响,从而进一步影响不同行业、企业的股价。比如通过政府投资、差别税率、减免税范围的划定,对个别行业、企业实施专项财政补贴,以及财政贴息等手段,可抑制或鼓励某些行业、企业的发展。凡受到鼓励的行业、企业,其股价必然上涨;反之,受到抑制的行业、企业,其股价必然下跌。由此可见,这种相机抉择、松紧搭配的财政政策将对股市产生复杂影响,要作具体分析。

(二)货币政策对股市的影响

货币政策对经济影响更多体现在总量调控上。反映在股市上,货币政策对股价总体走向的影响更大。

货币政策主要通过货币供给量、利率、存款准备金比率、公开市场业务等工具实现。其目的是保证币值稳定、经济增长、充分就业及国际收支平衡。由于每一阶段主要矛盾不一,因而不同阶段货币政策调控的目标不完全相同。如在严重通胀时期,以抑制通胀为主要目标;在经济萧条、失业率增加时期,则以提高就业、促进经济增长为主要目标。

与财政政策相同,其对股市的影响总体上也从松动与紧缩两方面起作用。松动的货币政策有利于股市上扬,紧缩的货币政策导致股市下跌。

松动的货币政策的基本特点是:增加货币供应量(扩大央行对金融机构放款规模)、降低利率及存款准备金比率、放松贷款控制、回购政府债券与央行票据等。通常,在经济衰退及总需求不足时实施这一政策。

松动的货币政策可促进股价上扬。因为银根松动可使企业发展有充足的资金,利息支出的减少必然扩大利润比重,这就形成成本降低→利润增加→再投资规模扩大→利润增加这一良性循环。企业业绩提高,可分配利润增加,使股价上扬有坚实基础。此外,利率下调使部分资金从银行转向股市,又增加了股市资金供给量,进一步推动股价上涨。当然货币政策过度松动,累积到一定程度会产生通胀。初期影响不大,但一旦到恶化地步则会引起股价下跌。

紧缩的货币政策与松动的货币政策情况相反,其对股市影响也与松动的货币政策刚好相反。

货币政策也可对经济结构产生影响。这种影响主要通过差别利率、定向贷款等紧中有松、松中有紧的结构调整手段实现的。如对优先发展的农业、交通、高科技产业,可放松贷款额度,实行优惠利率(财政贴息);反之,对有些产业则通过利率的提高及贷款的压缩予以抑制。反映到股市上,个别股价就涨跌不一了。

(三) 产业政策对股市的影响

为促进经济发展,除了经济总量调控政策外,还有结构性调控政策。后者主要为产业政策。产业政策主要包括产业结构政策(关于产业发展重点及优先发展顺序的政策)、产业组织政策(有关反垄断促竞争的政策)、产业技术政策(有关产业技术进步的政策)、产业布局政策(关于产业区域分布的政策)及进出口政策。与财政、货币政策不同,产业政策带有指导性、协调性特点,该政策的具体实施要靠财政、货币、收入政策配合。

产业政策从经济结构角度对经济产生影响,其对股市的影响也如此。即产业政策不对股市总体波动产生影响,仅对行业、区域板块及个股价格产生影响。

产业结构政策将影响不同行业、企业的发展。凡优先扶持的行业由于政策倾斜,将使该类行业稳定发展,有较好市场环境及利润增长基础,从而有利于该行业股票上涨；反之，受政策抑制的行业，其发展受到影响，自然不利于该类股票价格的上扬。

产业组织政策的实施，将使企业组织结构、企业分工格局产生很大变化，购并控股必然对各类股票价格产生很大影响。

产业技术政策则从扶持新兴科技产业、传统产业的技术改造方面影响各个行业发展，进而对各个行业股价产生影响。

此外，进出口政策影响外贸企业（进口型企业、出口型企业）的发展，进一步影响相关企业股票价格，产业区域政策对区域经济发展有影响，进而产生股市区域板块效应。

有关行业变化对股市影响，将在下一章中再作详细分析。

（四）收入政策对股市的影响

收入政策包括总量调控与结构调控两方面内容。它们分别对经济产生不同影响，进而对股市的影响亦不一样。

收入总量调节政策有紧分配与超分配两种。与产业政策相同，收入政策的实施也要借助于财政、货币政策工具。紧分配政策导致社会可分配收入减少，除消费及实业投资外，可进行证券投资比例降低，这势必使流入股市资金减少。同时企业居民收入增长率降低，使人们对未来经济预期持不乐观态度，导致股价下跌；反之，实施超分配政策，可使企业居民收入增加，保证更多资金流入股市，从而推动股价上扬。然而，凡事有个度，当超分配收入政策超越一定界限，会导致严重通货膨胀，又会对股市产生不利影响。

收入结构政策侧重对积累、消费、公共消费与个人消费以及各种收入比例进行调节。如财政收入、公共消费比重减少，企业与居民可支配收入增加，这将促进资金流入股市；反之，则产生相反效应。收入拉开差距，使社会游资比重增大，会强化股市投机性，有利股市上涨；反之，收入过于平均化，大多企业与居民无"溢出收入"，分散资金入市，则使股价走势相对平稳。

四、股市对经济形势与经济政策的反应——超前、滞后、无相关

上述分析仅就一般情况而言，如同经济周期变化一样，股市牛熊交替及牛市、熊市表现形态也错综复杂：有飙升型，也有慢牛型；有长周期，也有短周期；有牛熊迅速交替的，也有长牛短熊、长熊短牛，甚至牛熊形态难分的股价走势。

股市对经济形势与政策的反应大多是超前的，这与股市预期特点有关。股市

反应要提前3个月到半年甚至更长时间。当预期好于实际经济情况,股市超前上涨,一经证实,股价持续一段时期上涨后进入尾声,甚至逆向反应,反之亦然。

另一种情况是股价变化作滞后反应,即经济面已发出向好或向坏的信息,市场仍然不作反应。产生这种情况的原因是:① 股价前期已炒高或走低,待消息出来时市场早已消化,只有等到下一个周期到来或市场本身周期走到位时才作出反应。② 市场走势进入了兴奋期或抑制期高峰:要么市场狂热以致对利空信息视而不见,充耳不闻;要么市场悲观至极对利多信息麻木不仁,由此导致市场对经济面变化滞后反应。③ 经济周期循环及经济政策,对股市产生作用本身也有一个滞后期。虽然消息已明朗,但是它对股市资金供求关系改变及对投资者心态产生影响往往还有一个过程。

甚至还有股价走势与经济周期循环、经济政策变化呈反向态势的。即在经济不景气时期,股市也出现凶猛涨势,而在繁荣期却走势一般。如何理解这一现象呢?产生原因可能有这样几种:一是经济不景气不是经济政策所致,而是经济结构问题造成,新的经济增长点一时又找不到,大量资金为寻找出路,暂时进入股市投机。此外,在一个开放型资本市场,入市资金不受国内资金状况的制约,当一国经济处于不景气时,国内上市公司股票价格正处在低谷,这时,国外资金会进入该国市场投机炒作一番,或作跨国的收购、兼并,在股市中掀起波澜。经济繁荣时期,股市走势不佳,可能是平均利润规律与机会成本比较所致。繁荣时期,投资实业也赚钱,投资机会更多。按资本追求利润最大化的原则,流入股市的资金自然减少。与此同时,对股市泡沫破灭的超前防范意识也会使部分资金撤离股市,如此等等。

股市与经济形势、经济政策呈现反向运动的最根本原因还在于经济信息与股价运行内在节奏不合拍。如果经济因素与股市运行周期节律产生"共振",那么,两者呈强烈正相关;若不一致,则相互抵销,不作反应甚至呈反向关系。

总之,经济指标及经济政策对股市的影响从总体、长远的角度看是正相关的,从短期看,影响股价变化的因素错综复杂,还包括心理、情绪等多种因素。

第二节 行业分析

宏观经济分析为投资者提供了对总体经济环境状况的认识。这对证券市场总体走向的判断有积极意义,但落实到具体投资对象的选择,还需要对不同行业发展状况及波动特征有所了解。因为每个企业经营业绩还与成长性特征均受到行业在国民经济中地位、行业竞争状况、行业周期波动特点及行业生命周期所处的阶段紧密相关。事实上,不同行业发展阶段及周期波动特点与宏观经济发展水平与波动特征并不完全一致,甚至还有很大差异。此外,行业分析又是公司分析的前提条件。因此,行业分析的重要性就不言而喻。

一、行业的定义及分类

(一) 行业定义

行业是指具有某些相同特征的企业群体。其形态特征主要表现在这类企业具有相同的产品形态。

在国民经济发展的不同阶段,行业发展是不平衡的。有些行业形成历史悠久,有些行业刚刚兴起,有些行业处在衰退阶段,有些行业处在成长时期,如此等等。

从严格意义上讲,产业与行业是有区别的。前者包含范围更广,且需要有一定的规模,而后者范围窄些,规模要求不高。有时为使分析更为细致,我们还可将交通运输业细分为航空运输业、公路运输业、水路运输业等。

(二) 行业分类

根据不同目的及划分标准,行业分类可有不同结果。

我国统计部门制定的《国民经济行业分类》将行业分为门类、大类、中类和小类4个层次,共19个门类,95个大类,196个中类和913个小类。

其中19个门类为:A. 农、林、牧、渔业。B. 采矿业。C. 制造业。D. 电力、燃气及水的生产和供应业。E. 建筑业。F. 交通运输、仓储和邮政业。G. 信息传输、计算机服务和软件业。H. 批发和零售业。I. 住宿和餐饮业。J. 金融业。K. 房地产业。L. 租赁和商务服务业。M. 科学研究、技术服务和地质勘察业。N. 水利、环境和公共设施管理业。O. 居民服务和其他服务业。P. 教育。Q. 卫生、社会保障和社会福利业。R. 文化、体育和娱乐业。S. 公共管理和社会组织。

中国证监会于2001年4月4日公布了《上市公司行业分类指引》,将上市公司分为以下几个行业类型:A. 农、林、牧、渔业。B. 采掘业。C. 制造业。D. 电力、煤气及水的生产和供应业。E. 建筑业。F. 交通运输、仓储业。G. 信息技术业。H. 批发和零售贸易。I. 金融、保险业。J. 房地产业。K. 社会服务业。L. 传播与文化产业。M. 综合类。

二、按行业竞争特点选择股票

根据行业中企业数量、产品特点及价格形成机制等要素,可将行业分为完全垄断、寡头垄断、不完全竞争及完全竞争几个类型。

(一) 完全垄断行业

在一个行业中由独家企业生产经营某种产品,该产品具有不可替代特征,产品价格与市场均被这家企业控制。这类行业大多为公用事业,如煤气公司、自来水公司、电力公司等。由于这类产品为生产、生活必需品,具有价格需求刚性,但又是高度垄断的,因此,政府对这类产品价格变动严加控制,只允许价格弥补成本后略有盈余为限。

(二) 寡头垄断行业

该行业特点是企业数量少,企业生产的产品仅有微小差别,相互替代性强。由于该行业具有资金密集型与技术密集型特征,因而进入壁垒很高,新企业进入受到很大限制。这就导致少数企业对其产品价格与市场有极强控制力。汽车制造、飞机制造、钢铁冶炼、航空业均属此类行业。

(三) 不完全竞争行业

不完全竞争行业中企业数量较多,其主要特点是企业生产产品虽然也具有同一性,但在产品质量、售后服务及是否品牌上存在一定程度的差异。一方面,因企业数量多、产品有替代性,因而单个企业无法控制产品价格,从而具有竞争特点;另一方面,因产品质量、是否品牌及服务上存在差异,因而不同企业产品价格略拉开档次。那些生产规模大、产品质量好、品牌知名度高的企业在本行业中有竞争力,这又带有垄断特征。如不同品牌服装、制鞋、家电及餐饮业属这类行业。

(四) 完全竞争行业

在该行业中,由于对资金、设备及技术准入的标准较低,因此进出的企业数量最多。加上产品无差别,任何一个企业均无法控制价格与独占市场。结果是,产品价格及企业利润完全由市场供求关系决定。这就导致该行业中的企业之间竞争激烈,企业经营业绩极不稳定。

应该指出,上述划分仅是一种理论上的假设。实际上,绝大部分企业都处于完全垄断和完全竞争两端之间,即表现为寡头垄断和不完全竞争的特点。

反映一个行业中的企业竞争程度通常以行业绝对集中与行业相对集中两类指标来衡量。绝对集中衡量指标的统计资料容易获得,可以下列公式表示:

$$C_r = \frac{\sum_{i=1}^{r} x_i}{\sum_{i=1}^{n} x_i}$$

式中：C_r 为某行业中最大的 r 个企业所占有的市场份额比率，r 通常取 3～5 个；$\sum_{i=1}^{r} x_i$ 为某行业中最大的 r 个企业所占的市场份额；$\sum_{i=1}^{n} x_i$ 为某行业中所有企业占有的市场总份额。

根据对行业中企业数量、产品特点及价格形成机制的分析，可以给证券投资者捕捉投资对象提供如下启示：

（1）垄断程度越高的行业，其产品价格与利润的确定性越高，因此，投资这类型证券收益稳定，风险较小。无疑，捕捉行业集中度高、竞争程度低的企业股票为上策。

（2）一般来说，竞争程度越高的行业，其产品价格及企业利润受市场供求关系影响越大，企业业绩波动性很强，因而投资收益不稳定，投资风险较大。无疑，投资者应规避这类企业的股票。

三、按行业周期波动特点选择股票

（一）行业周期波动与经济周期波动的关系

受总体经济周期波动的影响，大多数行业会出现相应的波动。尽管不同行业受影响程度并不一样。根据不同行业与经济周期波动的相关性特征，可将行业分为以下几类。

1. 增长型行业

增长型行业的运行与经济整体波动周期相关性程度很低。由于这些行业依靠技术进步、新产品推出使其能保持稳定增长，它不随经济周期的波动而出现同步波动。在经济繁荣时期，这类行业增长高于国民经济增长平均水平；在经济衰退时期，其受影响甚小仍保持一定增长速度。在过去几十年中，通讯行业、计算机软件行业及当前生物医药新能源新材料行业及环保行业体现了这一特征。

寻找增长型行业的基本方法有以下几种：

（1）同一段历史时期（所取时间长度应包括几个经济周期波动），将各行业历年增长率与 GDP 历年增长率叠加在图表上，观察两条曲线相关性。若行业增长曲线和 GDP 增长曲线不相关，且 GDP 增长时，行业增长曲线更快；GDP 曲线下降时，行业增长曲线仍高于 GDP 增长曲线，则为典型增长型行业。

（2）以各行业历年销售额为分子，以对应的历年 GDP 为分母，形成比值指标。若这一比值逐年增长，即使在 GDP 下降时也不受影响，则这类型行业为增长型行业。若要预测行业增长率及行业销售额与 GDP 之比的未来变化趋势，则可用时间序列统计方法给予预测。

2. 周期型行业

周期型行业运行状态与经济周期波动紧密相关。经济处于上升阶段时,这些行业增长率更快;当经济衰退时,这些行业也相应衰退,甚至增长速度回落更快。

大多数行业均为周期型行业,特别是消费品行业、耐用品制造业及商业等。其收入需求弹性度高,具有典型的周期波动特征。

3. 防御型行业

防御型行业的波动相对平稳,虽然也多少受到经济周期波动影响,但影响甚微。由于这类行业收入需求弹性小,因此产品需求相对稳定。在经济上升阶段,其增长率低于周期型行业;在经济滑坡时,其增长率下降有限,有时甚至还会有所增长。该行业主要提供的是生活必需品和公共服务。食品行业、供水供电、港口、机场、公路、铁路等行业为典型的防御型行业。

(二) 投资策略

根据不同行业在经济周期各阶段的不同表现是投资者选择股票的重要依据。

(1) 增长型行业股票为首选股票。它不受经济周期波动影响,更多与该行业自身生命周期有关。其买卖时机选择比较灵活,重要的是选对股票。无论经济如何波动,这类行业均可保持较高的增长速度。投资者不仅可分享该类行业较高的股息收入及资本扩张增值收益(高比例送配),还可获得较大的差价收入。但必须指出的是,增长型行业发展初期风险也大,应正确把握。

(2) 投资周期型行业股票更要关注经济周期波动特点,因为这类行业股价波动受经济周期波动的影响最大。进行这类股票投资,重要的是根据其周期循环特点选好买卖时机。风险偏好者愿投资这类股票。

投资周期型行业股票还可根据某行业周期波动与总体经济周期波动的超前、同步及滞后的特征,分时段买卖周期型行业股票。如经济增长起步时,最先复苏的是钢铁、建材业、建筑业、房地产业,随后是商业,这时可领先买入这类股票。一旦经济出现向下拐点,则应先卖出这类超前反应的股票。

(3) 防御型行业受经济波动影响较小,这一点与增长型行业相同。其主要区别在于:虽然市场需求较稳定,利润增长平稳,但增速较慢,股息分配多,但股价波动小,没有短期内获得较高资本利得机会。这类行业为稳健投资者所偏好。

归纳起来,结论是:

第一,根据经济景气变化,把握好投资与退出时机。

第二,在作出正确投资分析前提下,首选增长型行业股票。在经济复苏扩张阶段,周期型行业股票也不乏投资的好品种。经济出现衰退时最好停止这类股票投资,转投防御型行业股票。如要长期持股,先选增长型行业股票,再考虑防御型行业股票。

四、按行业生命周期特点选择股票

(一)按行业生命周期阶段划分

任何一个行业都有一个从成长到衰退的过程,这一过程称之为行业生命周期。行业生命周期分为开拓期、成长期、成熟期及衰退期四个阶段。如图4-2所示。

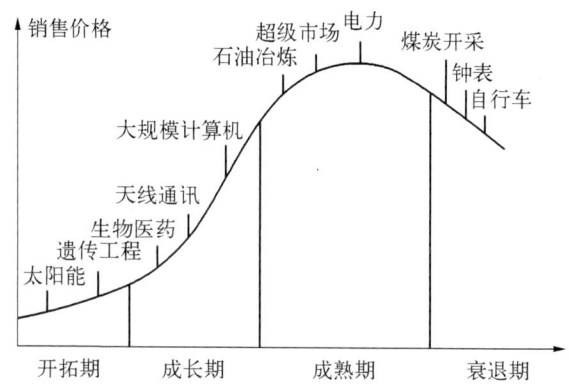

图4-2 典型行业生命周期图

1. 开拓期

新行业的产生通常有分化、衍生与新生长三种,如石化行业从石油开采业分离出来属分化,汽车制造业导致汽车维修业产生属衍生,至于新扩张生长方式则指新行业以相对独立的方式产生。这种行业产生往往是科技革命的结果或用以满足从未有过的新需求。

在开拓阶段,产品研究开发、试制、试销费用极高,由于产品未定型,生产规模小,成本高、利润低,同时消费者未认可,产品市场占有率极小。有些企业能成功走出这一阶段而步入成长期,而不少企业会被淘汰或倒闭。

2. 成长期

新行业经过艰难的创业阶段后,由于其特有的优势争取到众多消费者,市场开拓成功而步入成长期。成长期又可分为快速成长(成长前期)与减速成长(成长后期)两个阶段。在成长前期,由于行业内企业数量少或企业技术专利尚未转让,因而竞争程度低。一方面,产品为市场接受后,销量迅速增长;另一方面,企业生产产量不能应付市场需求,订货单累计增多,这时产品供不应求,有高于其他行业的销售利润率与较快利润增长率。判断行业的成长性,主要从需求收入弹性、技术创新能力、产品关联度、市场容量潜力及产业组织应变力诸方面考察。通常,需求收入弹性高、技术创新能力强、产业关联度高、市场容量大及产业组织规模化潜力大的行业具有成长性特征。在成长后期,高额利润吸引了更多企业进入这个行业,同时技术专利转让也使其他企业进入成为可能。因此,行业内企业之间竞争加剧,市场供求关系逐渐平衡。这时产品价格下降,销售利润率逐步降低。企业之间竞争更多从价格竞争转为新产品开发、生产成本降低、产品质量提高及售后服务优化等方面。竞争力强的企业继续生存,竞争力弱的企业被淘汰,行业内生产厂家的数量趋于稳定。当该行业平均利润与其他行业相差无几时,整个行业步入成熟阶段。

3. 成熟期

行业成熟阶段具有如下特点:① 经过成长后期激烈竞争,在竞争中生存下来的少数大企业垄断了整个行业的市场。单个企业规模扩大,每个企业占有一定的市场份额,且基本稳定,新厂商已难以进入。② 该阶段,产品、技术、生产工艺及产业组织趋于稳定与成熟。产品普及程度高。③ 改进产品质量、提高产品性能及加强售后服务等非价格竞争手段已占据主导地位。

通常,成熟阶段维系的时间较长,但不同行业成熟期的时间长度有很大差异。技术含量高的行业成熟期维系时间较短,而生产生活必需品及公用事业行业成熟期持续的时间很长。

4. 衰退期

行业衰退是必然的,是该行业生产产品需求减少乃至消失及新技术新行业产生替代的结果。行业衰退可分为绝对衰退与相对衰退。绝对衰退是指行业本身内在规模起作用的结果,如产品老化、需求缩减消失等;相对衰退是指行业因结构性原因引起地位与功能衰减的情况。例如,电视业崛起导致电影业的相对衰退,公路业的发展导致铁路业的相对衰退。

在衰退期,企业利润急剧下降,因厂商纷纷退出,企业数量大幅减少。当正常利润无法维系现有投资折旧回收之后,整个行业便逐渐解体。

在很多情况下,行业衰退期往往比行业生命周期其他三个阶段总和还长,大量行业衰而不亡,甚至与人类社会长期共存。

(二)某行业所处的实际生命周期阶段的判断

根据行业生命周期各阶段特征描述,具体判断某个行业所处的实际生命周期阶段,可从以下十个方面考察:

(1)产出增长率。产出增长率包括销售收入增长率与利润增长率两个方面。在开拓期,企业产出增长率不稳定,进入成长期,产出增长率最高,成熟期以后,逐步降低,到了衰退期增长率下降甚至出现负增长。为更准确估计增长率,还可将某行业增长率与 GDP 增长率作对比研究。具体分析方法是:取某一分析时期(假设为 10 年),将其分为前后两段,分别计算某行业前后两段时期的年平均增长率($y_{前}$ 和 $y_{后}$)与 GDP 前后两段时期的年平均增长率($\overline{y}_{前}$ 和 $\overline{y}_{后}$)。将 $y_{前}$ 和 $y_{后}$ 及 $\overline{y}_{前}$ 和 $\overline{y}_{后}$ 比较,可判断某行业生命周期所处阶段。

具体判断如下:

$y_{前} < \overline{y}_{后}$ 及 $y_{后} > \overline{y}_{后}$ 为开拓期;

$y_{前} > \overline{y}_{后}$ 及 $y_{后} > \overline{y}_{后}$ 为成长期;

$y_{前} > \overline{y}_{后}$ 及 $y_{后} < \overline{y}_{后}$ 为成熟期;

$y_{前} < \overline{y}_{后}$ 及 $y_{后} < \overline{y}_{后}$ 为衰退期。

(2)行业规模。随着行业兴衰,市场容量经历"小→大→小"的演变过程,行业资产总规模也经历"较小→扩大→萎缩"的过程。

(3)用户占有率。随着行业生命周期各阶段演化,某行业用户占有率逐步递增,通常经历"用户少→用户逐步增加→用户快速增加→用户趋于稳定→用户饱和"这一过程。

(4)利润率水平。利润率水平是反映行业兴衰程度的综合指标。一般经历"低→高→稳定→低→严重亏损"过程。

(5)公司数量。按行业生命周期各阶段推进,公司数量呈现"少→增加→减少→急剧减少"的过程。

(6)技术进步与技术成熟程度。随着行业兴衰,行业技术创新能力有一个强增长到逐步衰减的过程,技术成熟度则出现"低—高—老化"的过程。

(7)开工率与订单数量。长时期的开工率高与订单数量足反映了行业处在成长到成熟期的景气阶段。衰退期则出现开工不足与订单数量急剧下降的状况。

(8)产品价格变化。产品价格变化也可反映行业生命周期各阶段变化特征。在开拓期,因研制开发费用及生产成本高,市场尚未开拓,故产品价格高。随着行业进入成长期,企业规模扩大,用户增多,单位生产成本下降,产品价格逐步下降,进入成熟期,企业竞争更多为非价格竞争。于是产品价格趋于稳定,到了衰退期,因产品供过于求,再加上一些企业急于退出该行业,纷纷清理库存。于是,产品削价销售,产品价格下降。

(9)企业与资本进退。行业生命周期每个阶段均有企业进退现象。在成长期以前,进入资本数量大于退出量。进入成熟期后,资本进退处在均衡状态,内部企业横向并购成为主流。在衰退期,资本退出数量明显大于进入数量,大多数企业倒闭转产,行业规模萎缩。

(10)行业从业人员职业化水平与收入水平。随着行业从成长期到成熟期再到衰退期,该行业从业人员职业化水平与收入有一个"低→增长→稳定→下降"的过程。

(三) 投资策略

通常,行业处在开拓期有很大潜在发展前途,但新的行业能否形成,新产品能否打开市场或企业在初期能否承担巨大开发研究费用,都有很大随机性。然而高风险也包含高利润,一旦该企业进入高速成长期,投资这类股票就可获取高收益。20 世纪 80 年代,美国英特尔及微软公司即为这类公司,因此要认真研究分析这类行业发展前景。如果对这类行业不太了解就不必冒险。投资这类股票,通常为风险偏好的风险投资家。目前这类行业主要是生物遗传工程行业、微电子行业、通讯行业、高精生物制品、新材料、新能源行业等。

处在成长性阶段行业的股票自然为首选股票。这类公司因处在高成长期,利润快速增长。公司将利润不断进行再投资,进一步推动企业盈利增长。高成长性使股价上升空间不断打开,资本增值速度很快。投资者可获得可观的差价收益。此外,处在行业成长阶段的企业,规模小,股东还可获得资本扩张收益。这种收益包括两个方面:一是盈余公积金多,可分配利润多,由于股本规模小,摊到每股的利润份额可观,股价升值有基础;二是利润增长速度快,不断送配股也不会稀释每股税后利润,股价除权后再填权也有基础,股东收益可随着股票数量增多而使收益呈几何级增长。

通常,行业进入成熟期已无大规模新的投资计划,故盈利大部分作为股息分配给股东,因而股东股息收益十分可观。但考虑到企业成长预期减弱,因而其股价大幅上升动力不如成长期股票。这类行业股票投资通常为风险规避型的稳健投资者。对投资成熟期行业的股票要作具体分析。处在成熟期初始阶段的股票可继续买入和持有,如进入后期则要注意撤离。投资成熟期行业股票应选择在行业中占优势地位的企业股票(如市场所占份额大,本企业利润率高于行业平均利润率,产品质量高、成本低、售后服务优良)。而竞争优势差的企业容易被淘汰,也可能提前进入衰退期,因此,应避免对这类企业股票的投资。

对处在行业衰退期的企业股票不应投资,这类股票价格下落可能性极大。除非企业经过资产重组,实行行业转移或扩大经营范围,实行多元化经营战略。

以上仅对行业变化状况与股价变化关系作出一般分析。然而,投资者具体作出投资决策时,还需要注意以下问题:

第一,不同行业股票价格的变化是错综复杂的,其中,心理预期作用不可忽视。当某行业当前增长型特征还不明显,仅在未来才会逐步显现,或某行业尚处在开拓期,当前风险很大,尚未进入成长期,这时,因市场预期效应,会超前将这类股票价格炒高;反之,某行业尚未进入衰退期,股价也会超前下跌,因此不要在市场价格高估情况下盲目买入,或在价格低估时盲目卖出。当增长型行业股票市场价格明显高估,而稳健型、防御型行业股票明显低估时,宁取后者,不取前者。

第二,不同国家经济发展程度差异大,收入需求结构、资本配置结构、消费习惯不同,经济开放程度也不一,因此不能简单照搬。在一些国家为衰退型行业,在另一国家可能仍处在成长期。在一国为周期性行业,而在另一国则为另一种性质行业。经济开放程度较大的国家,由于外国竞争者及消费者介入,会改变行业生命周期,使行业发展有些阶段缩短或拉长。根据这些特点,股票投资的行业选择应具体问题具体分析,绝不能照本宣科,教条式地运用。

第三,对大多数投资者来说,不可能有那么多的精力也不具备那么广泛的专业知识对各行业作面面俱到的分析。因此要借助各类信息资料,如专家、专业人员所作的行业分析报告,有关部门定期不定期公布的各种数据资料都有参考价值。同时,要密切注意国家产业政策的倾斜特点,注意某行业产品市场供求状况,等等。

第四,行业分析仅从中长期角度揭示股价波动的特点,而股票市场价格的变化有很多影响变量,因而实际操作还需要考虑其他因素。

第三节 公 司 分 析

投资证券首先要对宏观经济环境作出分析,以预测经济未来发展前景,在此基础上确定风险资产、无风险资产及现金之间的配置。接着根据经济景气状况,重点关注相关行业,决定资金在不同行业间的配置比例。但问题是,大的决策框架确定后,还需要确定具体的投资品种。即要在相关的行业中选择个股,这时公司分析就必不可少了。

一、分析公司业绩的基本方法

公司业绩集中表现在销售收入及利润指标上。高收入、高利润的公司股票归为绩优股,低收入、低利润股票为绩差股。至于公司达到什么数量的收入与利润可归为绩优股,这没有绝对的标准,只是相对而言的。为了便于比较,公司收入、利润还必须作单位化、比率化处理,如毛利率、每股税后利润、净资产收益率等。但是只看公司销售收入、利润数据是否就可评判其业绩状况了呢? 回答是否定的,对此还必须作进一步分析,如公司销售收入及利润的来源与结构、公司利润实现状况、销售收入增长率与利润增长率之比及公司利润历史变化状况及未来增长趋势等。以下逐点分析。

(一) 公司利润来源与结构分析

公司利润有主营业利润与非主营业利润之分。前者为主营业收入(销售收入)扣除营业成本、管理费用、财务费用、销售费用、进货成本及营业税后余额,后者为投资收益(对外投资分得的利润,包括实业投资、债券、股票投资分得股息、利息及到期收回、中途转让所获净收入)、营业外收支净额(营业外收入扣除营业支出的净收入,包括捐赠、固定资产、土地所有权、使用权转让等收入)。

公司利润来源有主次之分,有临时性与经常性之分,有突发性与稳定性之分。对不同来源的利润应分别考察,不可以将临时产生的利润作为趋势预测的基数,因为今年有的,明年未必有(如固定资产转让收入、股票投资差价收入、外来财产赠与及退税收入等),否则会造成预测失误。

公司利润来源与结构分析十分重要。因为在一个不规范市场,操纵利润十分普遍,必须明察,方可得出正确结论。不少公司为争得配股权或达到其他目的,会通过各种方法操纵利润,如通过资产重组关联交易带来股权、土地使用权转让收入、固定资产清理收入,通过不良资产剥离、优质资产的注入(或在集团内部进行,或通过外来公司控股参股帮助进行)获得收入,通过股票炒作而转移进来的收入。

投资者必须考虑,如果公司该卖该转让的都用完了,以后如何保持业绩增长?任何主营业务收入利润靠不住的公司股票绝不能视为绩优股,尽管短期有较高的非主营业务收入与利润。为分析这一现象,可通过如下指标考察:

(1) 主营业务比率。其计算公式为:

$$主营业务比率 = (主营业务利润 \div 利润总额) \times 100\%$$

该指标揭示在公司的利润构成中,经常性主营业务利润所占的比率。通常来说,公司要获得长足的进步必须依赖于主营业务的发展。该项比率越高,说明公司的盈利越稳定。

(2) 非经常性损益比率。其计算公式为:

$$非经常性损益比率 = (本年度非经常性损益 \div 利润总额) \times 100\%$$

该指标揭示了公司运用股权转让、固定资产处置、投资收益等非经常性交易获得利润的情况。非经常性利润通常对未来年度的贡献较小,不具有延续性,因此不能用来预测公司未来的获利能力。该指标通常不宜过高。

(3) 主营业务净现金流量比率。其计算公式为:

$$主营业务净现金流量比率 = (主营业务经营活动产生的净现金流量 \div 总净现金流量) \times 100\%$$

该比率是"主营业务比率"的现金流量修正,说明了经营活动产生的净现金流量在总净现金流量中所占的比率。该指标越高越好。

(4) 关联交易比率。其计算公式为:

$$关联交易比率=(关联交易业务÷总业务)\times 100\%$$

该指标反映关联企业之间交易产生的利润占整个利润额的比重。该指标越高,表明公司竞争能力可能存在大的缺陷。

此外,在考察每股收益、净资产收益率等指标时要剔除非经常性损益。按照保守原则,非经常性收益要打折扣,非经常性损失则应全部计入。

(二) 利润实现状况分析

只有真正完成销售,利润才有保证;只有获取了现金,利润的含金量才高。通常,应收款占销售收入比率、销售现金率、净利现金率、每股经营活动净现金流量及现金营运指数是分析公司利润实现状况的重要指标。

(1) 应收账款比率。其计算公式为:

$$应收账款比率=[应收账款÷销售收入\times(主营业务收入)]\times 100\%$$

应收账款是指产品已转移但货款仍未到账这一现象。如这一账款过高,账龄过长,则表明企业利润实现有疑问,不可信赖。

(2) 销售现金率。其计算公式为:

$$销售现金率=(经营活动净现金流量÷销售收入)\times 100\%$$

销售现金率反映了公司主营业务的收现能力。销售现金率越大,则表明销售货款的回收速度越快,发生坏账损失的风险越小,收入的质量也就越高,反之亦然。

(3) 净利现金率。其计算公式为:

$$净利现金率=(经营活动净现金流量÷税后利润)\times 100\%$$

净利现金率反映了企业净利的收现水平。在一般情况下,净利现金率越大,则表明企业净利润的含金量越高,也意味着可供企业自由支配现金量越大,企业的偿债能力和付现能力越强;否则,即使企业盈利,也可能发生现金短缺,甚至导致企业财务危机。

(4) 每股经营活动净现金流量。其计算公式为:

$$每股经营活动净现金流量=经营活动产生的现金净流量÷年末普通股股数$$

每股经营活动净现金流量是"每股收益"指标的修正,反映了利用权益资本获得经营活动净现金流量的能力。

(5) 现金营运指数。其计算公式为:

$$现金营运指数 = 经营现金净流量 \div 经营活动所得现金 = [经营现金净流量 \div (经营活动净收益 + 非付现费用)] \times 100\%$$

现金营运指数小于1,说明收益质量不够好。一部分收益尚没有取得现金,停留在实物或债权形态,而实物或债权资产的风险大于现金,因为应收账款是否足额变现是不确定的,存货也有贬值的风险。

(三) 利润波动及增长趋势分析

利润率是考察公司业绩的重要指标。其主要考察指标主要有:

(1) 主营业务毛利率。其计算公式为:

$$主营业务毛利率 = [(主营业务收入 - 主营业务成本) \div 主营业务收入] \times 100\%$$

或: $$销售毛利率 = [(销售收入 - 生产成本) \div 销售收入] \times 100\%$$

该指标反映了主营业务的获利能力。通常这个指标越高越好。

(2) 主营业务净利率。其计算公式为:

$$主营业务净利率 = (税后利润 \div 主营业务收入) \times 100\%$$

或: $$销售净利率 = (税后利润 \div 销售收入) \times 100\%$$

该指标反映主营业务的收入带来净利润的能力。这个指标越高,说明企业每销售出1元的产品所能创造的净利润越高。这个指标通常越高越好。

(3) 成本费用利润率。其计算公式为:

$$成本费用利润率 = [税后利润 \div (主营业务成本 + 销售费用 + 管理费用 + 财务费用)] \times 100\%$$

该指标反映公司每投入1元钱的成本费用,能够创造的利润净额。企业在同样的成本费用投入下,能够实现更多的销售,或者在一定的销售情况下,能够节约成本和费用,这个指标越高,说明企业的投入所创造的利润越多。

(4) 净资产收益率(股东权益报酬)。其计算公式为:

$$净资产收益率(股东权益报酬率) = (税后利润 \div 股东权益) \times 100\%$$

该指标反映股份公司自有资本创利能力。该指标越高,表明股权资本利用效果越好。

(5) 总资产报酬率。其计算公式为:

$$总资产报酬率 = [息税前利润 \times (1 - 税率)] \div 总资产$$

该指标反映企业总资产获得利润的能力,是反映企业资产综合利用效果的指标。该指标越高,表明资产利用效果越好。

(6) 每股收益。其计算公式为:

$$每股收益 = (税后利润 \div 普通股股本数) \times 100\%$$

该指标反映单位股本创利能力。

应当指出,公司利润及利润率的考察不能是静态的,既不能因以往公司有较好业绩而断言其一直将延续下去,也不能因为当前绩效一般而忽略了其未来出现向上的拐点。

因不同企业所处行业不同,业绩波动及利润增长的特点各不相同。因而分析与预测的方法各异。

对业绩稳定增长的防御型公司及增长型公司的利润增长预测,可采用回归法作预测。找出若干个影响利润及销售收入变化的因变量,列出1元与多元回归方程,利用历史数据求得待定系数。只要符合 R^2 检验要求时,即可预测出未来几年利润与销售收入;也可列出以往若干年增长率,求几何平均增长率,以当前利润(销售收入)×(1+平均增长率)^n 公式预测未来几年销售收入与利润。如确认公司为成长型特征后,通常则应调高增长率。

对周期型公司,利用上述方法预测是危险的。因为一旦出现向下拐点,会高估企业利润与销售收入的增长;反之,遇到向上拐点,则会低估。最高明分析师凭经验可准确预测不同企业周期波动的重要拐点,但这实际上很难做到。由此,可利用较长历史时期的数据(最好跨越几个波动周期)求平均增长率,以此预测未来利润。当然,用历史数据预测未来,总有不完美之处。因此投资者还要结合未来经济发展前景、行业发展所处的阶段,企业在行业中竞争地位、企业规模扩张及市场开拓潜力等诸方面来综合判断。

此外,不同公司利润及销售收入增长稳定性也不尽相同,因此还需要引入盈利(或销售收入)变动系数。这一系数(CV)公式为:

$$CV = \frac{标准差(\sigma)}{每股平均收益(\overline{EPS})}$$

$$CV = \frac{标准差(\sigma)}{每股平均销售收入}$$

若两个公司其他指标相同,则对 CV 小的公司作预测,误差较小。

二、考察公司成长性的基本方法

在分析这一问题之前,有必要对成长公司与成长股两个概念作一区分。

如果股价已充分反映了公司成长前景甚至估值过高,这时该公司为成长公司,但其股票未必是成长股。如果成长公司未被市场认识,其市价低于其"隐含价值",这时才可称之为成长股。

公司是否有成长性,与目前公司业绩如何是两个问题。当前绩优公司未必是未来成长公司,那么,成长公司判断的标准是什么呢?其实最简单的定义是:只要利润率呈快速增长态势,即可认为是成长公司。通常以各项指标增长率状况予以判定,主要指标有:

(1) 净利润增长率。其计算公式为:

$$净利润增长率 = (报告期净利润 \div 基期净利润) - 1$$

$$净利润平均增长率 = \sqrt[时间间隔数]{\frac{报告期净利润}{基期净利润}}$$

(2) 主营业务利润增长率。其计算公式为:

$$主营业务利润增长率 = (报告期主营业务利润 \div 基期主营业务利润) - 1$$

$$主营业务利润平均增长率 = \sqrt[时间间隔数]{\frac{报告期主营业务利润}{基期主营业务利润}}$$

(3) 经营现金流增长率。其计算公式为:

$$经营现金流增长率 = (报告期经营现金流 \div 基期经营现金流) - 1$$

$$经营现金流平均增长率 = \sqrt[时间间隔数]{\frac{报告期经营现金流}{基期经营现金流}}$$

(4) 销售收入增长率。其计算公式为:

$$销售收入增长率 = (报告期销售收入 \div 基期销售收入) - 1$$

$$销售收入平均增长率 = \sqrt[时间间隔数]{\frac{报告期销售收入}{基期销售收入}}$$

(5) 股东权益增长率。其计算公式为:

$$股东权益增长率 = (报告期股东权益 \div 基期股东权益) - 1$$

$$股东权益平均增长率 = \sqrt[时间间隔数]{\frac{报告期股东权益}{基期股东权益}}$$

(6) 总资产增长率。其计算公式为:

$$总资产增长率 = (报告期总资产值 \div 基期总资产值) - 1$$

$$总资产平均增长率 = \sqrt[时间间隔数]{\frac{报告期总资产值}{基期总资产值}}$$

应当指出,考虑到通货膨胀存在,计算增长率时要将报告期与基期价值统一成可比价格,以便剔除通货膨胀因素。

然而仅仅根据历史增长率状况对未来作预测则过于简单,还需要从多个层次加以考察。

从定性角度看,主要考虑的因素有:

第一,行业的成长性及行业所处发展阶段是公司成长性基础条件。公司经营状况再好,企业高层管理者创新意识再强,但企业所处行业为夕阳产业或衰退行业,那么,该公司至多只能保持行业的龙头地位,成为行业绩优公司,但难以成为成长公司。这一点在后面分析中还将详细展开。

第二,在行业成长的前提下,成长性公司主营业收入及主营业利润在企业总收入总利润中必然占很大比重且呈不断增长态势。难以想象,一个主营业收入及利润不断萎缩而靠其他收入补充的公司可成为成长性公司。

第三,公司开发新产品的能力较强,有持续有利的投资项目,有广阔的市场,各投资项目投资回收期长短衔接,现实创利与潜在创利相互结合,公司发展不断有新的增长点。

第四,公司有较多隐性资产可为企业成长创造有利条件。隐性资产包括:① 公司享有的独特的资源优势与地理优势。② 品牌、商誉、特许经营权、技术专利权等。

第五,公司管理层能根据公司自身发展需要,在市场有利状况下利用各种低成本融资手段扩大投资比重。当投资收益率明显大于借贷利率时,公司管理层敢于利用债务杠杆扩大企业经营规模,提高规模效益,做大做强。

第六,公司总股本规模较小或中等,送股配股的资本扩张能力强,同时,公司利润增长率高于股本扩张比率。

对企业成长性做定量分析,基本方法是:

其一,利用公司历年销售收入与利润的历史数据作回归分析,再根据公司销售收入增长计划预测未来利润增长率。

将公司历年利润额按时间序列排列,画出趋势线向未来延伸,预测企业未来年份利润额。公司未来利润年复合增长率高达 25% 以上,可视为成长公司。若公司利润增长率持久高于销售收入增长率,那么,成长潜力更大。

其二,通过公司利润留存率与再投资收益率的分析,求得成长比率。

在不考虑公司新增资本及负债的情况下,成长比率与公司利润留成率及预期投资收益率有关。通常,利润留成比例越高,投资收益率越高,公司成长性越高。

设利润留成率为 B,预期收益率为 R,则成长比率 G 为:

$$G = B \times R$$

式中：利润留成率$(B) = \dfrac{E-D}{E}$；E为利润额；D为股息额。该比率表明企业用多少利润用于扩大再生产与扩展经营。该比率越高，表明企业发展越有后劲；过低，则说明企业现期分配过多或企业动用过多利润去弥补以往亏损。

$$投资收益率(R)＝(预计税后利润÷再投资额)×100\%$$

该指标反映留成利润再投资所获报酬率。该指标数值越高，表明新投资项目创利能力越强。

事实上，公司不负债经营的情况极少，若考虑负债，成长比率的计算要复杂得多。以下是负债情况下公司成长比率的计算公式：

$$G = B\left\{ROA + \dfrac{D}{E}[ROA - i(1-t)]\right\}$$

式中：B为利润留成率；ROA为总资产报酬率；i为债务利率；t为所得税率；$\dfrac{D}{E}$为债务股权之比。

上述公式告诉我们，成长比率(G)与公司利润留成比率(B)及总资产报酬率(ROA)成正比，而与债务利息率(i)成反比，在总资产报酬率大于债务利息率(资金使用成本)时，可充分利用债务杠杆$\left(\dfrac{D}{E}\right)$，即债务与股权比值越高，对成长比率贡献越大，此外举债有避税功能，这一公式也体现出这一点。

由此可见，公司成长性必须满足三个条件：一是利润用于投资的比率高，二是投资收益率高于资本成本率，三是在总资产报酬率大于债务利息率(资金使用成本)时能充分利用债务杠杆。

进一步分析，判断公司成长性方法还可简化，在公司不举债情况下，只要公司投资收益率或股东报酬率(ROE)大于股权成本，即投资项目的净现值为正值($NPV>0$)，此类公司为成长公司；反之，若股东报酬率等于或小于股权成本，则不构成成长性公司的条件。在公司举债条件下，只要公司总资产报酬率(ROA)大于公司加权平均资本成本也构成成长性公司。只要$ROA>I$(债务成本)，$ROE>K$(股权成本)，举债越多，公司成长性越高。

其三，利用成长现值($NPVG$)判断公司成长性。

当公司现在及未来持续进行有利的投资计划，其成长现值必然扩大从而促使公司价值增加与市盈率的上升。所以成长性公司允许其有较高的静态市盈率，因为盈利持续增长可使其动态市盈率下降。

成长公司股价有以下两部分构成：

$$P = \frac{EPS}{K} + NPVG$$

即成长公司价值等于在不投资情况下的公司价值$\frac{EPS}{K}$加上持续投资产生的价值($NPVG$)。

$NPVG$计算公式为(数学推导从略):

$$NPVG = \frac{BE}{K} \times \left(\frac{R}{K} - 1\right)$$

式中:BE为留存利润额;K为股权成本;R为再投资收益率。

如果公司投资收益率(R)高于公司股权成本(K),则成长现值($NPVG$)>0,因为$\frac{R}{K}-1>0$,这时公司价值增加,增加数额为$NPVG$,这类公司具有成长性特点;反之,$NPVG<0$,则投资额越大,公司价值越低。

三、公司业绩成长的影响因素分析

(一) 行业背景——公司业绩成长的前提要素

上市公司所处行业的发展状况对企业影响很大,从某种意义上说,买入某上市公司股票实际上就是以相应的行业为投资对象。行业的兴衰,很大程度上决定了上市公司发展前途与成长空间。现实生活中,我们经常看到,当行业处在衰退阶段,尽管上市公司管理层使出浑身解数,仍无法力挽狂澜,扭转局面。

行业对企业业绩和成长性的影响主要表现为以下几个方面。

1. 行业周期波动对公司的影响

若公司所处行业属新兴生物制品业、新能源新材料及软件业等增长型行业,那么,行业本身就赋予公司很大的成长空间。换言之,即使企业在行业中业绩平平,但较之其他行业企业有业绩增长潜力。若公司所处行业为耐用消费品制造业、钢铁业、建筑业、建材业、汽车制造业等,那么企业销售收入、利润增长不可避免地要受到经济周期波动的影响,从而使公司业绩增长处在不确定的波动之中。若公司所处行业为农业、食品加工业、供电、供水、交通等,由于一方面产品收入弹性小,需求较稳定,因而受经济波动影响小;另一方面因缺乏高附加值,这些产品没有很高超额利润,因此利润增长平稳。

2. 行业的经济地位对公司的影响

农业、环保等基础性行业,一般受国家产业政策扶持,这有利于企业业绩稳定。

若属主导性产业,则更受国家阶段性产业政策重点扶持,因其能牵动相关产业,既有上游产业原料保证,又有下游产业及最终需求的市场保证,因而该行业所在企业业绩若干年可获得稳定增长,除非被新的主导产业替代。

3. 行业发展阶段对公司的影响

一般地讲,处在行业初创期的企业,投入大,产出小,利润无保证,企业既可能"走过去,前面就是一片天",也可能半途夭折。这类企业高成长与高风险同时并存。如生物遗传工程企业及新药品、新材料试制企业即属此类。若企业处在行业成长期,其业绩增长速度很快,波动很小,同时,业绩增长有规律性且容易预测,如我国目前电子信息产业、通讯业、生物医药业就属这类行业。目前,大多数公司处在成熟期行业,行业进入成熟期后可维持相当长一段时间,由于新企业很难介入,该淘汰的企业已淘汰,剩下的企业已分割了市场,这些公司利润相对稳定,但已无大的增长潜力,如商业、家电、化工、化纤、电力、冶金等行业即属此类。

此外,行业进出的技术壁垒、资金壁垒、知识产权、无形资产壁垒等均对企业利润及利润增长速度产生很大影响。

(二) 竞争地位——公司业绩成长的决定因素

上市公司在行业竞争中处于何种地位,直接关系到它的生存及盈利是否稳定增长。企业竞争能力强弱及其在业内优势地位的巩固可通过市场、技术、管理、资本经营规模、品牌商誉及新产品储备开发等几个方面加以考察。以下逐点分析。

1. 技术水平

技术水平高低是公司具有竞争力的首要因素。技术是公司在行业中领先的源泉。在企业初创阶段,具有较高技术水平,才能试制新产品,捷足先登,占领市场。在企业扩张成熟阶段,技术进步有利于产品质量提高,功能增加,从而在竞争中处于不败地位。技术进步还体现在生产工艺的改进和生产设备的更新上,由此可提高效率,降低单位成本,扩大生产产量,提高价格竞争力。

人类社会发展到今天,企业的竞争实际已转化成技术的竞争。一个企业拥有的技术力量越雄厚,产品开发、更新完善能力就越强,企业发展的空间就越大,前景就越广阔,在行业中的竞争地位就越巩固。

2. 管理素质

管理水平高低是衡量公司经营活动成功与否的重要指标,它贯穿于公司所有活动中。管理包括人事管理、财务管理、生产管理、质量管理、市场管理、销售管理等。

公司管理机构包括决策层与操作层两个层次。决策层对公司投资方面经营模式、筹资手段作出决定;操作层主要贯彻决策层意图,协调各部门工作。各职能部门应各司其职,保证公司日常工作顺利进行。

管理人员素质高低及能力强弱主要表现为:能否通过管理保证生产正常有序进行;能否通过低成本融资,抓住有利的投资机会,不失时机地拓展公司业务和扩大公司经营规模,使企业时时存在新的利润增长点;能否形成和谐的企业文化及树立良好的对外形象等。

公司决策管理层经营理念、经营风格直接关系到公司发展。高层管理人员既要积极进取,开拓创新,又要有稳健求实作风,绝不能因循守旧或急躁冒进,中层管理人员则要有脚踏实地、务实高效的作风。

3. 市场拓展能力

利润的实现、公司效率的高低最终是通过产品销售得以实现的,因此,公司市场开拓能力及其市场占有率状况对企业利润稳定成长至关重要。公司有一支强有力的销售队伍,有一个有效销售管理体系,不仅可稳住原有市场份额,还可不断拓展新市场,提高市场占有率。

市场开拓的成功与否受产品性质、产品质量、产品价格、市场需求弹性、销售网络、促销手段等众多要素的影响,经典的市场营销理论将这众多要素总结为四个"P",即:产品(product)、价格(price)、渠道(place)、促销(promotion)。这四个P实际上涵盖了所有相关的要素,任何一个公司,只有在这些要素上取得突破,才能获得市场优势,从而在行业中领先。

产品要素中包含了产品品种、产品技术含量、产品性质、产品功能、产品数量、产品用途及产品生命周期等内容。

产品是企业的生命,我们考察一个企业是否有市场竞争力,是否在行业中领先,是否具有良好的成长性,必须首先考察它的主营产品要素。

价格是产品价值的外在表现。一个企业,如果它的产品具有优势,有较强的市场需求和购买力,再加上合理的定价策略,就必然会使其在市场上占优势。价格对市场的影响是相当复杂的,它往往也是消费者最关心的。对企业来说,由于面临的市场复杂多变,同类产品竞争者情况不同,所以适时地运用价格策略成为营销中非常关键的方面。

渠道这一概念包含了企业产品的市场覆盖面、销售网络分布、产品的运输与仓储、相关新市场的开辟等许多方面。每个企业面对的市场不尽相同,有的是区域性市场,有的是国内市场,还有的是国际市场,所以,企业营销渠道的开辟与发展必须考虑产品的市场覆盖范围、市场的潜在需求、消费趋向等各方面的因素。只有全面地考虑这些因素,才可能使企业在市场竞争中生存并发展壮大。分析上述状况的重要考察指标有销售收入、单位产品销售成本、产品市场占有率及增长率等。

促销手段有很多种,价格策略也是必要的,但必须与其他手段相结合。有些企业立足品牌战略,大力加强品牌宣传力度,采用品牌扩张的方法占领市场(对生产日用品及耐用消费品的企业来说,惯常使用的是品牌扩张战略);有些则根据已有产品生产销售情况,适时扩大新产品占领市场;有些则着力调整现有产品的销售网络分布。

4. 公司经营规模

公司资本规模与经营规模的大小决定企业竞争能力的强弱。资本经营规模大,可形成相当生产销售规模,提高规模效益。规模效益高,可使单位产品耗用的固定成本、销售成本降低,保证企业产品具有价格竞争优势。资本经营规模大,可使生产的产品标准化程度高,有利于提高产品质量,打败竞争对手。

可利用总资产、总股本、净资本、销售总额、利润总额等指标,通过产品质量排名、价格排名、市场占有率排名等方法考察企业规模。将上述指标列出,与同行业其他企业相关指标进行比较,可认识某个企业在本行业中的规模特征。通常,企业资本规模大,其产品在市场中所占份额大,产品质量、成本价格具有竞争优势,利润份额就会占较大比例。

综上所述,技术、管理、市场开拓、经营规模及新产品开发能力是公司业绩提高与企业成长的重要保证。

(三) 经营效率——公司业绩成长的关键因素

公司经营效率主要表现为生产能力、经营能力的利用程度是否充分。凡业绩优良、成长性高的企业均有极高的经营效率。公司经营效率可通过一系列指标予以衡量。其主要指标有以下几种。

1. 存货周转率和存货周转天数

存货周转率计算公式为:

$$存货周转率 = 销售收入 \div 平均存货(次)$$

或:

$$存货周转率 = 销售成本 \div 平均存货(次)$$

其中:

$$平均存货 = (期初存货 + 期末存货) \div 2 (存货包括产成品、半成品、原料)$$
$$销售成本 = 存货出厂价$$
$$销售收入 = 销售成本 + 非生产性费用 + 利润$$

该指标反映企业存货转为现金的速度,是分析企业销售能力强弱及存货量是否合理的重要指标。

存货平均周转天数计算公式为:

$$存货平均周转天数 = 365 \div 存货周转率(天)$$

通常,在保证生产流通正常进行、保证合理存货量情况下,以存货周转率高、周转天数短为好。但不同行业的评价标准不一,这与不同行业生产流通周期及经营特点有关。

2. 应收账款周转率和周转天数

应收账款周转率计算公式为:

$$应收账款周转率 = 赊账净额 \div 平均应收账款净额(次)$$

其中:

$$应收账款净额 = 应收账款总额 - 坏账备抵$$
$$平均应收账款净额 = (期初应收账款净额 + 期末应收账款净额) \div 2$$
$$赊销净额 = 销售收入 - 现销收入 - 销售折扣、退回和折让$$

当无法将销售收入分解成赊销和现销时,其计算公式为:

$$应收账款周转率 = 销售收入 \div 应收账款平均余额(次)$$

应收账款周转天数计算公式为:

$$应收账款周转天数 = 365 \div 应收账款周转率(天)$$

这两个指标均反映应收账款工作效率,周转率越高,周转天数越短,表明企业利润迅速实现,但受到商品种类、销售惯例及竞争因素影响,无统一标准。通常,应收款不应超过销售收入20%,同行业才可作比较。当然周转率过高,也可能不利于扩大销售,争取潜在客户,获得更多利润。

3. 固定资产周转率

其计算公式为:

$$固定资产周转率 = 销售收入 \div 固定资产总值(次)$$

若企业固定资产已用了多年,提取折旧比率很高时,计算公式应改为:

$$固定资产周转率 = 销售收入 \div 固定资产净值(次)$$

该指标在不同行业差异很大,只适应本企业不同年份纵向比较,一般情况下,周转率越高越好。

4. 总资产周转率

其计算公式为:

$$总资产周转率 = 销售收入 \div 资产总额(次)$$

该指标表明,企业每单位资产可创造出多少销售额,它反映企业利用现有资产的创收能力。显然,这个比率也是越高越好,但不同行业不能作简单比较,一般而言,资本密集型重、化工业的总资产周转率低;反之,轻工业等劳动密集型行业总资产周转率高些。

5. 股东权益周转率

其计算公式为：

$$股东权益周转率 = 销售收入 \div 股东权益（次）$$

该指标表明，股东每单位投资可产生多少销售收入，反映企业净资产创收能力强弱。该比率越高，创收能力越强。

(四) 财务安全——公司业绩成长的重要保障

公司经营首先要考虑安全性问题。股东或债权人对上市公司资产运作安全性更为注重，因为这关系到自己手中所持股票风险大小的问题。公司资本结构不合理最严重的会导致企业破产，股票清盘。一旦如此，就谈不上企业业绩提高与成长性问题。

公司财务的安全性主要表现为长期负债比率合理，以及短期偿债能力强等等。

1. 长期负债比率合理

负债比率是指债务在总资产中所占的比重。企业负债经营时，债务利息总是固定的，只有利润增大时，每1元利润所负担的利息才会相对减少，从而使投资者收益更大幅度地提高。负债能给投资者带来更大收益，这称之为正向的财务杠杆效应。但负债也会给企业带来风险。只有资产收益超过债务成本，财务杠杆正效应才能得到发挥。可见，财务杠杆是一把"双刃剑"。

负债比率是可以控制的，企业可以通过资本结构的合理安排，适度负债，使财务杠杆利益抵销财务杠杆风险。最优资本结构的确定要权衡负债和股权收益之间关系，使资本使用的成本最小。

负债比率的合理确定必须考虑如下因素：① 融资成本高低及融资环境松紧。融资环境宽松，融资成本低，负债比率可高些，反之亦然。② 行业特征与企业信用的高低。资金流动性强的企业、成长性行业及信用较高企业，负债比率可高些，反之亦然。③ 公司固定资产比重大、资本实力强的企业可作长期抵押贷款，负债比率可高些，反之亦然。④ 市场占有率高、销售收入与利润增长平稳的企业，负债比率可高些，反之亦然。此外，企业规模效益高低及税率高低对此均有影响。

反映负债比率的主要指标有：

(1) 股东权益比率又称为产权比率。其计算公式为：

$$股东权益比率 = （股东权益 \div 资产总值）\times 100\%$$

该指标反映企业自有资本、债务与总资产之间关系，也反映企业使用财务杠杆的程度。该指标过高，表明企业负债经营不够，未发挥财务杠杆作用。企业投资利润率高于利息费用时,该比率低些好;反之,比率可高些,既可减少债务及利息的负担,又可减少债权人的风险。

(2) 负债比率。其计算公式为:

$$负债比率 = (债务总额 \div 资产总额) \times 100\%$$

该指标反映债权人提供资金的安全性,也反映借款者负债状况。它与股东权益比率指标共同反映公司资本结构,两者相加为100%,两个比率各占40%和60%为宜。

(3) 长期负债比率。其计算公式为:

$$长期负债比率 = (长期负债总额 \div 固定资产总额) \times 100\%$$

该指标反映公司负债与固定资产投资额之间关系。指标过高过低都欠佳。指标过高,表明公司过多依赖债务进行固定资产投资,因固定资产流动性差,所以债权人利益难以保障;指标过低,表明公司举债经营不够,因有固定资产作抵押,所以债权人利益有保障。

(4) 股东权益与固定资产比率。其计算公式为:

$$股东权益与固定资产比率 = (股东权益 \div 固定资产总额) \times 100\%$$

该指标可反映公司股东投资过多还是过少的状况。指标过高过低都不佳。其与长期负债比率为互补指标,两个指标值之和为100%,表明企业固定资产投资资金的两个来源。通常,股东权益与固定资产比率应略大于50%,而长期负债比率则小于50%为好。其分析意义与上一指标相反。

2. 短期偿债能力强

短期债务主要为1年期以内债务,以下指标反映这方面情况。

(1) 流动比率。其计算公式为:

$$流动比率 = 流动资产 \div 流动负债(倍)$$

该指标反映企业短期偿债能力。指标过低,表明企业短期偿债能力较差,流动资金不足,短期财务状况不佳;指标过高,表明企业保守,资金过多用在短期投资上,长期投资不足。通常,该比例为2:1较好,但不同行业有差别,如公用事业、商业企业可低些。该指标只有在同行业中比较才有意义。

(2) 速动比率。其计算公式为:

$$速动比率 = 速动资产 \div 流动负债(倍)$$

该指标反映企业短期偿债能力。该指标中的速动资产是指现金、票据等流动性很强的资产。这部分资产可立即偿还债务。速动资产为流动资产减去存货所得。它可更精确地衡量企业短期偿债能力。通常 1∶1 为好,不同行业也有差别,一般同行业比较为好。

(3) 利息支付倍数。其计算公式为:

$$利息支付倍数=(利息+税前利润额)\div 利息费用(倍)$$

该指标可以测定企业偿付利息的能力。指标越高,公司偿债能力越强,投资者安全系数越高,收益越有保证;反之,投资者风险较大。不同行业利息倍数要求不同。工业企业为 5~6 倍,公用事业企业利息倍数可低些,但不低于 3 倍。

复习思考题

1. 简述经济周期波动对股价变化的影响。
2. 简述各项经济指标对股价变化的影响。
3. 财政货币政策是如何对股价产生影响的?
4. 简述增长型行业、防御型行业及周期型行业的特点。如何根据这些特点制定相应的投资策略?
5. 简述行业生命周期的基本内容及相应的投资对策。
6. 如何根据行业竞争特点,捕捉投资对象?
7. 如何对企业业绩状况作分析?
8. 如何对企业成长性状况作分析?
9. 反映公司经营效率的主要指标有哪些?
10. 影响企业业绩成长的主要因素有哪些?

第五章

证券投资技术分析

技术分析又称之为图表分析法,它是利用数学、统计学工具,通过对市场本身各种数据(成交量、价格、时间移动)的处理与分析,形成图表、公式,以此来预测市场价格变化特点的分析方法。

技术分析不强调对因果关系的探讨,仅是一种经验判断,是以往操作实战的总结。其更多运用类比推理预测价格变化,即寻找出股价变动的重复形态,进而预测股价的短期波动方向,以便找到有利的买卖时机。虽然技术分析不能保证运用者获利,但可以增进投资成功的可能。

技术分析所用的工具十分繁多,大致包括如下内容:① 形态分析。其研究股价的各种形态变化,揭示出不同形态可能延伸出的价格演变方向及幅度。② 趋势分析。以价格运动有趋势、有惯性为指导思想,寻找趋势形成及逆转的轨迹。③ 波浪分析。其研究价格波动的总体特征,使投资者认识到目前价格所处位置及变化方向。④ 指标分析。利用量、价变化数据,形成各种指标,提示各种买卖信号。⑤ 量价分析。根据成交量与价格变化关系,找出价格变化特点。以下逐节介绍。

第一节 波 浪 分 析

波浪理论在预测股价变化、把握股价周期波动规律、了解目前价位在股价循环中位置等方面有独特功效。这一理论已在市场被广泛应用。

波浪理论的初创者艾略特早在20世纪30年代就提出了波浪理论的一些基本思想。这一理论以道氏为基础,并得到进一步完善,在精确性和可操作性方面超过了道氏理论。

波浪理论认为股市波动,从其浪形变化上是有规律可循的。虽然实际过程中亦有非正常浪形出现,但总体不会有很大误差。短到供求关系、成交量周期变化,中到人们心理情绪周期变化,长到经济周期波动都是股市形成波浪走势的重要原因。

一、波浪形态分析

(一) 股市波浪基本形态

波浪理论基本内容是关于股价波动浪形、幅度及时间比例,其中形态为第一要素。以下先分析浪形。

股价主流走向通常服从这样一个规律,即涨跌空间拓展通过三个阶段完成,在每两个阶段之间一定会产生"曲折"。一波主流走向必然为5个波浪(即3个同方向波动,2个反方向波动)。在主流走向完成后又有一次同级别的逆向走势。这一逆向走势又分为若干个阶段,通常为3个波浪(2个逆转浪与1个反逆转浪)。由于阶段有大小级别之分,因而就出现大级别浪套小级别的复杂形态。

依据这一分析。波浪理论奠基人艾略特提出了价格波动的"八波段"特征。如图5-1所示。

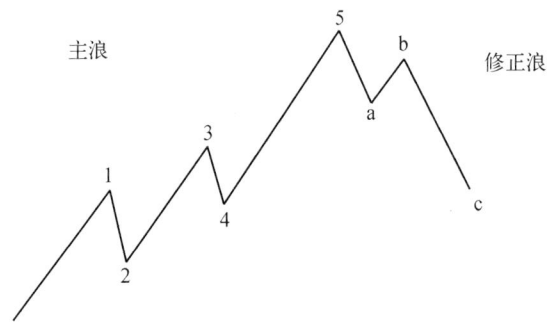

图 5-1 八段浪

图5-1中1,2,3,4,5为一个过程。其中1,3,5为三个阶段,而2,4为这一过程中产生的"曲折"(2,4称调整浪)。这一过程完成后又有一次大逆转,即a修正浪、b修正浪、c修正浪。

分析股市波动浪形这一特征时,要注意以下问题:

(1) "八波段"仅是股市波动过程中截出的一段,可视为一个完整循环,但股价变化是连续的,因而波动一直按5—3—5—3—5…节奏运行下去。

（2）股价波动周期有大小级别之分，就循环级别讲有超大循环浪——微循环浪九个级别。较大级别循环浪中包含若干组较小级别浪形；同理，每一级别循环浪又是其更大级别循环浪中的一个子浪。但不管级别大小，每一组完整循环浪形均为"八段式"，如图5-2所示。

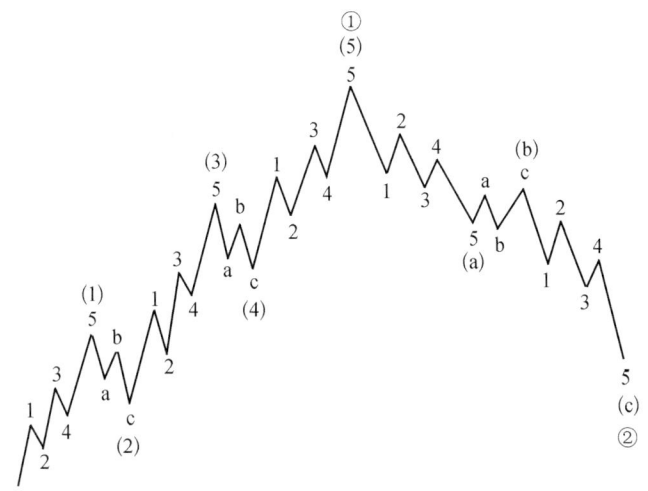

图5-2　主浪与修正浪组合

图5-2显示，最大级别为涨跌两段①、②，其中又可分为8个小波段（5升3跌），再可细分为34个更小波段，如此等等。

当我们注意到一个过程已出现三个阶段（5个浪形）时，可断定这一过程完成；反之，逆转出现两个阶段（3个浪形），则可断定逆势走完将再现原来运动方向。至于每一段能将价格带到哪里，就要看浪形情况。因浪形可压缩也可扩展，因而无固定幅度，但只要浪形走完，即可发出转折的有效信息。

在明确波浪基本形态后，以下分别对主浪与修正浪作进一步分析。

（二）主浪的分析

主浪指一段时间内代表股价变动主流方向的浪形。主浪由3个推动浪（1，3，5）与两个调整浪（2，4）组成。先分析推动浪特征。

推动浪的基本特征是：

其一，推动浪向上或向下的方向代表一段时间内主浪的波动方向。其二，正常情况下，每个推动浪又可进一步细分5个级别更小的子浪，而每个推动浪又是更大级别浪形的某个子浪。其三，推动浪中第三浪通常不能是最短的一浪。其四，推动浪有时出现不规则浪形，主要有延伸浪、失败浪、楔形浪三种。

延伸浪指上升(或下跌)3浪中某一浪(只能有1浪)发生延长(即子浪出现9小浪)。失败浪指5浪涨跌未超过第三浪到达价位。楔形浪通常发生在第五浪中。若为上升中5浪,是市场上涨疲软的表现,会逆转向下;若为下跌中5浪,则表明跌势已尽,走势将要转强。

以下图表依次说明推动浪的特征:

(1) 推动浪正常形态。如图5-2所示。

(2) 推动浪失败形态。如图5-3所示。

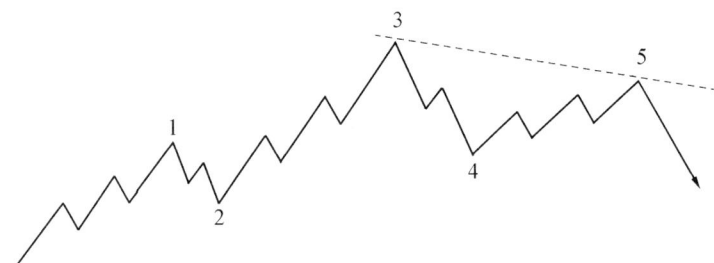

图5-3 失败的上升5浪(失败的下跌5浪与此相反,从略)

(3) 推动浪延伸形态。如图5-4所示。

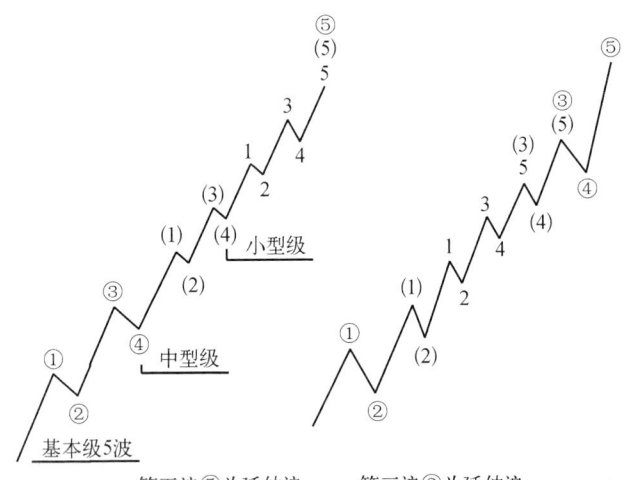

图5-4 推动浪延伸形态

(4) 推动浪楔形形态。如图5-5所示。

(5) 第三浪不应该是最短一浪。如图5-6所示。

调整浪的基本特征:

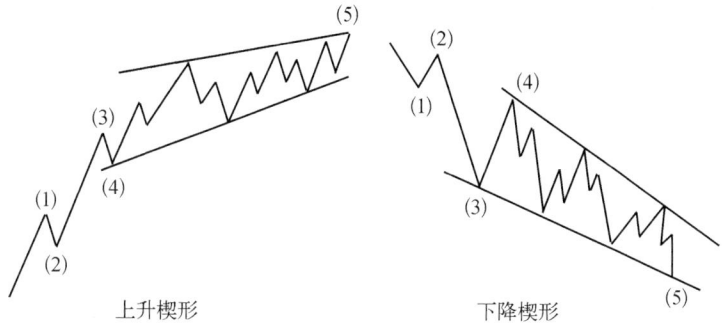

图 5-5 推动浪楔形形态

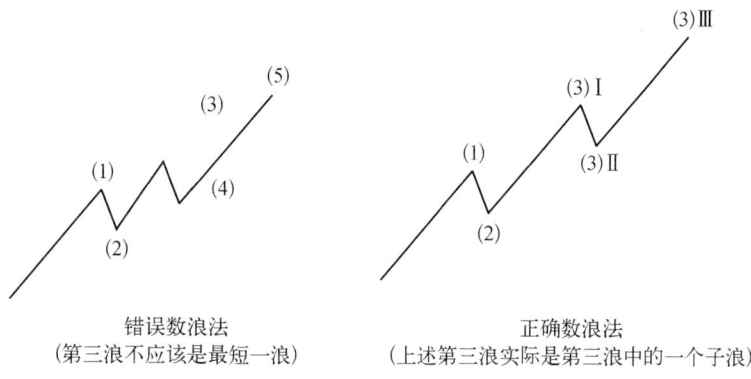

图 5-6 第三浪不是最短一浪

其一,调整浪是对推动浪的修正,其中第二浪是对第一浪的修正,第四浪是对第三浪的修正。其二,第二浪调整有时会回到第一浪起始点,但不会超过100%幅度,此后产生的第三浪力度较大,大多数情况下,二浪调整回到一浪0.618处。第四浪的调整大多为三角形态,调整时间略长一些。其三,第四浪调整不能与第一浪发生重叠,在上升过程中第四浪下跌不能低于上升第一浪的高点,下跌时情况相反。其四,第二浪与第四浪经常出现交替,如第二浪调整形态简单,幅度浅,时间短,第四浪则形态复杂,幅度深或时间长,反之亦然。

(1) 交替特征。如图5-7所示。
(2) 第一浪与第四浪不重叠。如图5-8所示。

(三) 修正浪分析

修正浪为5个小浪形态组成的上升波完成后出现的总的调整浪。这种调整浪在图形中用a,b,c表示。

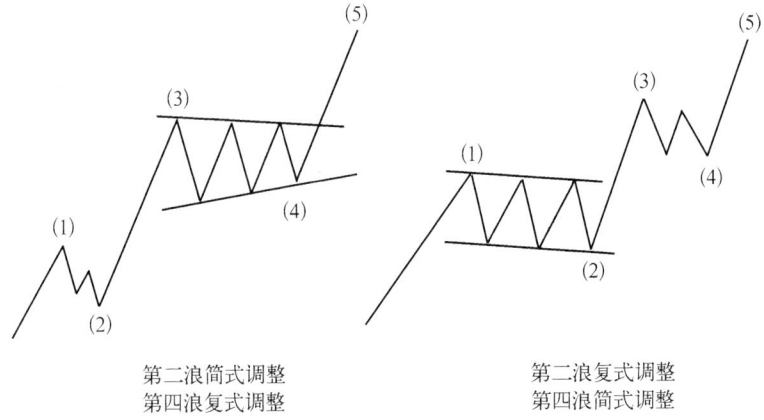

图 5-7　2 浪与 4 浪的交替形态

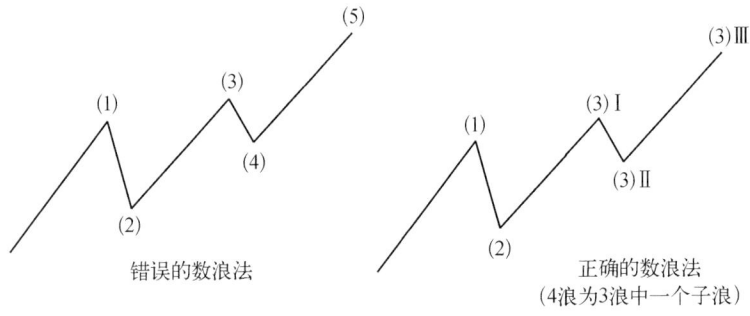

图 5-8　2 浪与 4 浪不重叠形态

a 浪特征是市场尚未意识到大调整开始,还误认为是上升过程中的小调整,买气仍足,持筹者依然惜售。直至 c 浪杀出才醒悟,这一浪跌幅不大,成交量较小,尚未出现恐慌性抛售。

b 浪很容易迷惑人,形成"多头陷阱"。如 a 浪调整不深,人们还误认为 b 浪是新的推动浪产生。但无论如何,b 浪反弹已不可能有较大成交量支持,虽然从幅度上看,还有创新高可能。

c 浪是毁灭性的下跌浪。该浪下跌幅度大,恐慌性抛盘严重。

修正浪(a,b,c)全部完成后,通常在上一个主浪的第四个子浪附近找到支撑。

在三角形中还有 d 浪、e 浪。不再详解。

上述 a 浪、b 浪、c 浪特征分析以牛市为例,若是熊市,a 浪、b 浪、c 浪则从相反含义去理解。

修正浪形态有多种。

1. 复杂形

该形态特征是 a 子浪、b 子浪、c 子浪形态。a, b, c 三浪又可进一步分解为 5—3—5,即 a 波包含 5 个子浪,b 波为 3 个小浪,c 波为 5 个子浪。通常 b 波逆向幅度小于 a 波,大致在 a 波的 0.618~0.67 比例之间,而 c 波与 a 波大致等长或 c 波是 a 波的 1.618 倍。

复杂形(之字形)(空头市场形态与此相反),如图 5-9 所示。

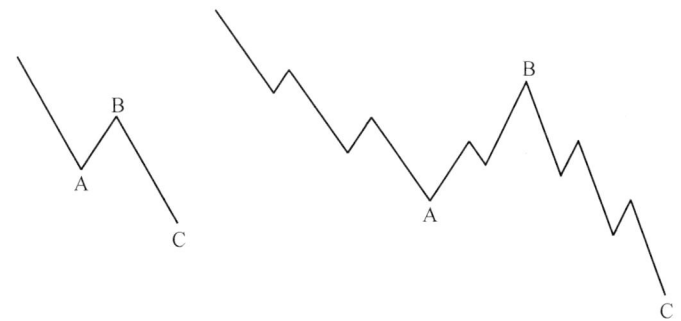

图 5-9 之字形及其内部结构

2. 平势形

该形态也有 3 浪构成,但 3 浪却分解为 3—3—5,即 a 浪、b 浪为包含 3 小浪,c 浪包含 5 个子浪。该形态的调整较为温和,a 浪、b 浪、c 浪长短相似。具体细分又有常规、非常规及奔走形三种形态(空头市场形态与之相反),如图 5-10 所示。

常规形态表示调整幅度中等,非常规形态表示调整幅度较大,奔走平势形表示强势调整,调整较小。

常规平势形、非常规平势形、奔走平势形(空头市场与之形态相反),如图 5-10、图 5-11 所示。

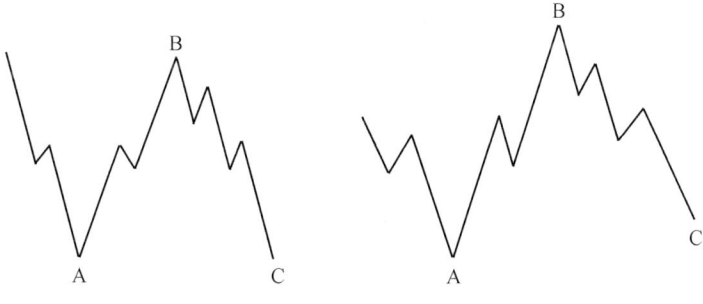

非常规平势形　　　　　　　　奔走平势形

图 5-10 非常规平势形态

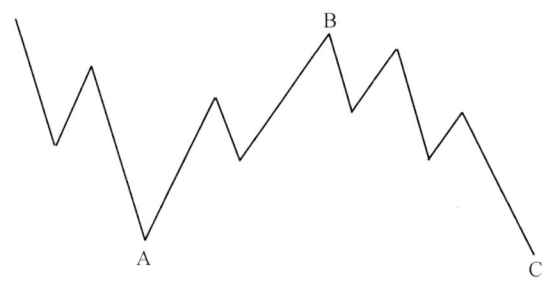

图 5-11 常规平势形

3. 三角形

三角形调整由 a 浪、b 浪、c 浪、d 浪、e 浪组成。每一浪形又可细分为 3 小浪。即分解为 3—3—3—3—3 形态。典型的浪形中,每一子浪形维系 0.618 比例关系。这种浪形反映了多空力量平衡,调整时以水平方向移动。出现这种浪形一般成交量较少。如图 5-12 所示。

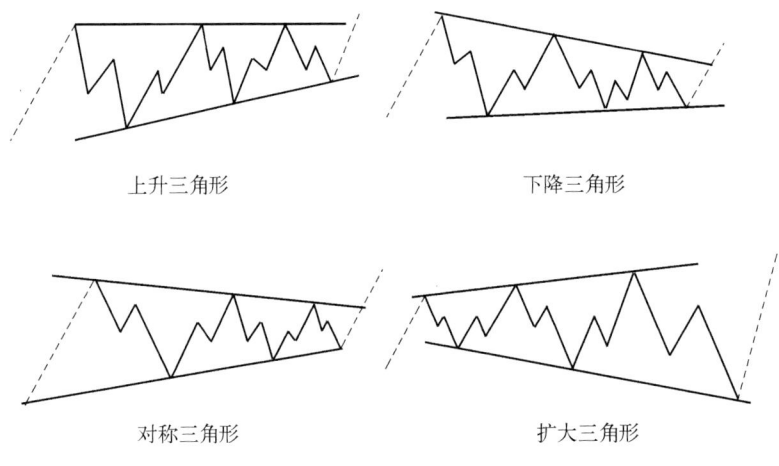

图 5-12 三角形形态

4. 二重三与三重三形态

这是一个复杂形、平势形及三角形相结合的浪形,浪形更为复杂。二重三形态以 X 浪过渡,将两种形态组合,如图 5-13 所示。三重三形态以两个 X 浪过渡,将三种形态组合。如图 5-14 所示。

其中,过渡的 X 浪通常又可细分为 1 浪、3 浪、5 浪(三角形)几种。

以上所述为上升浪中调整波,下跌浪中调整形态与此相反。

通常,这类组合,不同形态交替情况较多。如平势形后为三角形,之字形后为平势形。之字形与平势形组合的二重三形态,如图 5-15 所示。

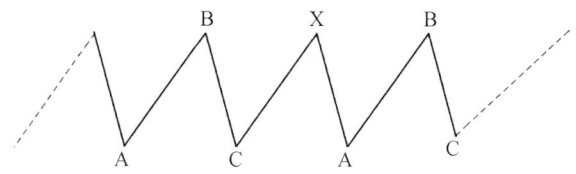

图 5-13 二重三形态

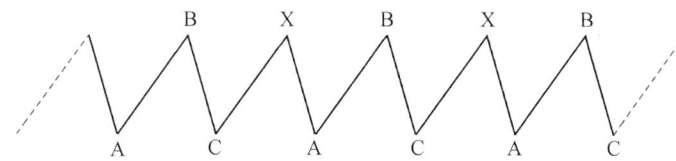

图 5-14 三重三形态

图 5-15 之字形与平势形结合的二重三形态

平势型与三角形结合的二重三形态,如图 5-16 所示。

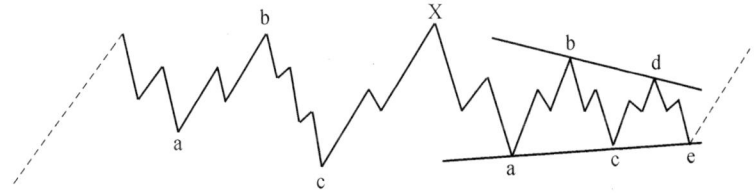

图 5-16 平势形与三角形结合的二重三形态

修正浪调整形态还有许多,但上述浪形为最基本的。

二、波浪移动幅度分析

分析了波浪形态,接下来分析波浪幅度,即判断新的上升下跌浪形展开后,能涨多少,跌多少。涨跌趋势形成后,再判断之中的回调或反弹浪能走多远。

波浪的上升和下跌幅度,前面数浪规则已论述,如第三浪不应该是5浪中最短一浪,第四浪不能与第一浪重叠,第二浪调整不能超过第一浪100%,以及五浪完成后a调整浪、b调整浪、c调整浪一般在前面第四子浪附近完成等。

(一) 黄金分割比例与波浪幅度的测定

根据数列关系可寻找出许多有用的比率值,常用的有0.236,0.382,0.5,0.618,0.67,1.382,1.618,2,2.382,2.618,3,3.236,3.618,4.236,5.236等。通常,比如推动浪中下一浪总是长于前一浪,至少与其相等,它为上一浪的1.382倍、1.168倍、2倍、2.618倍。上升或下跌过程中回档与反弹,都不会超过上一推动浪1倍,通常是上一浪的0.382倍、0.5倍、0.618倍、0.67倍等。

由于所给定的比率值太多,预先又不可能知道在哪个比率值附近会出现阻力与支撑,甚至会随机出现在任一位置,实际操作很困难。唯一的办法是,计算出各个比率所对应的价位,随后在股价接近这些位置值时密切注意,随时准备买卖,一旦越过该价位而不拐头,则看下一个支撑位或压力位。

应该注意的是:浪型级别有大小之分,一旦出现反弹与回调,则先参照邻近浪作比率计算。一旦超出正常值(如反弹回档超过0.5或0.67时),则应考虑更大级别浪形可能出现,如成交量出现反常(超常成交量出现),则更应注意。也就是说,有可能产生更大级别的逆势浪,并相应调整操作策略。

(二) 成交量密集状态与波浪幅度测定

成交量密集区是指价格上升和下跌过程中,因多空争斗激烈,整理时间较长,从而堆积很多成交量的价格区域。如果间隔时间不是很长,该处就具有支撑与压力的作用。这也是波浪下调与上涨幅度测定的重要的参考依据。

(三) 平行通道趋势线与波浪幅度的测定

画出通道可预测每一浪涨跌幅度,但前提是不出现失败浪、延伸浪。在正常情况下,通道上下轨道是测定浪形抵达的重要位置。如以上升浪为例第一次回到下轨为第二浪,第二次回到下轨为第四浪,第一次触及上轨为第一浪高点,第二次触及上轨为第三浪终点;但在走势加速情况下,原通道被破坏,必须重新画出时,上述分析就应作调整,如图5-17所示。

时间为波浪理论最后考虑的问题。由于股价运行周期的研究已成为独立的理论体系。以后波浪理论已很少论及这一问题,在此不再作介绍。

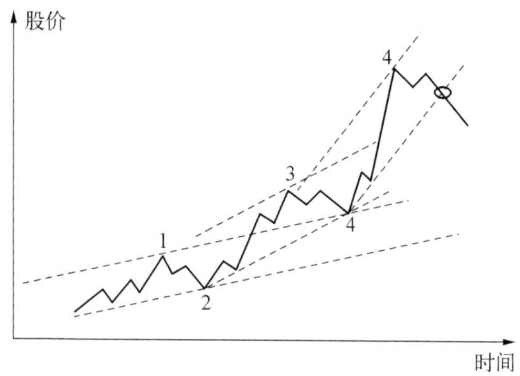

图 5-17 通道变化时浪形幅度测定

三、波浪测市的意义及应注意的问题

波浪分析的意义在于：使投资者了解股市周期波动的概貌，明确当前股价在整个周期中所处位置，明确下一步应采取什么操作策略。如上升 5 浪完成以沽空为好，下跌 3 浪完成，以买入为佳等。

任何预测股市波动的工具均有缺陷，波浪理论也不例外。使用这一测市工具时应注意如下问题：

(1) 波浪理论更适用于对股市指数的预测。

(2) 波浪分析的缺点是在浪形形成途中划分浪形很困难，事后解释却很容易。因此，数浪切忌"先入为主"，只要符合数浪规则，应允许几种数浪法并存，以后根据情况变化逐步淘汰错误数浪法，留下更切合实际的数浪法。

(3) 波浪分析难点在于：浪的起始点不易辨认与浪形级别难以划分，为此应该求粗不求细，求大不求小。

(4) 波浪分析以浪形为主，只要浪形完成，尽管幅度与时间比率不规范，也必须承认一个趋势完成了。

与其他分析工具一样，波浪理论的应用必须结合成交量，由此可减少失误。

第二节 趋 势 分 析

趋势分析是在股价上升和下跌趋势形成后，研究趋势延续与转变特征。

股价趋势分析的理论依据是：股价一旦形成趋势，除非发生意外，将沿某一方向惯性延续。股价走势这一特征与人们思维定式及心理情绪变化过头且惯性延续有关。

趋势分析的基本目的是寻找股价一段时间内的基本移动方向,至于小级别涨跌可置之不理。

趋势的基本特点是:上升趋势中,低点(高点)逐步上移;下跌趋势中,高点(低点)不断下移;若高低点为水平式移动为无趋势走势。

趋势分析首先要分清级别。每种趋势都是更高一级趋势的组成部分。短期趋势是对中期趋势的修正,中期趋势是对长期趋势的修正。由于投资者操作有短线、中线之分,所以趋势级别的划分,可根据自身需要而定。

趋势分析有多种形式,最常用的有均线分析与切线分析两种形式。以下先介绍切线分析,再讲解移动平均线运用原理。

一、切线分析

股价上升与下跌趋势的确认,即找出价格变化趋势,是切线分析的首要任务,画出切线与通道线是最基本也是最有价值的趋势确认方法。

(一) 运用切线找出价格波动趋势

找出明显底部区域,将价格波动的两个低点相连形成一条直线并延伸,可明确看出向上趋势;在顶部区域,将两个高点相连成一直线并继续延伸,可明确看出向下趋势。如图 5-18 所示。

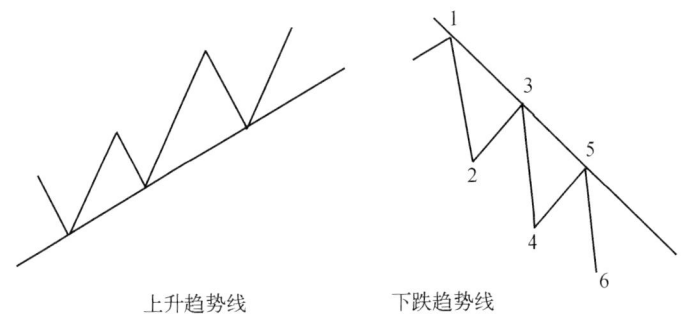

图 5-18 趋势线

趋势线的制作要注意如下问题:

上升趋势线至少要有两个低点才能画出,且后一低点高于前一低点。通常,要等前一高点被冲破后才有趋势意义。下降趋势至少要有两个高点才能画出,且后一高点低于前个高点。通常,要等到第一个低点被跌破时才有趋势意义。

如果在底部或顶部区域找不出明显的两个以上一次向上的低点或依次向下的高点,则可找出一组低(高)点,画出连线,观察趋势变化。

趋势线上升和下跌角度接近45°,此后股价数次触及趋势线均受到支撑或遭压力,且次数越多,维持时间越长,其有效性越强。

股价变化为锯齿形,大小形态环环相套,因而不同低点(高点)级别并不一样。最有意义的是这种形态与同级别浪形的低点(高点)相连。较大级别的低点(高点)构造的趋势线是用来观察股价中长期趋势变化,小级别趋势线则对短期趋势的观察有效。两者不可混淆。鉴于此,趋势线要不断调整。

通常,以日K线低(高)点画出的趋势线为短期趋势线;以周K线高(低)点画出的趋势线为中期趋势线;以月为单位,则画出长期趋势线。

短期趋势线维持时间很短,线路较陡峭,一旦突破,需重画趋势线。

在中长期趋势线中,包含着多种级别趋势线,可结合使用。如图5-19所示。

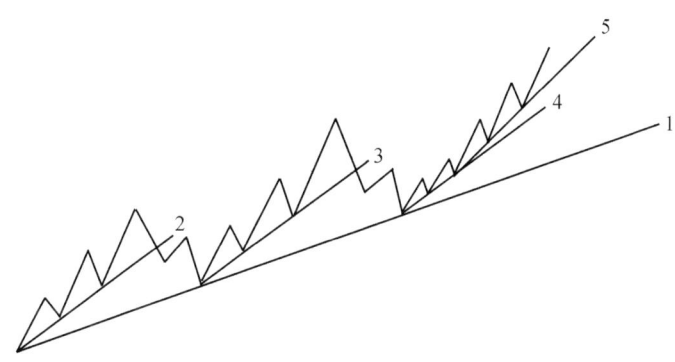

图 5-19 中长趋势线与短期趋势线的组合

图5-19中1线为较大级别上升趋势线,2线、3线、4线为次一级的上升趋势线,5线为更次一级的上升趋势线,若需要还可以划出更短、更长趋势线。通常在1张图表上使用很多趋势线,以便长短趋势线结合观察。

连接前两个低点(或高点)画出趋势线,在实际走势未完全走出之前画出的趋势线多少带有主观色彩。通常,只有第三个低点(高点)落在该线上并试探成功,才可确认趋势线有效。

趋势线对股价趋势确认很有帮助。只要上升趋势线始终为股价回档的支撑,即可确认上升趋势未变。只要趋势线始终为股价反弹的阻力,不断约束股价上行,强制股价在其下方运作,即可确认下降趋势已形成或未变。

(二)通道线是对趋势强化与弱化的进一步确认

上升通道以上升趋势线为基准,在上方取一较突出的高点画出与趋势线相对应的平行线(见图 5-20)。下降通道制作方法与此相反。

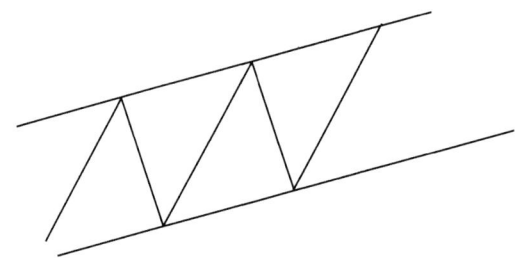

图 5-20　上升通道的制作

通道对股价趋势的确认意义同趋势线相同。主要区别有两点：① 通道有上轨、下轨，只要股价在上、下轨内波动，即可确认上升、下跌趋势未变。② 利用通道还可观察趋势变化的滞缓与加速度的特点。

无论在上升还是下跌趋势中，趋势推进有匀速、加速、减速三种。通过这些特点的辨析，可判断趋势演化所处阶段及逆转的可能性，以便采取正确的操作策略。

通常，走势出现加速度，表明上升和下跌趋势进入中后期，走势减速则是趋势进入后期或将要发生逆转时的表现。上升和下跌走势匀速表明趋势推进较稳健，也说明趋势维持的时间较长，可放心维持原有操作方法。

1. 趋势加速分析

图 5-21 说明上升趋势加速(下跌趋势加速图与图 5-21 相反)。趋势加速说明股价进入主升、主跌期，这时绝不能逆势操作。涨跌在趋势线不断趋陡情况下，上升通道上轨与下跌通道下轨不断被打破，第一次发生可追涨或杀跌，数次发生后，不可再追涨或杀跌，相反，应确认原趋势进入尾声阶段。

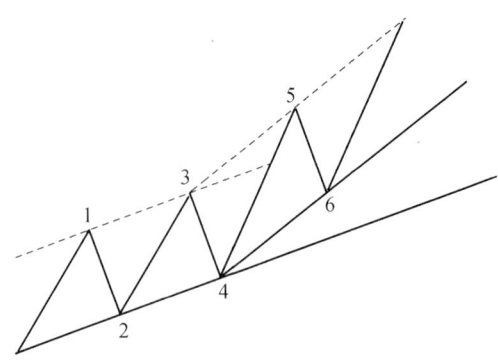

图 5-21　趋势加速

2. 趋势减速分析

图 5-22 显示上升趋势减速,或出现转势(下跌趋势图与图 5-22 相反)。除趋势形成初期走势较艰难外,在趋势后期,大多走势也出现减速,这是转势之前的典型信号。走势减速的重要标志是:再上升或下跌已达不到通道上轨或下轨,走势开始趋平。一旦突破另一端(上升途中跌破下端,下跌中冲破上端),则转势确认。

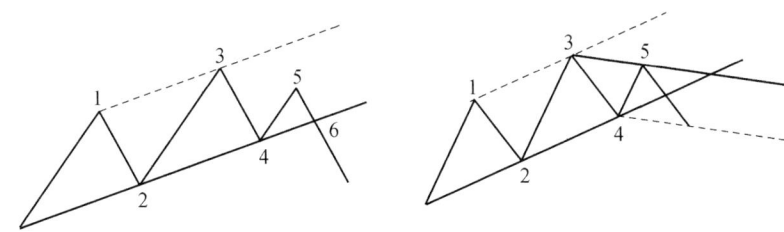

图 5-22 趋势的减速

3. 趋势的逆转

趋势逆转的标志是:重要趋势线被有效突破(见图 5-23)。何为趋势线有效突破?常用的标准是:① 收盘价突破而不是盘中瞬间突破。为防"骗线",可把误差设定在 3%,这称为价差过滤。如趋势线斜率过大,可设大一些;反之,小一些。② 突破时间超过两天,并需连着 2 天,仅 1 天不算有效突破。③ 有成交量配合,尤其是下降趋势线突破,成交量的放大更有警示作用。

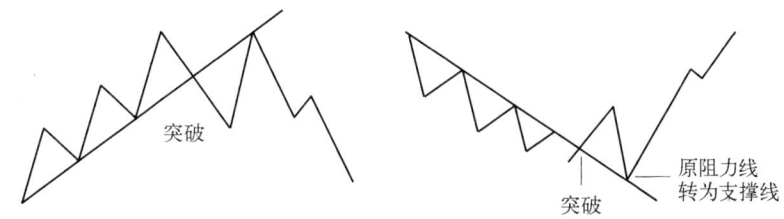

图 5-23 趋势线突破及支撑压力转化

一旦趋势线被有效突破,如同支撑压力线一样,所起到的作用会转化。即上升趋势线的支撑确实被打破,以后股价反弹该线转为压力线(见图 5-23);相反,下降趋势线的压力确实被打破,以后股价回调,该线转为支撑线(图略)。

(三) 趋势分析的意义

趋势分析对实际操作具有重要意义。对中线投资者来说,一旦上升趋势确认,可顺势而为,不轻易反向操作。作短线抛空,要及时补回,如无高明的看盘技术与短线操作技巧,宁可短期少赚钱或被套,也不作逆势操作,以防因小失大,失落大段行情。在下跌趋势延续时,无高明技术不轻易言底,捕捉反弹,宁可不抄底待局势明朗后再说,这叫"趋势不变我不变"。趋势不变的确认方法是重要的支撑线、压力线,或通道上、下轨未有效突破。

对短线操作者来说,可根据股价锯齿型波动特点,利用趋势线及通道上、下轨做差价。在上升趋势中,待股价回落到上升趋势线或上升通道下轨附近时买入(前提是不有效突破),又可在上升通道上轨卖出[见图5-24(a)]。在下跌趋势中,则采取相反方法,股价反弹到下降趋势线时卖出,在下降通道下轨买入[见图5-24(b)]。

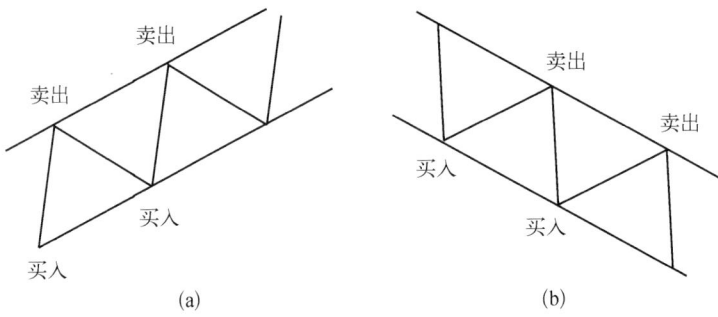

(a) 短线操作者可以在支撑线买入,压力线卖出,中线操作者一路持有,待转势离场

(b) 短线操作者逢支撑线抄底,逢压力线卖出,中线操作者一路观望待局势逆转介入

图5-24 趋势行进中的短线操作

无论短线操作还是中线操作,在趋势变化十分复杂的情况下,尤其是看不清盘势时要做两手准备:一是停手;二是设好止损点。

二、移动平均线分析

股价移动平均线是利用股价波动平均值将日常价格变动曲线平滑化的分析方法。它是K线图分析的补充,用它可观察股价波动趋势的形成、延续及逆转。其缺点是信号过于滞后,同时一旦市场无趋势,即在盘整期,因买卖信号过于频繁而失去实用价值。

(一) 移动平均线的计算

移动平均线的计算有简单法、加权法及平滑移动法三种。在此只介绍简单法。简单法为常用的计算方法。其计算公式为:

$$MA_t = \frac{1}{N} \sum_{i=1}^{N} I_{t-i+1} \tag{5-1}$$

式中：MA_t 为第 t 日的股价移动平均数；N 为计算所用天数；I_t 为第 t 日收盘指数或收盘价。N 值越大，股价曲线越平滑，变化越小，反之亦然。

此公式的含义是：将 N 天内股价加总后除以 n，以后随时间推移，每天加上当日股价，减去最早一天的股价，随后除以 n 即可得到系列数据。将上列计算结果点在坐标上，并将各点相连，即形成移动平均线。

（二）股价移动平均线的应用要点

1. 均线排列

若长中短均线由下而上排列，同时当日股价在均线之上，这称为多头排列，它表示向上趋势不变；反之，若长中短均线由上而下排列，同时当日股价在最下方，则称为空头排列，它表示走势向下的趋势未变并将不断延续，如图5-25与图5-26所示。

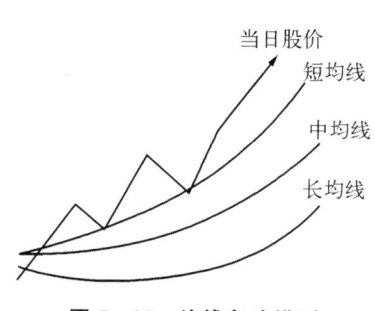

图5-25　均线多头排列

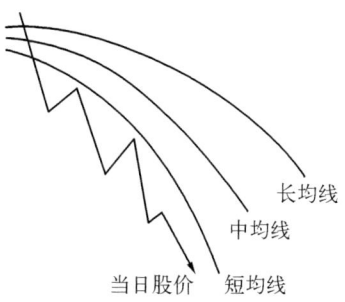

图5-26　均线空头排列

2. 均线交叉

当股价上涨到一定时候开始转头向下，或股价下跌到一定时候开始翘头向上，将出现转势，这时稍短均线纷纷与较长均线靠拢，继而短线穿过中线、长线，中线再穿过长线。若短均线由下而上穿过中长均线，这称为金叉，它表明股价出现趋势逆转，即由跌逐步转涨；反之，若短线由上而下跌破中长均线，这称为死叉，它表明股价将出现由涨为跌的趋势逆转。金叉出现应试探买入，死叉出现应试探卖出。如图5-27与图5-28所示。

3. 均线助涨与助跌

当均线仍上涨时，即使当日股价出现下跌，但跌到均线附近，甚至跌破均线时，也会被托起，这称为上涨均线的助涨作用（这与股价跌到上升趋势线附近时受支撑类似），这时仍应买入（特别在首次出现这一情况时）；反之，当均线仍下跌时，即使当日股价出现上涨，但弹升到均线附近，甚至跃过均线，也会被拉回，这称为下跌均线的助跌作用（这与股价反弹到下跌趋势线附近受阻类似），这时仍应卖出。实际上，不仅股价与均线有这种效应，短均线与长均线之间也有此效应。

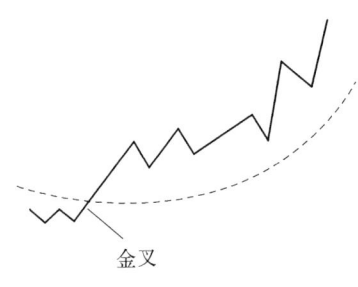
图 5-27　均线金叉

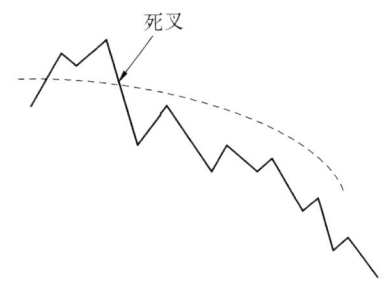
图 5-28　均线死叉

4. 均线的离差状况

当股价短期内暴涨,一旦远离均线之上,接下来会有回档;反之,当股价短期内暴跌,一旦远离均线之下,接下来会有强烈反弹,这一效应与通道分析中的价格趋势加速类似(见图 5-29 与图 5-30)。这一效应,我们将在后面的乖离率指标中再作讨论。

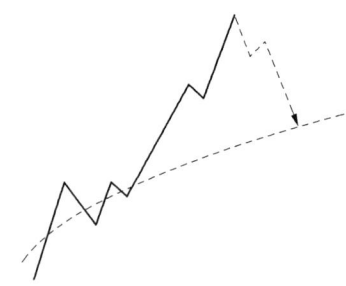
图 5-29　乖离率过大,回档

图 5-30　负乖离率过大,反弹

5. 均线周期波动

稍长的均线可用来判断股价周期波动的长度及转折时点。由于长均线较为平滑,不会轻易上上下下,因此它向上、向下、拐头对股价周期波动的判断十分有效。它既可及时发现股价转势征兆,又可依据它的运行方向顺势而为。正因为如此,才有短均线看买卖时点,长均线看周期波动的说法。

第三节　形 态 分 析

股市涨跌交替,周而复始循环。久涨必跌,久跌必涨。价格变化具体形态也是重复再现的。尽管影响股价变化的原因有无数种,但反映出来的结果并不复杂;或涨或跌或盘整,反映出价格具体形态也不复杂,即多空力量平衡时的整理形态、多空力量转化时的反转形态及多空力量非平衡时的单边上涨或下跌形态。那么,能否事先就发现股价涨跌趋势改变的征兆,即根据股价具体形态特征预知此后走向呢?虽然市场千变万化,但"历史会重演"的,因此当前股价形态可成为预知以后股价走势的有效信息。

股价形态的分析包括短期数根 K 线组合分析与中长期整理转势的形态分析。以下依次简述两种分析方法的基本内容。

一、K 线组合分析

K 线图的使用十分普及。有关 K 线的画法由图 5-31 所示。

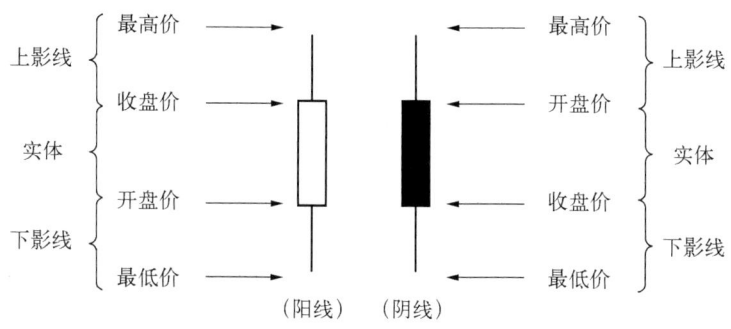

图 5-31　K 线结构图

K 线的时间长度划分为小时 K 线、日 K 线、周 K 线、月 K 线等。不同时间周期的 K 线分析意义相同,只是影响的时间跨度不一。

K 线形态组合错综复杂,若以 2 根、3 根、5 根 K 线联结起来看,可形成无数形态,因此一一分析几乎不可能。鉴于此,我们主要掌握以下分析思路。

(一)阳线阴线实体大小的作用

首先,阳线实体越大,表明多方力量越占优势;反之,阴线实体过大,显示空方力量占优势。在股价下跌一段时间后,大阳线突然出现,显示短期底部的到来(图 5-32)。如大阳线出现在盘局之后,则表明市场走出盘局开始新一轮上涨行情(图 5-34)。大阴线的情况相反,若在股价上涨一段时间后,突然出现一根大阴线,表明空方开始反攻,它往往预示着短期头部的到来(图 5-33)。同样,股价缩量盘整,随后出现一根大阴线向下突破盘整区域,则显示新一轮跌势开始(图 5-35)。

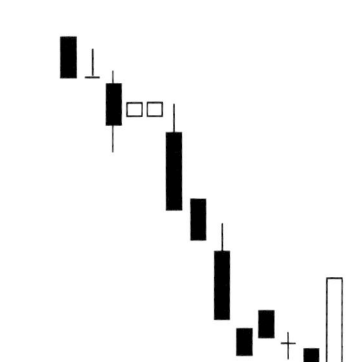

图 5-32 大阳线出现，底部初现

图 5-33 大阴线出现，顶部出现

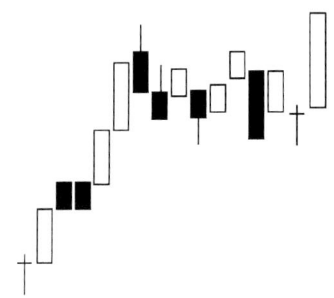

图 5-34 盘整后出现大阳线，形成上突破，升势再现

图 5-35 盘整后出现大阴线，形成下突破，跌势再现

其次，在股价上涨过程中，若阳线实体依次放大，表明上攻走势凌厉；反之，实体依次缩小则表明攻击力逐步减弱。在下跌过程中，情况正好相反。阴线实体依次放大，表明空方力量加强；反之，阴线实体逐步缩小，表明打压力度减弱。上述分析可见图 5-36 与图 5-37。

（二）上下影线的功效

上影线长表明空方打压力度较大。即上影线代表了卖方的力量及股价上冲中出现严重卖压。下影线越长表明多方的进攻力度较大。即下影线代表了买方的力量及股价下跌中出现巨大买盘。当然，上述情况还要具体分析。通常，在上涨一段时间后出现较长上影线，表明上升阻力较大；反之，在下跌一段时间后，下影线的支撑作用较显著。如果，股价下跌一段时间后，突然在下方出现较长的上影线的 K

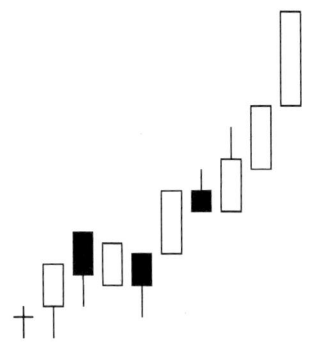
图5-36 阳线实体逐步增大，预示上升势头凌厉

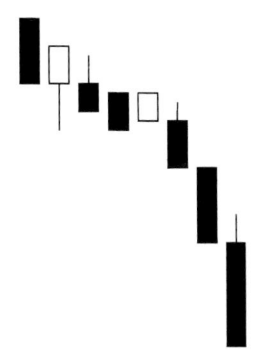
图5-37 阴线实体逐步增大，预示下跌势头凌厉

线，这并不说明卖方力量加大；相反，表明多方已尝试反攻，虽然未告成功，但局势可能会发生变化。同理，在股价上涨一段时间后，突然在高位出现一根下影线较长的K线，也不说明买方力量增大，反过来它显示空方已开始反扑，之后局势未必对多方有利。上述分析见图5-38与图5-39。

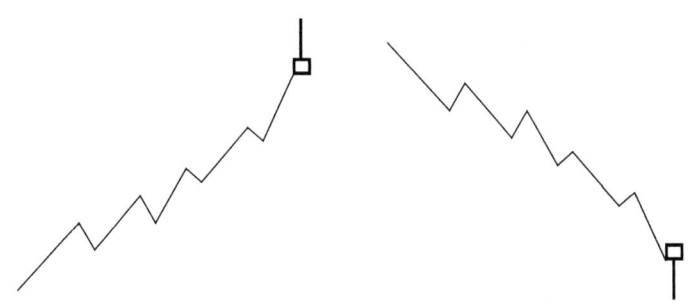
图5-38 高位射之星与低位锤头线

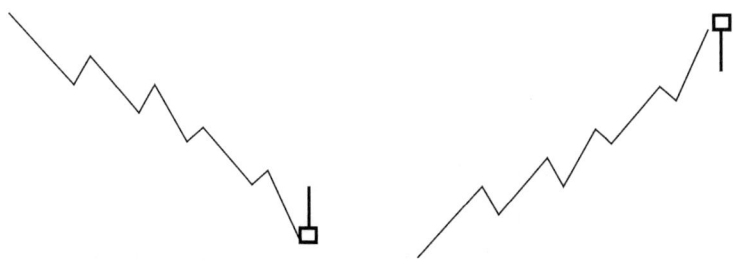
图5-39 低位多方反扑线与高位空方反扑线

(三) 十字星的意义

十字星是指实体较小或者没有实体且上下影线较短的K线。这种K线在技术分析上有重要意义。十字星实际上代表了多空双方力量暂时平衡,上影线长于下影线,空方力量略强,反之亦然。在盘局中出现十字星,表明市场走势上下方向不明。在股价上涨过程持续一段时间后,即在高价区,十字星出现表明多方力量衰竭,有见顶之嫌。若十字星之后出现阴线,则可断定顶部形成;反之,在股价下跌一段时间后,即在低价区,十字星出现提示空方力量耗尽,有见底的希望。若十字星后出现阳线,则进一步证明这一事实。上述分析见图5-40与图5-41。当然在出现上述情况时,还需要结合成交量综合判断,通常伴随量的放大,可靠性更强。

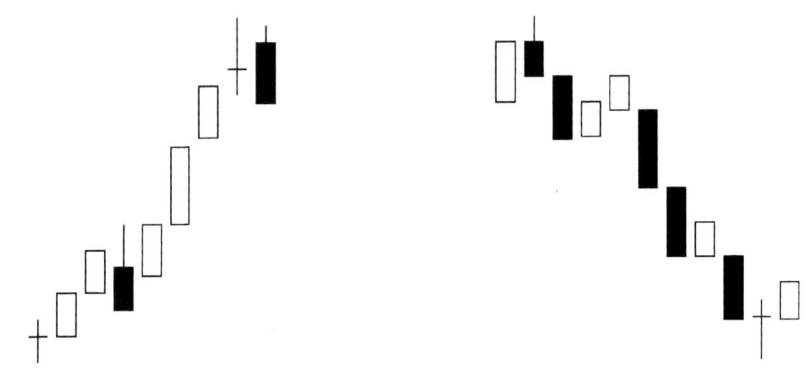

图 5-40　头部出现十字星,见顶　　　图 5-41　底部出现十字星,见底

(四) K线重叠、跳空与涨跌斜率的分析

K线涨跌不可能直线运行,总体看是曲折向上或向下。在K线涨跌中,大多时间会出现数根K线重叠状况。分析K线重叠特征,对判断股价短期走势十分重要。

第一,股价上涨,K线之间的实体或影线出现部分重叠,上涨斜率近似于1,这表明股价上涨为稳健型,上涨维持时间可能稍长些(见图5-42);反之,股价下跌时出现这种重叠状况,则为匀速下跌型,持续的时间也较长(见图5-43)。

第二,K线之间发生平行重叠,则要作具体分析。若一阳一阴,则要看后一根是阳还是阴,后一根K线收盘价高于还是低于前一日收盘价。若后一根为阳,不仅收盘价要高于前一天,而且至少已切入前一根阴线的一半以上,甚至把前一根阴线全部吃净还有余,这样K线表明买方力量增加。若先阳后阴则按相反思路去分析。若出现3根以上K线,则要看是阴线多还是阳线多,是阴包阳还是阳包阴,以及阴

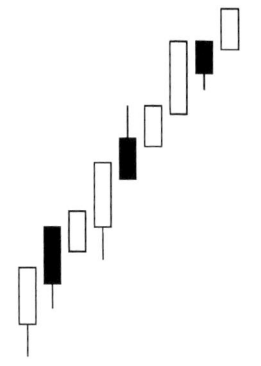
图 5-42　K 线部分重叠,稳健上涨

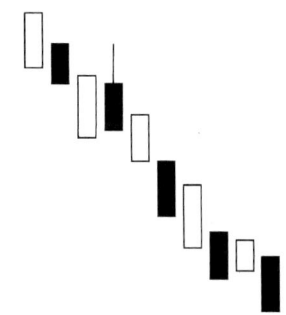
图 5-43　K 线部分重叠,匀速下跌

阳线的实体大小等。若阳线多,阳包阴及阳线实体大,则预示此后走势向好,反之亦然。见图 5-44 与图 5-45。

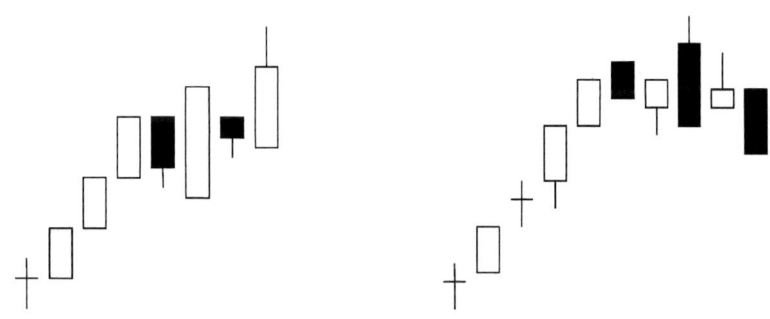

图 5-44　阳包阴,预示上涨　　　　图 5-45　阴包阳,预示下跌

第三,K 线涨跌中还会出现缺口,即形成跳空缺口。缺口是指股价快速大幅移动中有一段价格没有任何交易。在 K 线图上为一真空区域。缺口有多种,见图 5-46。以下逐一分析。

(1) 普通缺口。它通常出现在股价横向整理走势中,这时成交量较小,从而容易形成缺口。这一缺口的特点是:空缺小且在后几个交易日中会被迅速填补,它对走势分析没有多大意义。

(2) 突破缺口。它常出现在走势转折之初。股价出现一个很大跳空缺口且远离原有形态,出现加速运行态势。它的特点是:① 缺口出现伴随着重要阻力线(支撑线)及重要底部(顶部)形态的颈线的突破。② 缺口大,有量的配合。③ 通常,缺口不会被填补。

(3) 中继缺口。它大多出现在市场走势行进的中途,表明市场走势已进入顺利推进的阶段。此缺口在以后走势的回调或反弹中分别构成支撑位与阻力位。它

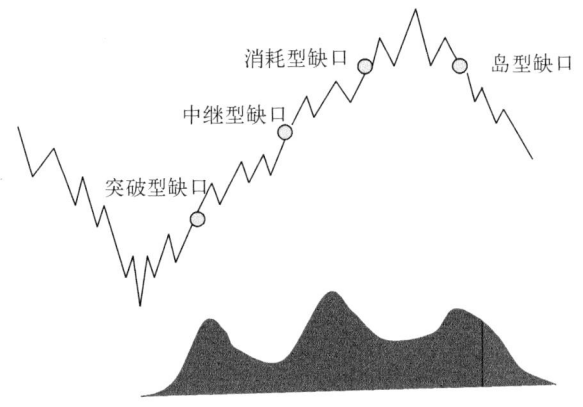

图 5-46 K 线缺口

的特点是：① 缺口出现在走势行进的中途。从起涨（跌）点到这一缺口的垂直距离，很可能是股价未来上涨（下跌）达到的幅度。② 缺口出现之时，成交量适度。③ 缺口不会在短期内被补。④ 缺口往往不止一个，有时会有几个。

（4）竭尽性缺口。它必然发生在股价上升下跌趋势的终点，此缺口出现表明"最后一跌"及"最后一跃"，有强弩之末的特征。它的特点是：① 此缺口出现预示原有走势将发生逆转。② 缺口会迅速填补。③ 缺口出现后量价关系会严重背离。

应当指出，K 线缺口分析仅为重要参考，不作为唯一依据，实际走势也不一定会出现每种缺口。缺口分析应结合其他分析方法综合判断。

第四，在分析 K 线重叠及跳空特征同时，还必须注意 K 线行进的斜率。通常，短期内股价升跌斜率过大，维持原有趋势时间不会很长。唯有斜率近似于 1 的升跌，才可维持略长的时间。

二、整理形态的特点及类型

当 K 线出现许多根，这时就要借助大形态来分析。这时不能拘泥于几根 K 线关系，而要放到整个形态中去分析。

股价大形态主要包括整理与反转两种。前者是股价在维持原有运行方向基础上趋势暂时停止的形态，后者则属于股价走势逆转前的形态。

整理形态的基本特点是：

其一，股价上升、下跌趋势暂时停止，多空力量暂时平衡，消化掉浮动筹码后，股价维持原来方向继续运行。在上涨过程中，整理完成后股价继续向上；在下跌过程中，整理完成后股价继续向下。

其二，整理形态维持的时间较短(时间过长则有转势之嫌疑)。

其三，整理形态出现时，交投比较清淡，成交量变化较小，一旦突破，成交量放大，上升突破时成交量要求更高。

其四，整理形态出现逆向走势不会突破重要趋势线。

其五，形态完成后向上向下突破后还有一个回拉走势，这时成交量小且回不到原图形内。

其六，整理形态完成后，向上向下移动的幅度与整理图形最宽处的幅度有关。整理幅度大，突破后上下移动幅度也大，反之亦然。

价格整理形态主要有以下几种。

(一) 三角形

三角形有上升、下降、对称及扩大四种(有关图形见本章第一节图 5-12)。所有三角形均为 a 浪、b 浪、c 浪、d 浪、e 浪构成。它属于中期整理形态，很少在底部、顶部出现。

通常，上升三角形属上升过程中的整理形态，下降三角形属下跌过程中的整理形态。也就是说，前者完成后股价继续上涨(前面已有一个上升浪形)，后者完成后股价继续下跌(前面已有一个下跌浪型)。

对称三角形完成后的运行方向略复杂，这要看：① 三角形整理时，若上行整理放量，下行整理缩量，这种情况通常为上升突破；反之，为下跌整理。② 放量大多为上升突破，突破无量大多为下跌走势。③ 主要趋势向上，对称三角形完成之后仍向上；主要趋势向下，对称三角形完成之后仍向下。

(二) 旗形

这种图形代表强有力市场走势出现短暂的停止，通常它在上升或下跌趋势的中途出现，是一种可靠的整理形态，它属短期整理形态，即整理时间短。旗形分为方旗形与尖旗形。上升过程中的旗形为上升旗形，下跌过程中的旗形为下降旗形。如图 5-47 所示。下降旗形的形态与之相反。

此形态特点是：① 形态出现之前有一个陡峭的飙升或暴跌过程(称之为旗杆)。② 上升旗形的旗面下倾，下降旗形的旗面上倾。③ 旗形整理时，成交量大量萎缩。④ 旗形整理结束继续向原方向挺进。突破后上涨(下跌)幅度为旗杆的长度(从突破点算起)。

(三) 楔形

该形态类似三角形，这种形态整理时间略长，属中期形态，通常要 1~3 个月。

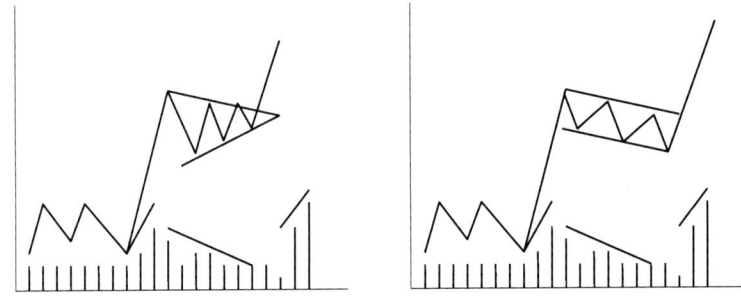

图 5-47　上升尖旗形及上升方旗形（下降旗形的形态与之相反）

其主要特征是：① 形态呈上倾斜或下倾斜。上倾斜楔形完成后预示价格向下，下倾斜楔形完成后预示价格向上，第一步上涨下跌先回到形态起点。② 上倾斜楔形形成过程中，成交量逐步减少；下倾斜楔形形成过程中，成交量逐步放大。③ 楔形既出现在上升、下跌第五浪与 c 浪中，也出现在大趋势中途整理中，后者出现的概率更高，故归入整理形态。④ 与三角形不同，楔形通常运行到顶端才突破，突破时放量，尤其是下降楔形的突破。⑤ 下跌趋势中楔形形成时间比上升趋势中楔形形成的时间短。如图 5-48 所示。

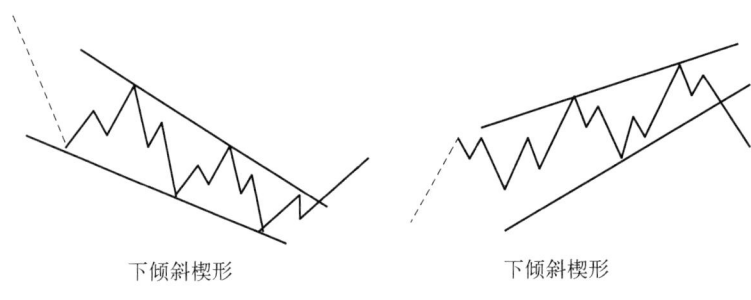

下倾斜楔形　　　　　下倾斜楔形

图 5-48　楔形

（四）矩形

矩形又称箱形或股价成交密集区。价格在两条水平线（或近似水平线）之间上下整理，形态极易辨认。如图 5-49 所示。

其特点是：① 价格水平震荡，不收敛，不扩大。② 价格突破上边线或下边线后预示形态完成后突破，通常有量的配合。③ 这一形态容易与反转形态中的三重顶或三重底相混淆。区别的方法是观察成交量。若成交量逐步减少，或向上缩量向下放量，则为顶部区域或是下跌过程中的矩形整理；若成交量逐步增大，或向上放量向下缩量，则是底部区域或是上升途中的矩形整理。④ 整理矩形突破后维持

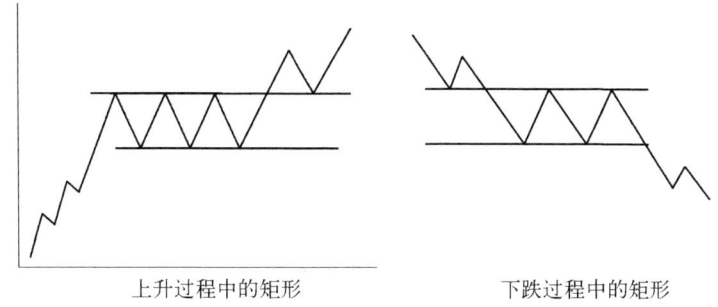

图 5-49 矩形

原方向运行,上涨、下跌的最小幅度为矩形的宽度。箱体上移后,原箱形上边线由阻力线转为支撑线;反之,箱体下移后,原箱体下边线由支撑线转为阻力线。

三、反转形态的特点及类型

反转形态的基本特点是:

第一,在股价波动原有趋势(上涨或下跌趋势)持续较长一段时间后,多空力量对比发生了变化,衰极必盛,盛极必衰。上涨一段时间后,反转形态的出现预示股价将进入下跌周期;下跌一段时间后,则预示股价将进入上涨周期。应注意的是,这种形态形成之前一定要有一个明显的维持较长时间的上涨下跌趋势存在过;若不存在,就不能轻易下结论。

第二,反转形态出现在顶部。价格震荡幅度较大,维持时间相对较短;反转形态出现在底部,价格变化幅度较小,形成时间较长。考虑顶部维持时间短于底部维持时间而且股价下跌速度快于上涨速度,因此辨认顶部并及时卖空更为重要。

第三,在反转形态构筑过程中,成交量变化较重要。一般底部放量、顶部缩量可确认反转形态。通常底部形态完成后上涨,更需要量的配合。

第四,反转形态确认的首要信号是价格有效突破重要趋势线及颈线,且回拉但无力回到原趋势线以内。

第五,反转形态完成后产生的上涨下跌幅度与反转图形的空间大小及时间长短有关。通常,反转图形大,构筑时间长,反转的力度也大,反之亦然。

以下就主要反转形态作一介绍,并指出每个形态特征及应注意的问题。

主要反转形态有以下几种。

(一)头肩形

这是技术分析中谈得最多的一种反转形态,其他反转形态都是这种形态的变形。其图形如图 5-50 与图 5-51 所示。

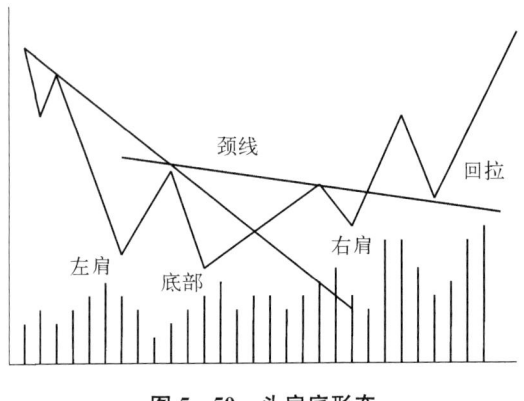

图 5-50　头肩底形态

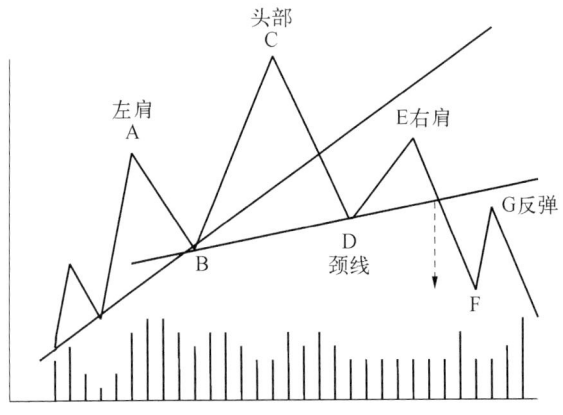

图 5-51　头肩顶形态

基本特征是：① 头肩顶（底）形态有简单形与复合形两种，简单形为一头两肩，复合形为多头多肩。头肩顶为顶部转势形态，头肩底为底部转势形态，图形正好颠倒。前者预示股价下跌趋势将形成，后者预示上升趋势将形成。② 颈线由两个头肩之间谷底峰顶连成。突破颈线标志着形态完成，趋势正式逆转。突破后，股价有一个向颈线回拉反弹的走势，但回不到颈线内，且量价关系背离。如果回到颈线内，且量价不背离，要警惕失败形态出现，转势未现。③ 头肩顶形成时，左肩量最大，头部其次，右肩最小。而头肩底形成时成交量状况与此相反，左肩量最小，头部其次，右肩最大。头肩底形成后，突破颈线时必须放巨量，而头肩顶突破颈线时成交量要求不高。④ 突破颈线后，上升下跌最小幅度为头部到颈线垂直距离（大多远远超过这个幅度）。图形越大，突破后推进幅度越大。⑤ 头肩底形成时间较长，头肩顶形成时间较短。应该指出的是,所有反转形态中,底部形态构造的时间均长于头部形态。

(二)三重顶与三重底

三重顶与三重底反转形态较少见,它与头肩形相似。区别在于峰谷高低几乎一致,无头肩之别。这种反转形态有时容易与矩形整理混淆,应注意辨析。如图5-52、图5-53所示。

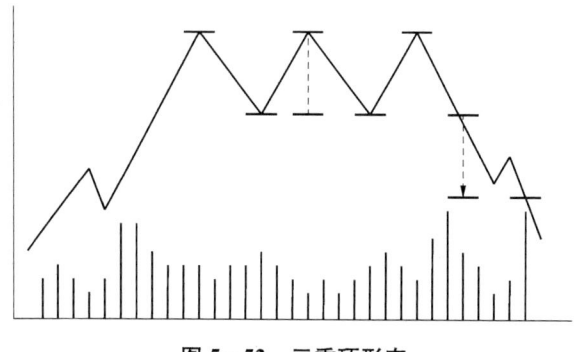

图5-52 三重顶形态

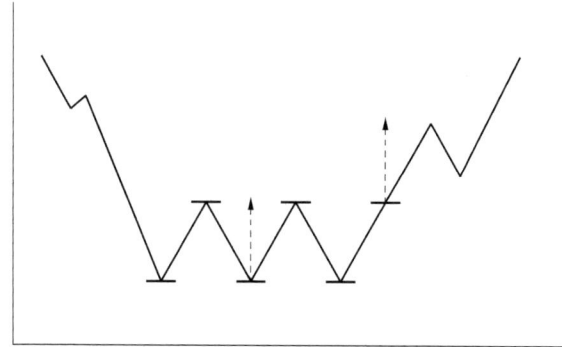

图5-53 三重底形态

其特点是:① 三重顶为三个高点相似的顶部反转形态,三重底为三个低点相似的底部反转形态。前者形成后进入下跌趋势,后者形成后转为上升趋势。② 三重顶下边线突破,三重底上边线突破预示形态完成。突破后有一个回拉但回不到上边线(下边线)以内,且量价背离;若回进去,且量价配合,为失败形态,要警惕。三重顶形成时量从左到右递减,三重底形成时量从左到右递增。③ 突破时,三重顶成交量要求不高,三重底成交量要求较高。④ 突破后上升下跌最小幅度为上边线至下边线的宽度。

(三) 双重顶与双重底

这是一个常见反转形态,也容易辨认,又称为"M"头与"W"底,前者两个高点相近,后者两个低点相近。在"W"底中,后一个点不能更低,在"M"头中后一点不能更高。其情况与三重顶与三重底相似,只是少一个点。通常,双底中第二个底成交量大于第一个(不完全如此),双顶时情况相反。其他情况与三重顶三重底相似,不再赘述。图 5-54 与图 5-55 为双顶双底形态。

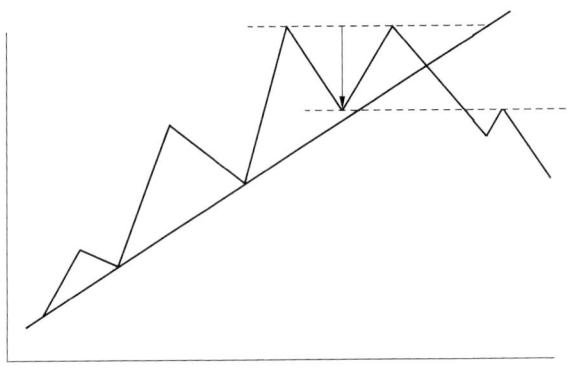

图 5-54 双顶形态

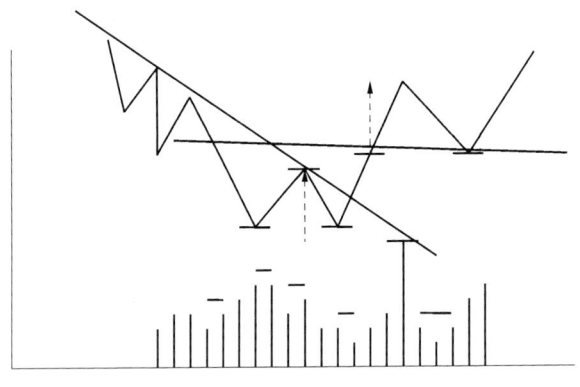

图 5-55 双底形态

无论是双顶双底还是三顶三底都会出现后两点位置略高或略低的情况,这时称为"多头"或"空头"陷阱。但这种情况不多。无论双重顶双重底还是三重底三重顶,最令人头疼的是相互转化,即反转未成又演变成整理形态。双重顶转为上升整理形态,继续上升;双重底转为下跌整理形态,继续下跌。

辨析的要点是:首先,双重顶或三重顶必须在跌破前一次低点时才可确认,而双重底或三重底必须在冲破前一次高点时才可确认;未达到时,不要轻易下结论。其次,看成交量配合状况。最后,看重要趋势线是否突破等。再有,双重底(顶)及三重底(顶)的图形大小很重要。若2个(3个)高点(低点)间隔时间长以及图形波动区间宽,反转可能性大,则产生的力度也大。至少1个月以上间隔期才有反转意义。

(四) 圆形顶与圆形底

圆形表示价格趋势正在缓慢而渐进地改变。这种反转形态较少见,多数在底部出现。如图5-56与图5-57所示。

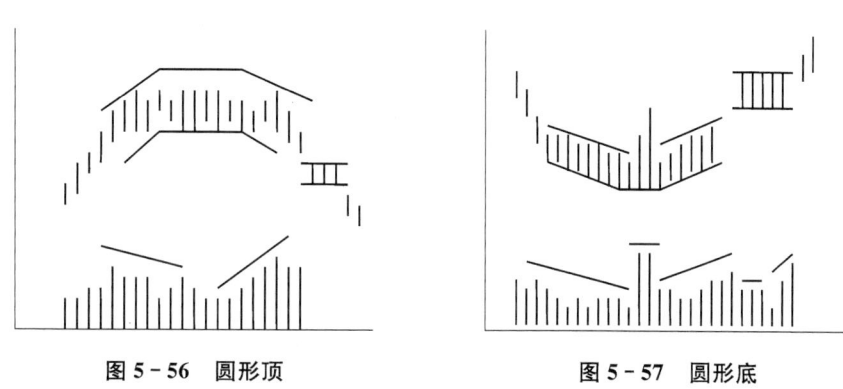

图 5-56 圆形顶　　　　　图 5-57 圆形底

其基本特点是:① 走势从左到右缓慢推进,形成一个圆弧形。② 成交量也是一个圆形,进入中间阶段时会放量,右端搭平面时,成交量又减,向上突破量又增。③ 股价在尾部出现平台标志形态完成,突破确立。④ 圆形底和圆形顶形成时间较长,因此相对来讲,形成时间越长,之后向上向下移动的幅度越大。

(五) V形与倒V形

这种反转形态事先不易辨认,因为来得很突然,往往防不胜防,其有单日反转与岛形反转等。如图5-58、图5-59及图5-60所示。

辨认这种形态的重要方法是:① 确认反转趋势出现之前有一个上涨或下跌主要趋势存在,而且这个趋势推进速度太快,持续出现跳空缺口,无明显支撑与阻力线出现,出现最后的缺口被回补,此时要警惕。② 出现V形反转时,当日成交量大增,特别是向上突破时。③ 有时V形出现后,会在右端形成一个暂时的逆向平台,底部形态的平台下倾斜,顶部形态的平台上倾斜,平台出现时成交量减少,平台突破,形态完成。若未能及时买入或卖出,这时将是一个转好的买卖点。通常,岛形、V形及倒V形出现,力度最大。

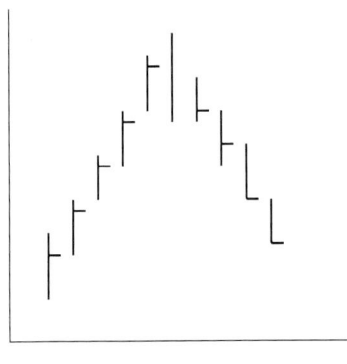
图 5-58 倒 V 形反转

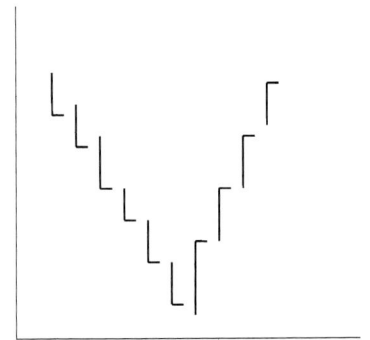
图 5-59 V 形反转

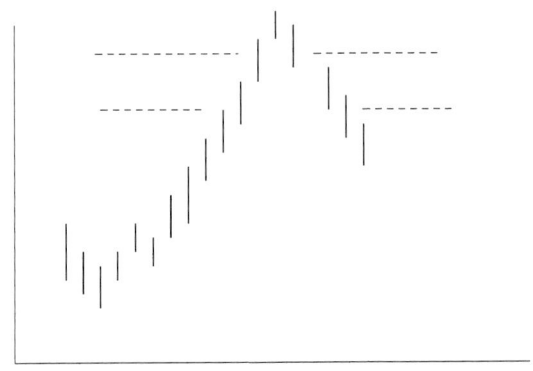
图 5-60 岛形反转

四、形态分析应注意的问题

第一,整理形态与反转形态的辨析十分重要,因为它直接关系到操作成败。股价实际走势也常捉弄人,有时两种形态很难区别,可能是整理形态也可能是反转形态,过后才看出。那么如何把握呢？再强调几点：① 成交量观察。整理形态形成时向上放量向下缩量及突破后放巨量均为底部整理或上升途中整理;反之,为顶部及下跌过程中整理。总之,反转时,成交量要求高,整理时成交量要求低。② 整理形态时间短,完成形态后维持原方向运动;反转形态时间长,形态完成后反方向运行。③ 整理形态完成后的幅度测量准确性低。

第二,如果反转整理形态确实难以辨认,则需要在重要位置停损或追涨。先判断为整理形态,结果走出反转形态,向下时在重要趋势线及颈线位设停损点,向上则在确认后及时追涨。顺势而为,及时纠错是操作第一要领。

第三,整理形态可做短差,也可停手,待走势明朗后再操作。一旦突破形态确认,即趋势明朗化,不能再采用整理期间高抛低吸的操作方法,应顺势而为。上升过程中捂股票,下跌过程中离场,不轻易捕捉反弹,等到整理形态再出现时转变对策。

第四,股价指数与个股以及一般个股与庄股形态表现各不一样。有些市场更多出现这种形态,另一种市场则更多出现另一种形态,具体情况具体分析,不可简单套用,经验积累仍是重要的。

第五,形态分析也要借助其他技术工具进一步确认,如与指标、成交量等配合运用,才可认定分析结论。

第四节　技术指标分析

指标分析是技术分析的又一重要工具。它是以证券价格、成交量及时间周期等市场内在要素为分析统计对象,通过各种数学模型、图表对股市走向进行预测的一种手段。

指标分析法的优点是直观明了,简便易用。特别在价格盘整阶段,其能准确地把握价格波动的相对高点、低点。其缺点是在价格处在强烈的单边上升或下跌时,指标极易出现钝化,而在初涨初跌时,指标反应又过于敏感,由此又会产生误导。至于价格运行趋势,即涨到哪里跌到哪里,指标分析更是无能为力的。

在指标分析方法应用时,应注意如下问题:

第一,各类技术指标各有特点。也就是说,各类指标各自反映了市场价格变化的不同方面,单个指标运用有局限性,必须多种指标综合运用才有效。比如,有些反映成交量变化,有些反映价格波动宽度的,两者要结合运用。

第二,要从市场变化及个股价格波动的实际情况出发,从操作者的实战要求出发,合理地设定参数,并在实践中不断调整,切不可固定化及盲目照搬。比如,长线操作时,参数可设大一些,短线操作时,则参数设小一些;股价整理时参数设小一些,股价单边上扬下跌时参数设大一些;强势股、庄股的参数可设大一些,而弱势股、冷门股的参数设小一些,如此等等。

第三,当市场价格出现强烈的涨跌趋势时,指标往往失效,这时应更多地运用切线、均线等趋势分析工具,指标分析只是辅助工具。通常,趋势向上时,指标中买入信号更有效;反之,趋势向下时,指标卖出信号更准确。只有市场进入无趋势状态时,指标买卖信号的作用增强。

第四,根据"量先行于价"的原则,反映成交量变化指标往往率先作出提示,这时应把它的地位置前。

指标可分为多种类型,有些反映价格上下动力的,有些反映价格波动节律及转折点的,有些反映成交量(量能)变化特点的,有些反映市场价格上涨下跌宽度的。一旦结合起来运用,准确率就大大提高。

以下按上述类型分别作一介绍。

一、周期震荡类指标

反映市场价格波动节律与转折点的指标主要有威廉指标、随机指标、相对强弱指标等。

(一) 威廉指标

威廉指标(WMS%R)指标是反映市场处于超买还是超卖状态。当市场处在超买状态,价格波动进入峰值,表明市场将由涨为跌;反之,处在超卖状态,则预示市场将由跌为涨,波动低潮即将过去。

1. 威廉指标

其计算公式为:

$$N 日 WMS = \frac{H_n - C_t}{H_n - L_n} \times 100 \qquad (5-2)$$

式中: C_t 为第 t 天收盘价; H_n 和 L_n 为最近 N 日(包括当天)出现的最高价和最低价; N 为选择的周期天数。

该指标要表明的是当天收盘价在过去一段时间内全部价格波动范围所处的相对位置。若数值处在极高位置,价格可能回落;若数值处在较低位置,则价格将回升;若数值处在40~60区域,价格涨跌的可能性都有。

该指标值波动区间在 0~100 之间。

2. 威廉指标的运用原理

该指标参数的设置通常取市场经常出现的循环周期的一半。至于循环周期,有长中短之分,可根据需要进行选择。

在运用这一指标时,可从数值及其曲线形状两方面考察。

从数值看,指标值处在 50 以上,表明市场走势处在弱势或较弱状态;处在 50 以下,则显示强势或半强势。当指标值处在 20 或 10 以下,市场处在超买状态,走势短期将见顶,可考虑卖出;当处在 80 或 90 以上,市场处在超卖状态,走势短期将见底,应考虑卖出;若处在中间带,指标值不能作为买卖的依据,应借助其他分析工具作出判断。

从曲线形状看,当指标值曲线进入低位后翘头,而股价还在上涨,由此产生顶背离,这是卖出信号;当指标值曲线进入高位后回头,而股价还在下跌,则是买入信号。在指标值曲线连续多次触底(顶),形成双重或多重低(顶)时[最严重时可能触底(顶)4~5次],此为重要的买卖信号。

由于威廉指标反应最为灵敏,因而更适用于短期分析。若作中期分析,应适当放大参数。

(二) 随机指标

随机指标(KDJ)的特征与威廉指标有相似之处,但其对股价变化的反应略慢些,参数选择依据与威廉指标相同。

1. 随机指标

其计算公式为:

$$今日 K 值 = \frac{2}{3} \times 昨日 K 值 + \frac{1}{3} \times 今日 RSV 值 \qquad (5-3)$$

$$今日 D 值 = \frac{2}{3} \times 昨日 D 值 + \frac{1}{3} \times 今日 K 值 \qquad (5-4)$$

其中:

$$N 日 RSV = \frac{C_t - L_n}{H_n - L_n} \times 100$$

在计算之初,可设 K,D 的基值为 50,代替前一天的 K,D 值。

K 值的变化更为灵敏,称为快线值,D 值的变化稍慢,为慢线值,后者较稳健可靠。

随机指标除 K,D 值外,还附带一个 J 指标,其实质是反映 D 与 K 之间的差值。其计算公式为:

$$J = 3D - 2K \qquad (5-5)$$

或:

$$J = D + 2(D - K) \qquad (5-6)$$

$$J = 3K - 2D \qquad (5-7)$$

K 与 D 波动区间在 0~100 之间,J 值可超出这一区间。

2. 随机指标的运用原理

从数值及曲线特征看,其运用原理与威廉指标相似,只是威廉指标考虑 20 以下卖出,80 以上买入,而随机指标与之相反。

除了上述法则外,随机指标运用还有如下功能:

从 KD 值两线交叉情况看,K 线上穿 D 线为金叉,若在底部区域交叉数次且在右侧相交(K 线在 D 线已抬头向上时与其交叉),为更可靠的买入信号;反之,K

线下穿 D 线,为死叉,若在高位交叉数次且在右侧相交(K 线在 D 线回落时与其交叉),则是可靠的卖出信号。

此外,J 指标值又成为一个重要的辅助工具。J 值超过 100 或低于 0 且钝化一段时间,分别表示超买或超卖,应大胆卖出或买入。

(三) 相对强弱指标

该指标(RSI)有反映市场走势强弱及预示市场转折的功能。与上述两个指标相比,反应灵敏度属中性。该指标在形态与背离分析方面更有独特功效。

1. 相对强弱指标

其计算公式为:

$$相对强弱指标 = \frac{N\text{日内收盘涨幅平均值}}{N\text{日内收盘涨幅平均值} + N\text{日内收盘跌幅平均值}} \times 100 \quad (5-8)$$

该指标的含义是市场价格向上波动的幅度占向上向下总波动幅度的比重,如比重大为强市,否则为弱市;如超强超弱,则将出现转折。RSI 指标参数的选择以 5 日、9 日及 14 日为多。

2. 相对强弱指标的运用原理

该指标在数值及曲线形态方面的分析与上述两个指标几乎相同。除此之外,还可注意以下运用特征:

第一,参数可设大也可设小。较大的参数可用来判断中长期走势,较小的参数则对短期走势的分析更有效。此外,活跃的热门股、强势股触底撞顶的几率高,为避免频繁操作引起更多失误,参数可设大些。而冷门股、弱势股的情况相反,参数可设小些。

第二,参数长短不同的 RSI 线可共同使用,同 KD 线分析相同,按高位死叉或低位金叉的特征作出买卖决策。只要短期 RSI 线在长期 RSI 线之上即可持股,若出现相反情况则作空。

第三,RSI 值在底部(10~20 区间)上扬,可试探买入,超过 50 以上,则加码买入,直至顶部(80~92)卖出。

第四,RSI 值在顶部(80~92 区间)回落应试探卖出,不跌破 50,可回补甚至加码买入;若跌破 50 且不恢复其上,则应空仓观望;若再回到 80 以上,出现顶背离,则应再次退出。

第五,所有形态及趋势线分析中所阐述的原理对 RSI 曲线同样有效,且比前两个指标功效更强。若顶(底)部出现头肩形、多重顶(底)应及时卖出或买入;若指标线的上升(下降)趋势线被突破,应果断卖出或买入。

第六,RSI 指标对判断底背离与顶背离更有效。所谓顶背离,是指股价再创新高,但指标曲线不创新高且下行,这预示股价随之必然大跌;反之,底背离是指股价再创新低,但指标曲线不创新低且上行,这预示股价随之可能大涨。如图 5-61 与图 5-62 所示。

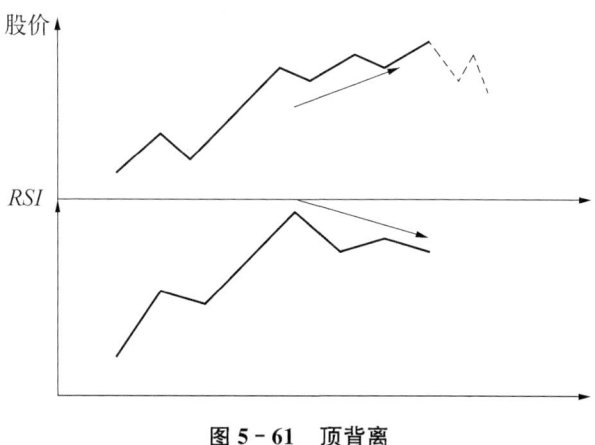

图 5-61　顶背离

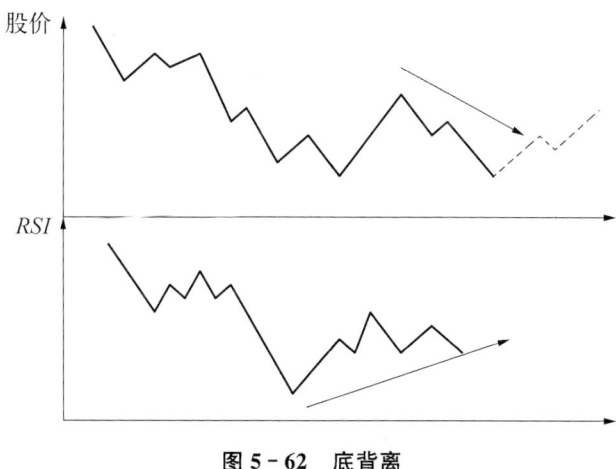

图 5-62　底背离

二、多空力量对比类指标

该类指标主要包括趋向指标、人气意愿指标、心理线指标及动量指标等,它们主要反映股价上升或下跌的动力及多空双方力量对比的情况。通常反应的周期要偏长一些。

(一) 趋向指标

该指标(DMI)主要通过比较股价创新高及创新低的动能来判断买卖方力量及价格的变动趋势。该指标的计算过程较为繁杂,故计算公式不再列出。在此主要介绍其运用原理。

(1) 当$+DI$在低位向上,或$+DI$由下向上穿过$-DI$时,表明买方愿以新高价买入,它预示涨势将开始或将延续,这是买入信号;反之,当$+DI$在高位向下,或$+DI$由上向下穿过$-DI$时,表明卖方愿以新低价卖出,预示跌势将开始或将延续,这时显示卖出信号。当出现上述两种情况时,ADX亦转折,所出现的涨跌势更加剧。

(2) 只要ADX值持续上升,特别是从20~30开始向上,无论行情涨或跌,原有的走势将持续。

(3) 当市场涨跌反复循环时,ADX值会逐步下跌,跌至$+DI$,$-DI$下方及20以下时,市场进入牛皮盘整状态。

(4) 当ADX值由上升转为下降时,又是涨势或跌势将逆转的信号。若同时出现第"(1)"种情况时,结论更可靠。

(5) 当$+DI$与$-DI$相交时,同时ADX与$ADXR$也相交,这时可能是最后一次买卖机会。

在使用趋向指标时,应注意该指标在行情盘整时往往失效,而在市场涨跌趋势明朗,即价格持续往某一方向变动时,其功效显著。此外,该指标具有中长期性指导意义,发出的买卖信号不多,一旦把握,赢面较大。而不出现信号时,几乎无实用价值。

(二) 心理线

该指标(PSY)主要从投资者买卖行为角度来探讨多空力量的对比。

心理线的计算十分简单。其计算公式为:

$$PSY = \frac{N 日内股价上涨的天数}{N 天数} \times 100 \qquad (5-9)$$

此式中,上涨与下跌的判断是根据今日与前一日的收盘价比较而得出的。今日收盘价高于前一日收盘价,定为上涨日;反之,定为下跌日。N为参数,这可根据需要选定,一般为10~12天。

PSY指标的含义是在近一段时间内上涨的天数在该段时间内的比率。上涨日代表多方占优,下跌日代表空方占优。从数值看:50为多空平衡,50以上为多方占优势,50以下为空方占优势。

PSY 的运用原理是：

(1) PSY 值在以 50 为中心，上限 75、下限 25 的区间内波动时，表明市场处在盘整阶段，即提示多空方力量平衡。若严重超出，则两端为超买或超卖。

(2) 一旦出现 PSY 值在 10 以下或 90 以上状况，说明涨跌过头了，可能要出现转折，投资者应采取买卖行动。

(3) 对 PSY 值来说，第一次出现在低位或高位时，还不能匆忙行动，若出现两次以上，准确率大大增加，这时往往形成 M 头及 W 底等特征。此外，与股价趋势对照分析，也有顶背离与底背离记录，以此把握买卖时机。

三、波动趋势类指标

该类指标主要是反映股价波动趋势的。在市场呈现强烈单边趋势时有较高使用价值。一旦市场进入整理，其有效性就大大减弱。这类指标主要包括平滑异同平均线指标（$MACD$）、乖离率（$BIAS$）及抛物线指标等。

（一）平滑异同平均线指标

该指标（$MACD$）是建立在平均线理论基础上的。与平均线分析方法相比，去除了虚假信号，可避免频繁地买卖。尽管如此，它仍未克服均线分析在盘整中失效及信号发出的滞后性等弱点。

1. $MACD$ 的计算公式

$MACD$ 指标的核心是正负差（DIF），同时再设定异同平均数（DEA）作辅助考察。

正负差（DIF）是快速移动平均线与慢速移动平均线之差。快速线所设的参数较小，反映短期走向，而慢速线所设的参数较大，反映长期趋势。DIF 的计算公式为：

$$DIF = 快速移动平均线值 - 慢速移动平均线值 \qquad (5-10)$$

得出 DIF 值之后，就可单独对行情作预测。为使信号更正确，可将 DIF 作移动平均处理，参数大小可自行设定，得出的值为 DEA。

为形象观察买卖力量对比状况，还可计算 BAR（柱状线）值。当指标值为负值时，标在坐标图零轴下方（为绿色），当指标值为正值时，标在坐标图零轴上方（为红色）。其计算公式为：

$$BAR = 2 \times (DIF - DEA) \qquad (5-11)$$

2. MACD 的运用原理

(1) DIF 与 DEA 均为正值且 DIF 大于 DEA 时,如同均线多头排列一样,表明市场处在多头市场;反之,两者均为负值且 DIF 小于 DEA 时,属空头市场。

(2) 当 DIF 向上突破 DEA 时为买入信号,在 DIF 向下跌破 DEA 时为卖出信号。不过在买卖时要注意到:若 DIF 与 DEA 为正值(即都在零轴以上)时,卖出是暂时了结以躲避回调,一旦向上仍要买回。而在 DIF 与 DEA 均为负值时,买入是暂时补空,仅为捕捉反弹而已,一旦再跌要及时卖出。

(3) 若 DIF 走向与股价走势发生背离,应注意转折出现,顶背离时卖出,底背离时买入。

(二) 乖离率

该指标也是从平均线原理中引申出来的。其以当日股价线与平均线的距离过远必将被回拉为理论依据。

乖离率(BIAS)的计算公式为:

$$BIAS_{(N)} = \frac{C_t - MA_{(N)}}{MA_{(N)}} \times 100\% \tag{5-12}$$

式中:C_t 为当日收盘价;$MA_{(N)}$ 为 N 日移动平均价。

乖离率参数的设定与选用的平均线有关。一般而言,平均线参数越大,则允许股价离 MA 值距离越远,反之亦然。通常,BIAS 值过大,会出现回拉。根据这一基本原理,乖离率有如下运用要点:

第一,当日股价线在上,所选定的均线在下时,BIAS 为正值,若离开很大距离,股价会出现回调;反之,当日股价线在下,所选定的均线在上时,BIAS 为负值,若离开很远距离,股价会出现反弹。前者是卖出信号,后者为买入信号。那么达到什么程度可采取行动呢? 这与股价波动方差及参数设定大小有关。若设置参数较大,股价波动很大,BIAS 值很大时才出现回折,反之亦然。以下经验数据可供参考。

在一般情况下:

(1) $BIAS(5) > 3\% \sim 5\%$、$BIAS(10) > 5\%$、$BIAS(20) > 8\%$ 及 $BIAS(60) > 12\%$ 时为卖出时机。

(2) $BIAS(5) < -3\%$、$BIAS(10) < -4\% \sim 5\%$、$BIAS(20) < -7\%$ 及 $BIAS(60) < -10\%$ 时为买入时机。

当出现突发事件,产生暴涨暴跌时:

(1) $BIAS(10) > 30\%$ 时为卖出时机。

(2) BIAS(10)<－15%时为买入时机。

从以上数据可发现,正数的绝对值比负数的绝对值要大一些,这从公式的性质可推导出,在此不作解释。

第二,以同期长短不同参数制作 BIAS 线。短期 BIAS 线在低位上穿长期 BIAS 线时为买入信号;反之,短期 BIAS 线在高位下穿长期 BIAS 线时为卖出信号。

第三,BIAS 线趋平或已形成下降曲线,而股价仍上升,顶背离出现,应卖出;BIAS 线趋平或已形成上升曲线,而股价仍下跌,底背离信号出现,应买入。

(三) 停损点转向指标

该指标(SAR)是利用价格与时间变动趋势随时调整停损点位置的分析方法。它的图形及运用原理与平均线有相似之处。

SAR 指标计算较为繁杂,在此省略。其运用法则是:

第一,当股价线从下向上穿过 SAR 线时为买入时机,当股价线从上向下穿过 SAR 线时为卖出时机。

第二,该指标反应滞后,只适宜于中长线操作。因为指标提示买入时,已涨了一段,提示卖出时,已跌了一段。唯有大涨大跌可不必计较。若股价处在整理阶段,该指标失误率高,不宜使用。只有调整参数才可使用。

四、量价关系类指标

这类指标包括均量线、净量线(能量潮)、量价线、成交量比率以及每一加权指数的成交值等指标。由于价格的变动与成交量密切相关,因此反映量价关系的指标对行情分析有很高参考价值。限于篇幅仅介绍几个代表性指标。

(一) 均量线指标

该指标的计算方法类似于股价移动平均线,只是样本由股价转为成交量而已。同时它们的运用原理也大致相似。当短期均量线上穿长期均量线时为买入信号;反之,为卖出信号。只要多头排列状况不变,行情持续向好;反之,出现了空头排列,则持续看弱。当出现成交量急剧放大、缩小时,应注意转折出现。

由于"量在价先",因此这一指标比股价均线指标会超前发出信号,从而更有参考价值。如果均量线上升乏力或走平向下,股价却仍上涨,应注意量价顶背离的卖出信号;相反,均量线走平向上,而股价仍下行时,应注意量价底背离的买入信号。

（二）净量线指标

该指标（OBV）又称为能量潮指标或人气指标。这一指标是按照"先见量后见价"的原理，利用累计成交量变化来判断人气是汇聚还是涣散及买量多还是卖量多等状况，从而进一步研判股价走势的。

1. 净量线的计算公式及图示方法

净量线计算的是累计成交量，但并不是每天的成交量累加。如今日收盘价高于上一个交易日收盘价，今日成交量为正值；今日收盘价低于上一个交易日收盘价，今日成交量为负值；今日收盘价与上一个交易日收盘价持平，今日成交量不计，随后逐日累计成交量。经过上述方法处理，实际上反映的是上涨日成交量扣除下跌日成交量的净值变化。

首次计算净量线时，基数可为零，也可是上一个交易日成交量或若干日成交量之和。成交量既可用成交手（股）数，也可以是成交金额；既可用来计算指数与当日全部成交量，也可以是个股的收盘价与成交量。将上述数值（OBV）绘制于成交量（值）为纵坐标、时间为横坐标的坐标图上，联结起来即为OBV线。

2. 净量线指标的运用原理

第一，OBV线从负值转为正值及OBV线不断创新高为买入信号，OBV线从正值转为负值及不断创新低为卖出信号。若股价与之同步，则表明涨跌势将持续。

第二，当股价上升，OBV线回落及走平，或者股价下跌，OBV线抬头及走平，即为量价背离。前者为卖出信号，后者为买入信号。因此OBV线与股价走势发生背离成为重要的转势信号。

第三，当涨势进入末期，OBV线急速上升，而股价上涨速率减慢，表明市场进入最后疯狂，应考虑卖出。

第四，OBV线整理持久，随后上升，表明有急涨行情，为及时买入时机。净量线分析能帮助投资者观察市场资金流量的动态变化，具有先行功能，特别是背离信号更具有价值。此外，股价处于高价与低价区时，突然出现异常大的成交量也是预测行情转折的重要依据。当然，仅以收盘确定成交量的正负值不尽确切，仅与前一日收盘价相比也有不足之处，因此使用时应注意到这些缺陷。同时该指标无确定的高低点，所以应更注重形态特征。

（三）每一加权指数成交值

该指标（TAPI）含义是：每变动一个指数，成交值变动状况如何。其计算较为简单，计算公式为：

$$当日加权指数成交值\ TAPI = \frac{每日成交总额}{当日加权指数} \qquad (5-13)$$

其应用原理如下:

第一,$TAPI$ 随指数上涨而扩大,随指数下跌而缩小为正常现象。当股指创新高,$TAPI$ 跟着创新高,表明量价配合,涨势将持续;而股指创新低,$TAPI$ 值随之减小,亦表明跌势持续。

第二,若 $TAPI$ 值与股指走势发生背离,提示行情将发生转折。若指数创新高,而 $TAPI$ 值上升势头减弱甚至下跌为卖出信号;反之,指数创新低,$TAPI$ 值下跌势头减弱甚至上涨为买入信号。

由于 $TAPI$ 值无确定的高低点,参数的设置也有随机性,因此不能单独使用,应更注重其曲线形态变化特点并与其他指标配合使用。

(四) 成交量比率指标

该指标(VR)反映一定时期内股价上涨日交易额与下跌日交易额的比率,以示买卖气势及股价变化趋向。

成交量比率的计算公式为:

$$\frac{成交}{量比} = \frac{N\ 日内股价上涨日的成交值总和 + \frac{1}{2}N\ 日成交值总和}{N\ 日内股价下跌日成交值总和 + \frac{1}{2}N\ 日成交值总和} \times 100 \qquad (5-14)$$

该指标分析原理是:

第一,VR 值在 80~150 为股价波动平衡区域,即上涨下跌动力大致平衡,股价运动方向不明朗。

第二,VR 值低于 40~60 以下时为超卖区,股价容易出现探底向上,应买入。若 VR 值急升,可能是大涨势开始,应加码买入。

第三,VR 值在 350 以上为超买区,成交量进一步扩大受限,股价容易回调,应卖出。

第四,股价处于低位区,VR 值已上升,尽管股价未升,为买入时机;股价处于高价区,VR 值上升乏力,尽管股价仍在上升,为卖出时机。

运用这一指标时应注意:在低位区抄底,这一指标有效性强,而在高位区逃顶可信度减弱。

(五) 平均成交量指标

该指标主要用于观察主力及大户进入市场还是中小散户参与市场,同时亦可明了一段时期内个股炒作的热点在高价股还是低价股。

平均成交量指标的计算公式为：

$$\text{平均成交量} = \frac{\text{每个交易日的总成交额}}{\text{每个交易日的成交笔(股)数}} \quad (5-15)$$

在上升行情将启动时，股价上升，平均成交量放大，表明有大机构入市，上升行情将进一步延续；在股价进入高位区域且价格波动趋平或上升乏力时，平均成交量放大，表明大机构将退场，市场即将出现下跌行情；在下跌过程中，平均成交量放大，则表明主力出货进入高潮，跌势将持续。若平均成交量没有明显变化，表明原有涨跌势头出现缓和或将进入盘整阶段。

再有，平均成交量放大，可知市场热点转向高价股；反之，则转向低价股。

五、涨跌比率类指标

这类指标主要包括腾落指标、涨跌比率指标、超买超卖指标等。这类指标主要用来考察股市中个股涨跌比率状况，以此测定市场上涨下跌的宽度（延伸面）。基于这一特征，这类指标只可分析指数的变化，不可应用于个股。

这类指标具有如下优点：其一，它减弱了占较大权重的大盘股对股指总体走势的影响力，从而更真实地反映股市涨跌状况；其二，通过这类指标与指数的比较印证，可及时把握市场变化趋势。

（一）腾落指标

腾落指标(ADL)是通过每天股票上涨家数与下跌家数相减而形成的。其计算公式为：

$$\text{腾落指数} = \sum_{i=1}^{n}(\text{上涨家数} - \text{下跌家数}) \quad (5-16)$$

将上述计算的数值联结起来，形成腾落曲线，通过曲线特征可预测市场走向。

通过与股指曲线的结合运用，可产生如下信号：

(1) 当 ADL 与股指走势一致，即同步上升（下跌），或同步创新高（新低）时，涨跌势将延续。

(2) 当 ADL 连续上涨（下跌）了几天，虽然股指未反应甚至还出现相反走势，则应考虑 ADL 指标的领先作用，按 ADL 的运动方向进行买卖决策。

(3) 当股指在高位或低位与 ADL 走势发生背离时，应注意市场原有趋势可能发生逆转。比如,股指持续上升而 ADL 已开始走平或下降,应卖出;股指持续下跌而 ADL 已开始走平或回升,应买入。

实证分析提示,ADL 指标在多头市场的运用比空头市场效果好。此外,ADL 无明确的高低点,即数值的大小无参考价值,应注重其曲线变化特征。

(二)涨跌比率指标

该指标(ADR)的意义同 ADL,只是前者为比值,后者为差值。

ADR 的计算公式为:

$$ADR = \frac{N \text{ 日内上涨股票家数移动合计}}{N \text{ 日内下跌股票家数移动合计}} \tag{5-17}$$

该指标所取参数过小会导致数值震荡过大,通常,取 10 天、10 周值。

涨跌比率的研判有如下法则:

(1) 数值的常态分布在 0.5~1.5 之间,这时市场处在涨跌趋势不明朗阶段,多空双方力量均衡,1 为均衡点(多空分界线)。

(2) 当数值超过 1.5 以上(极端可扩延到 2~2.5 以上)时,表示上涨过猛,可能要回调,应卖出。

(3) 当数值低于 0.5~0.3 以下时,表明下跌过猛,可能要反弹,应买入。

将 ADR 曲线与股指趋势结合使用时,其效果更好。

在运用这一指标时,还应注意以下特点:

第一,多头市场开始时,在上升初期,ADR 值会迅速上升,这时上下限应适度提高。

第二,当 ADR 先接近下限,随后上升又接近上限时,说明多头已具有足够力量将指数拉上一个台阶。

第三,ADR 从底部向上进入 0.5 以上,又在 0.5 上下来回移动几次,显示空头力量耗尽,应及时买入。而 ADR 从高向下直降到 0.75 以下时,可能会出现短期反弹,可捕捉。

第五节 量价分析

成交量的变化,特别是将成交量变化与股价变化相结合进行分析是一种有效的分析方法,它在技术分析中占有重要地位。

股市中量价关系错综复杂,稍加整理,归纳起来无非有以下几种状况,即量价配合、量价背离及量价持平。其中,对前两项情况的分析更为重要。

一、量价配合的两种状况

(一) 价升量增

在指数或个股价格上涨之时,若有成交量配合,即成交量随之上升,则称为量价齐步。通常成交量能随股价上涨而放大,但又不异常放大,可认为是"行进中换手",它有利于股价维持涨势,但万事不能过"度"。若在上涨一段时间后,股价上涨速率并未增大(甚至放慢),但日成交量却骤然增大(为平时日成交量的数倍),这时反而可认为"批量出货"的征兆,因而要小心。特别在放巨量后又迅速缩小,尤要警惕。

(二) 价跌量减

通常认为,价跌量减为好现象,也可认为量价配合。因为价格下跌,人们惜售,仍不愿杀跌,然而仔细分析,有以下几种情况:

第一,在股指股价上涨较长一段时间后,指数从高位回落,因人们还未从原有多头思维中摆脱出来,故认为是合理回档,期待着股价再创新高,这时暂时被套的人也不愿"割肉"退出。买者愿意再低一点买入而处于观望状态,由此成交量必然减少。这时不能认为价跌量减是好事,至此至多出现一下轻微反弹。唯有经历过一个下跌放量过程,让获利浮动筹码全扫清,使机构投资者再建仓后,才会有新的升浪产生,否则,价跌量减只能认为是初跌期征兆。特别是在高位放过巨量,而刚回落时成交量又急剧减少时,尤要警惕。

第二,股价已下跌较长时间,人气散淡到极点,持股者因为已深套而割不动了,欲买入者因市场悲观气氛甚浓,或屡买屡套也无介入勇气,因而成交量大幅减少。这时股价下跌速度已放慢,无疑,这是下跌行情进入尾声的表现。估计会触底回升,至少会形成中期反弹。当然完全确认这一点还有待成交量再次放大,以此表明有增量资金重新介入。

第三,股价高位下跌,成交量则小幅减少,而稍有反弹量又放大,这可视为正常回档;反之,股价下跌后成交量越减越小,反弹时也无量配合,这时宁可看淡。

第四,股价不论原先涨跌多久,若股价再下跌时缩量,而当日K线留下了上下影线时,可能有两种情况:一是上影线过长,这表明近期行情难以看好;二是当日下跌留下较长下影线,而且次日股价又能超越上影线最高点且成交量上升,则表明近期市场有望转跌为升。

二、量价背离的两种情况及其对走势的影响

(一) 价升量减

这与价升量增情况相反,即出现了"曲高和寡,乏人跟进"的状况。此情况大多产生于反弹行情之中,大多是套牢者回补或短线投机者介入所致,这时,不宜冲高跟进;但若第二天仍继续上涨,而成交量已经增加时,则量减的当天可视为浮动筹码已减少的现象。

(二) 价跌量增分析

这是指股价下跌时,当天的成交量未见减少反而增加,此情况一般由以下几个因素造成:

第一,股价原先上涨已多,刚从高位下跌时成交量突然放大,此时不论下跌当天是否有着很长的上影线,均可视主力或机构大户大量出货所致,次日不管行情是否再度穿越高点涨升,均应该乘机先行卖出了结。而若次日开盘后,股价一路滑低时,不可等待反弹抱股不放,因为在此情况下,大多股价都越跌越低,终于导致持有者亏损累累,血本无归。

第二,股价虽已上涨许多,但在上涨后回跌过程中,成交量仍小幅增加时,虽追价买进意愿不强,但回落时仍有大量接盘,此时不能断然认为行情即将结束,相反,在回档后会形成新一轮涨势。如果回落初期成交量骤减,反而是不佳信号。

第三,股价已下跌很长时间,下跌幅度也已很大,此时的跌幅日渐减少,而成交值却突然增加时,不论当天有下影线与否,均可视为已经有主力介入的现象,近日内股价可望止跌回稳,至于该回稳是反弹还是已见大底回升仍难预料,也需配合其他因素判断。

第四,股价已下跌甚多,此时的跌幅尚未见减少,而成交值却突然大增,并在当日留下较长的上影线收盘。此为多方虽要振作将行情拉上,却反被空方乘机将行情压低许多,由此又多套牢一批浮动筹码,除非近日内指数能够迅速拉过该点压力,否则该点将成为日后续跌的原动力。在此情况下,股价会进一步下跌。

三、观察量价变化的若干法则

第一,价格随着成交量的递增而上涨,为市场行情的正常特征。此种量增价涨的关系,表示股价将继续上升。

第二，在一个波段的涨势中，股价随着递增的成交量而上涨，突破前一波的高峰，创下新高，继续上涨。然而，此波段股价上涨的整个成交量水准却低于前一个波段上涨的成交量水准。此时，价创新高，量却没有突破，则此波段股价涨势令人怀疑，同时也是股价趋势潜在反转的信号。如图5-63所示。

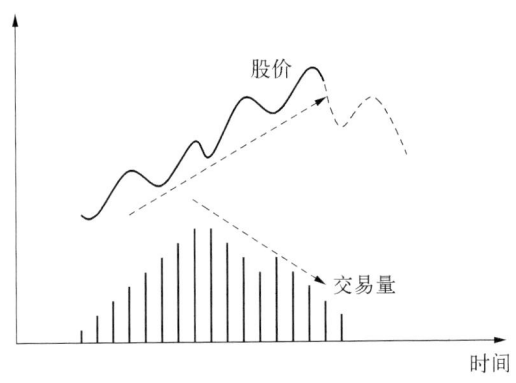

图5-63　价升量跌

第三，股价随着成交量的递减而回升，股价上涨，成交量却逐渐萎缩，成交量是股价上涨的原动力，原动力不足显示出股价仍为反弹，不足以构成再创新高的浪型。如图5-64所示。

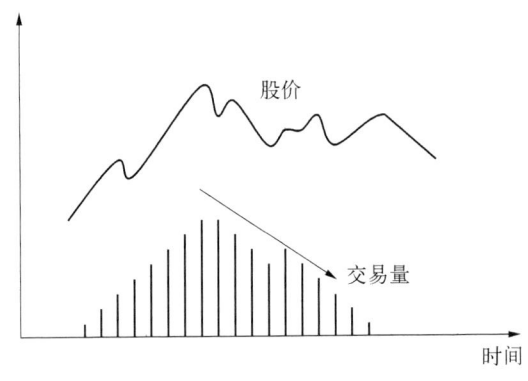

图5-64　价跌量跌

第四，有时股价随着缓慢递增的成交量而逐渐上涨，渐渐地走势突然成为垂直上升的井喷行情，成交量急速增加，股价跃升暴涨。紧随着此波走势，继之而来的是成交量大幅萎缩，同时股价急速下跌，这现象表示涨势已到末期，上升乏力，走势已处竭尽状态，这显示出趋势有反转现象，下跌幅度则视前一波股价上涨幅度的大小及成交量扩张的程度而定。如图5-65所示。

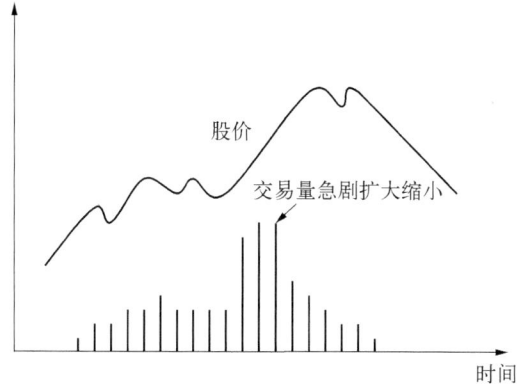

图5-65 价量暴升后缩量

第五,在一波段的长期下跌形成谷底后,股价回升,成交量并没因股价上涨而递增,股价上涨欲振乏力,然后再度跌落至前一谷底附近,或高于前一谷底。当第二谷底的成交量已低于第一谷底时,是股价将要上涨的信号,当然还要看此后回升时是否放量。如图5-66所示。

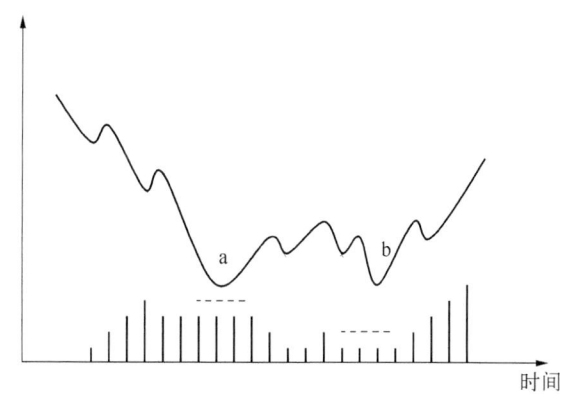

图5-66 两次落底后回升放量

第六,股价向下跌落相当长的时间,这时再出现恐慌性的卖盘,随着日益扩大的成交量,股价再次大幅度下挫,在恐慌性卖出之后,市场再跌也跌不破恐慌卖出时所创的低价,这往往预示(并非一定)空头市场将结束。如图5-67所示。

第七,股价下跌,向下跌破重要颈线位、趋势线或移动平均线,这时又出现大成交量,这是股价下跌的信号,它显示了趋势的反转。如图5-68所示。

第八,当市场行情持续上涨数月之久,出现急速增加的成交量,而股价却上涨乏力,在高档盘旋,无法再向上大幅上涨,它表明上档卖压沉重,此为股价下跌的先兆。如图5-69所示。

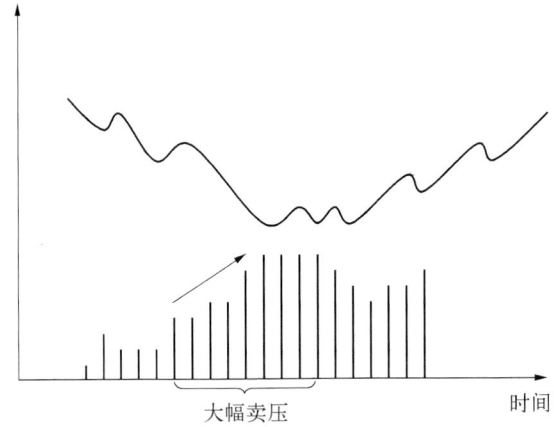

图 5-67 大幅卖压伴随放量后见底

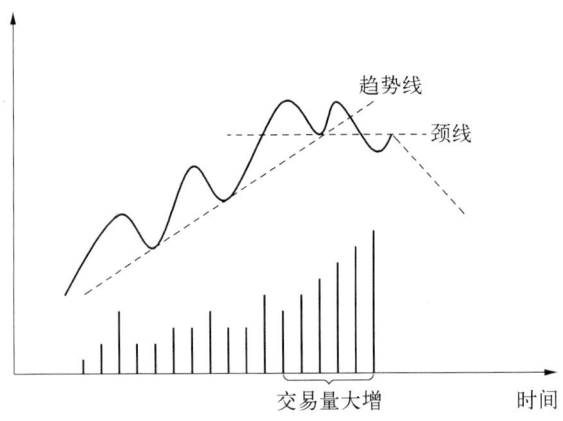

图 5-68 放量跌破趋势线颈线后见顶

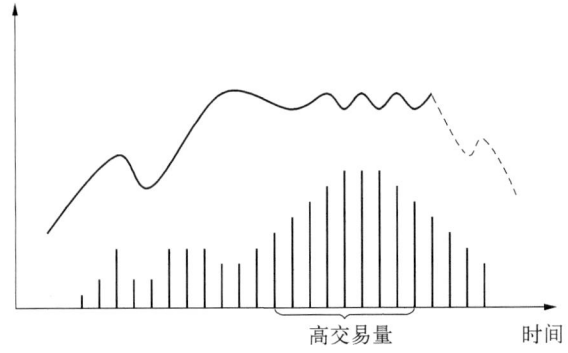

图 5-69 高位横走放量见顶

第九,股价连续下跌之后,在低档出现大成交量,股价却没有进一步下跌,价格仅出现小幅变动,这表示有大机构进货,通常是上涨的即刻来临的信号。如图5-70所示。

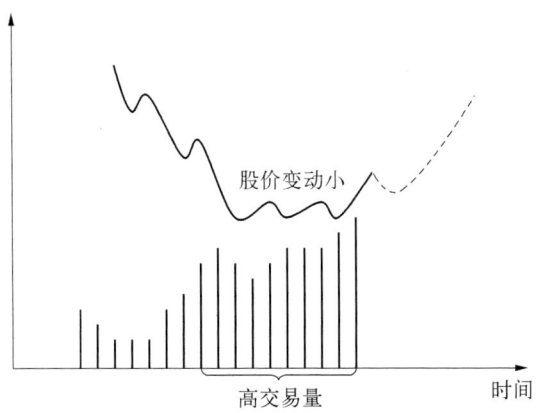

图 5-70 低档出现大成交量见底

复习思考题

1. K 线组合分析基本要点是什么?
2. 均线分析的主要内容有哪些?
3. 整理形态与转势形态的区别是什么?各有什么具体形态?
4. 波浪理论中浪型分析要点是什么?
5. 如何进行趋势分析?它对股市实际操作有什么指导意义?
6. 相对强弱指标的运用法则是什么?
7. 量价关系分析的基本要点有哪些?

第 六 章

证券投资理论

随着证券市场在全球的迅速发展,现代证券投资理论也经历了一个建立与逐步完善的过程。当然,这一过程是永无终止的。现代证券投资理论研究的内容主要包括三大块:一是在不确定条件下,揭示投资活动中的收益与风险关系,为投资者规避风险,争取收益寻找到能量化的最优配置方案;二是在假设市场有效及无套利可能的情况下,各类风险资产(股票、期货、期权)是如何均衡定价的;三是在承认市场并非有效,信息不对称,投资者有限理性且存在认知局限及情感偏差前提下,研究资本市场行为主体的行为决策特点。

基于现代投资理论体系庞大,本章仅作选择性介绍。

第一节　证券投资组合理论

一、证券投资组合理论的基本概念

(一)确定性、不确定性和风险

确定性、不确定性和风险是一组相关的概念。

所谓确定性,是指投资者的未来收益是可以确定的单值。如果不考虑异常情况(如不可预测和不可抗力的战争、自然灾害等),并忽略通货膨胀对真实收益率的影响,短期国债就是一个确定性的典型例子。

不确定性实际上就是指未来产生的可能状况是不能确定下来的,如对应于不同的经济状况,有不同的收益率,而且这种收益率的发生概率也是不能预先确定的。在选择了某一投资对象后,人们如果可以预计其可能带来的收益及与之相对应的概率大小,则称之为风险性;当收益难以预计,每种收益发生的概率也无法估计,则称之为完全不确定性。证券投资组合理论讨论的问题都是概率可以估计的投资决策活动。

通常为了提高对未来收益或损失的准确估计,人们都是尽可能多收集相关信息,并以此为基础进行分析和预测。因为风险性所对应的某收益率发生的概率是已知的。因此,人们在对风险进行预测和分析时,就以概率来量化风险大小。

(二) 单个证券的收益率期望值和方差

1. 期望收益率

对于收益率确定的证券,在比较其优劣时,只需要比较其收益率的大小就可得知。而对于收益率不确定的证券,我们在比较优劣时,必须要考虑各种收益率及其发生的概率大小,此时,收益率的期望值可以作为有效指标。收益率的期望值为各种可能的收益率同其发生的概率乘积之和,即:

$$E(r) = r_1 P_1 + r_2 P_2 + \cdots + r_n P_n = \sum_{i=1}^{n} r_i P_i \qquad (6-1)$$

式中:r_i 为第 i 种可能出现的收益率值;P_i 为其出现的概率;n 为收益率可能出现各种结果的数目。为了更好地理解这一概念,我们通过一个例子来说明。

现有 3 只证券,分别为证券 A、证券 B、证券 C,面临着相同的经济背景:繁荣、正常和衰退,各证券相应收益率和概率分布如表 6-1 所示。

表 6-1 各证券相应收益率和概率分布情况

经济状况	繁荣	正常	衰退
概率大小	0.3	0.4	0.3
A 证券收益率(%)	50	10	−30
B 证券收益率(%)	15	10	5
C 证券收益率(%)	25	20	15

3 只证券的收益率期望值为:

$$E(r_A) = 0.3 \times 50\% + 0.4 \times 10\% - 0.3 \times 30\% = 10\%$$
$$E(r_B) = 0.3 \times 15\% + 0.4 \times 10\% + 0.3 \times 5\% = 10\%$$
$$E(r_C) = 0.3 \times 25\% + 0.4 \times 20\% + 0.3 \times 15\% = 20\%$$

通过 3 只证券期望收益率比较,$E(r_C) > E(r_A)$,$E(r_C) > E(r_B)$,可见 C 证券获利能力最好,如果仅从收益的角度来看,C 证券是最优的。但是,我们也发现 A 证券和 B 证券的收益率的期望值是相同的,是不是投资者对两者的评价是完全一样的呢？实际上，如果深入研究 A 证券和 B 证券，就会发现尽管期望收益率是相同的，但它们收益率分布是不一样的。证券 A 收益率可能值的波动范围比证券 B 的要大，前者为 $-30\%\sim50\%$，后者为 $5\%\sim15\%$。一般投资者选择这两种证券时，如果是风险回避者，则会倾向选择证券 B，因为证券 B 收益的确定性高于证券 A。为了有效评价证券收益率的离散程度，则需引入方程和标准差。

2. 方差、标准差

收益率的方差或标准差是描述收益率的离散程度。收益率不确定性越大，其取值的离散程度就越大。因此，收益率的方差和标准差就可以作为风险的衡量指标。其计算公式为：

$$\mathrm{Var}(r) = \sigma_{(r)}^2 = \sum_{i=1}^{n}[r_i - E(r)]^2 \times P_i \tag{6-2}$$

$$\sigma_{(r)} = \sqrt{\sum_{i=1}^{n}[r_i - E(r_i)]^2 \times P_i} \tag{6-3}$$

式中：$\sigma_{(r)}^2$ 为收益率 r 的方差；$\sigma_{(r)}$ 为 r 的标准差。显然，方差和标准差是平方关系，因而呈同步变化，方差越大标准差也越大；反之，标准差也越小。计算[例 6-1]中证券 A 和 B 的标准差分别为 $\sigma_A = 0.3098$，$\sigma_B = 0.0387$，σ_A 远远大于 σ_B，故证券 A 的风险高于证券 B。风险回避者往往更愿意选择证券 B，就是因为其风险相对较小。

3. 期望收益率与方差的历史估计

如果我们拥有证券的期末收益率的完全信息，就可以准确计算出其期望收益率和方差。然而，试图得到一个精确的估计是非常困难的，因为我们无法对影响收益率的各种复杂因素及其影响程度作出合理的量化。多数情形下，人们只需对期望收益率和方差作出估计，这时就不一定要了解收益率分布的细节。假设反映收益率变化的两个重要数值——期望收益率和方差不随时间的变化而变化，因此我们就可以从收益的历史表现中得到两者的估计，即通常所称的样本均值和样本方差。

假设我们以月（或年）为时间单位对某证券的收益率观测取值，得到一样本序列：$r_1, r_2, \cdots, r_N$，则样本均值为：

$$\bar{r} = \frac{1}{N}\sum_{i=1}^{N} r_i \tag{6-4}$$

样本方差为：

$$S^2 = \frac{1}{N-1}\sum_{i=1}^{N}(r_i - \bar{r})^2 \tag{6-5}$$

如果已知证券 A 与证券 B 的收益率的历史数据(样本序列):

$$r_{A1}, r_{A2}, \cdots, r_{AN}; r_{B1}, r_{B2}, \cdots, r_{BN}$$

则 r_A 和 r_B 间的样本协方差为:

$$S_{AB}^2 = \frac{1}{N-1} \sum_{i=1}^{N} (r_{Ai} - \bar{r}_A)(r_{Bi} - \bar{r}_B) \qquad (6-6)$$

式中:A、B 为证券 A 和证券 B 的样本均值;S_{AB}^2 为样本的协方差。

如果假设收益率分布在长时间内是变化的,就可以为不同时间加上不同的权数,改算术平均为加权平均,距离现在越近,权数越大;反之,权数越小,这样就得到加权平均值和加权样本方差。

(三) 两种证券的期望收益率与方差

以上我们仅讨论了单一风险证券的收益与风险关系,但实际投资往往并不局限在单一证券,所以我们有必要对证券投资组合的收益与风险,即投资组合的期望收益率与方差的计算作进一步分析。

首先,从两种风险证券投资组合分析入手,随后再扩展到多种风险证券。

1. 协方差和相关系数

在讨论两种以上证券组合的方差时,有必要先引入协方差与相关系数概念。因为一旦有两个以上风险资产组合,必然要考虑两个资产之间的互相关联特征。有些证券收益率之间可能呈现出正相关关系,有些为负相关,有些则为无相关,这些相关性特征将直接影响组合方差的大小。

假设有 A 与 B 两个风险证券,r_A 与 r_B 间的协方差公式为:

$$\sigma_{AB} = \text{cov}(r_A, r_B) = E\{[r_A - E(r_A)][r_B - E(r_B)]\} \qquad (6-7)$$

r_A 与 r_B 的相关系数则为:

$$\rho_{AB} = \frac{\sigma_{AB}}{\sigma_A \times \sigma_B} \qquad (6-8)$$

即相关系数等于 A 与 B 两证券的协方差除以证券 A 与证券 B 标准差之积。

ρ_{AB} 数值介于 $-1 \sim +1$ 之间。根据相关系数的大小,可以判断两证券之间的关联性质及关联强度。

ρ_{AB} 大于零,说明证券 A 和证券 B 的收益率间存在正的相关关系,意味着一种证券收益率的升降必然伴随着另一种证券收益率的升降。

ρ_{AB} 小于零,说明证券 A 和证券 B 的收益率间存在负的相关关系,意味着一种证券收益率的升降必然伴随着另一种证券收益率反向的变化。

ρ_{AB} 等于零,说明两证券间不存在关联性,一种证券收益率变化对另外一种证券收益率变化没有影响。

$\rho_{AB}=1$,为完全正向相关;$\rho_{AB}=-1$,为完全负相关;$\rho_{AB}=0$,为无相关。

相关系数在 $-1,1,0,1$ 的位置上,属极端情况,更多在 -1 与 1 之间。

2. 两种证券组合的期望收益率

投资组合的收益一般以实际收益率及其收益率或期望收益率来表示。其计算公式为:

$$r_p = x_A r_A + x_B r_B \tag{6-9}$$

$$E(r_p) = E(x_A r_A + x_B r_B) = x_A \times E(r_A) + x_B \times E(r_B) \tag{6-10}$$

式中:$E(r_p)$ 为投资组合的期望收益率;$E(r_A)$、$E(r_B)$ 为证券 A 和证券 B 的期望收益率;x_A 和 x_B 为两种证券在组合中投资比例,称为组合权数(portfolio weights),其总和为 1,即 $x_A + x_B = 1$。

3. 两种证券投资组合风险的测定

根据两种证券投资组合的收益率的构成,可以计算出两证券投资组合的方差。其计算公式为:

$$\begin{aligned}\text{Var}(r_p) &= E[r_p - E(r_p)]^2 = \\ &x_A^2 \times \text{Var}(r_A) + x_B^2 \times \text{Var}(r_B) + 2x_A x_B \text{cov}(r_A, r_B) = \\ &x_A^2 \sigma_A^2 + x_B^2 \sigma_B^2 + 2x_A x_B \text{cov}(r_A, r_B)\end{aligned} \tag{6-11}$$

因为相关系数 $\rho_{AB} = \dfrac{\text{cov}(r_A, r_B)}{\sigma_A \times \sigma_B}$,

所以,$\text{cov}(r_A, r_B) = \rho_{AB} \times \sigma_A \times \sigma_B$,

因此:

$$\sigma_P^2 = x_A^2 \sigma_A^2 + x_B^2 \sigma_B^2 + 2x_A x_B \rho_{AB} \sigma_A \sigma_B \tag{6-12}$$

式中:$\text{cov}(r_A, r_B)$ 为证券 A 和证券 B 之间的协方差;ρ_{AB} 为相关系数,它是衡量两种证券收益率共同变动性质及程度的尺度。所以两种证券的风险(方差)大小不仅取决于各证券收益率的标准差,还取决于各证券组合权数和相关系数的大小。

4. 两种证券的结合线

如果用期望收益率和标准差(或方差)来描述每种证券,那么任意证券组合也可以用组合的期望收益率和标准差(或方差)来确定。在横坐标为标准差、纵坐标为期望收益率的坐标系中,总可以找出一系列的点代表不同组合权数的证券组合,连接这些点就可以得到证券结合线。

由公式(6-9)和公式(6-11)及 $x_A + x_B = 1$ 组合得知,证券 A 和证券 B 的证券组合 P 的结合线可由下列方程表述:

$$E(r_P) = x_A \times E(r_A) + (1-x_A) \times E(r_B) \tag{6-13}$$

$$\sigma_P = [x_A^2 \sigma_A^2 + (1-x_A)^2 \sigma_B^2 + 2x_A(1-x_A)\rho_{AB}\sigma_A\sigma_B]^{\frac{1}{2}} \tag{6-14}$$

当证券 A 和证券 B 完全正相关,即 $\rho_{AB}=+1$ 时,(6-14)式可简化为:

$$\begin{aligned}\sigma_P &= [x_A^2\sigma_A^2 + (1-x_A)^2\sigma_B^2 + 2x_A(1-x_A)\times \sigma_A\sigma_B]^{\frac{1}{2}} = \\ &\quad |x_A\sigma_A + (1-x_A)\sigma_B|\end{aligned} \tag{6-15}$$

同理, $\rho_{AB}=-1$ 时,

$$\sigma_P = |x_A\sigma_A - (1-x_A)\sigma_B|$$

由以上公式可以看出:

当 $\rho_{AB}=+1$ 或 $\rho_{AB}=-1$ 时, $E(r_P)$ 与权数 x_A 和 x_B 呈线性关系, σ_P 与权数 x_A 和 x_B 也呈线性关系,所以 σ_P 同 $E(r_P)$ 也为线性关系。

当 $\rho_{AB}=0$ 时,公式(6-14)转化为:

$$\sigma_P = [x_A^2\sigma_A^2 + (1-x_A)^2\sigma_B^2]^{\frac{1}{2}} \tag{6-16}$$

可以看出,此时 σ_P 与 $E(r_P)$ 的关系为双曲线关系。

总之,在两证券不完全相关的情形下,由于 $0<|\rho_{AB}|<1$,方程(6-13)和方程(6-14)不能简化,此时, $E(r_P)$ 和 σ_P 呈二次关系。只有在 $\rho_{AB}=\pm 1$ 时,结合线才为直线。图 6-1 绘出了不同相关系数下的证券组合结合线。

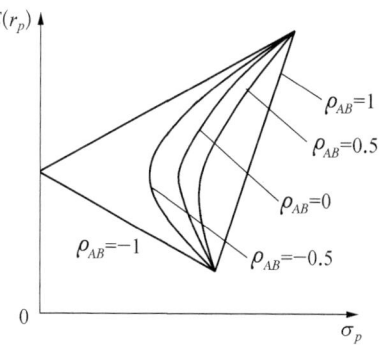

图 6-1 没有卖空时不同相关程度结合线比较

以上结合线都是在没有卖空证券时的结合线。可见在同等风险的情况下,相关系数越小,证券组合的期望收益越大;在同等期望收益率情况下,相关系数越小,承担的风险越小。

(四) 多种证券组合的期望收益率与方差

在讨论了两种证券构成的投资组合之后,我们可以很容易将投资证券数量扩充到三种以上。

设投资组合中各证券的收益率为 $r_i(i=1, 2, \cdots, n)$,由 n 种证券组成的投资组合收益率为 r_P,每种证券投资比例为 x_i,则投资组合的期望收益率 $E(r_P)$ 为:

$$E(r_P) = E\left(\sum_{i=1}^{n} x_i r_i\right) = \sum_{i=1}^{n} x_i E(r_i) \tag{6-17}$$

投资组合的方差 $\mathrm{Var}(r_P)$ 为：

$$\mathrm{Var}(r_P) = E[r_P - E(r_P)]^2 = E\Big[\sum_{i=1}^{n} x_i r_i - x_i E(r_i)\Big]^2 =$$

$$\sum_{i=1}^{n} x_i^2 \times E[r_i - E(r_i)]^2 + \sum_{i=1}^{n}\sum_{\substack{j=1\\i\neq j}}^{n} x_i x_j E[r_i - E(r_i)][r_j - E(r_j)] =$$

$$\sum_{i=1}^{n} x_i^2 \sigma_i^2 + \sum_{i=1}^{n}\sum_{\substack{j=1\\i\neq j}}^{n} x_i x_j \sigma_{ij} \tag{6-18}$$

投资组合标准差 σ_P 为：

$$\sigma_P = \sqrt{\mathrm{Var}(r_P)} = \sqrt{\sum_{i=1}^{n} x_i^2 \sigma_i^2 + \sum_{i=1}^{n}\sum_{\substack{j=1\\i\neq j}}^{n} x_i x_j \sigma_{ij}} \tag{6-19}$$

式中：σ_P 为投资组合标准差；$\sigma_{ij} = \mathrm{cov}(r_i, r_j)$ 为证券 i 和证券 j 间的协方差。如果协方差以相关系数 ρ_{ij} 代入，则方差公式可以写成下列形式：

$$\sigma_P^2 = \sum_{i=1}^{n} x_i^2 \sigma_i^2 + \sum_{i=1}^{n}\sum_{\substack{j=1\\i\neq j}}^{n} x_i x_j \rho_{ij} \sigma_i \sigma_j \tag{6-20}$$

由以上各式可知，投资组合的期望收益率是组合中各证券期望收益率和其投资组合权数的加权平均数。而投资组合的标准差小于各证券标准差的加权平均数，只有在各证券完全正相关时才相等。

由统计学可知，证券 i 和自身的协方差即是其方差，因此公式(4-19)可以改写为：

$$\sigma_P^2 = \sum_{i=1}^{n}\sum_{\substack{j=1\\i\neq j}}^{n} x_i x_j \sigma_{ij} = \sum_{i=1}^{n} x_i \Big(\sum_{j=1}^{n} x_j \sigma_{ij}\Big) \tag{6-21}$$

从公式(6-20)可以看出，组合的收益率取决于两个因素：各证券收益率和组合权数。而影响风险则有三个因素：个别方差的大小、证券间的相关系数和不同证券的投资组合权数。任何一种因素的变化，都会引起整个组合风险的变化。从公式可以看到，随着证券数量增多，各证券投资比例越小，即在某证券方差对组合风险的影响下降时，它与其他证券之间协方差对投资组合风险的影响就加大。

二、证券投资组合的风险分散原理

证券投资风险可分为系统性风险与非系统性风险。系统性风险是影响经济全局的风险,如经济景气循环风险、通货膨胀风险及利率风险等。系统性风险对所有证券收益率均产生影响,只是对不同证券影响程度有差异。就这类风险而言,无法通过投资组合分散化原理消除影响。非系统风险是指影响个别行业企业的风险,如经营管理风险、违约风险等。对于这类风险,可通过投资组合分散化原理消除其影响。

(一) 风险分散效果

多种证券的投资组合(除证券之间完全正相关外),其非系统性风险可由多证券的方差在组合公式中发生部分相互抵销而得到降低。其中,相关系数越小,这种分散的效果就越强;当相关系数为-1时,分散效果最强。通常,人们把这一现象称为"风险分散效果"。为分析简便起见,以下以两证券组合方差为例作一分析。

两证券组合方差计算公式为:

$$\sigma_{AB}^2 = x_A^2 \sigma_A^2 + x_B^2 \sigma_B^2 + 2x_A x_B \rho_{AB} \sigma_A \sigma_B$$

当$\rho_{AB}=1$时,该公式简化为:

$$\sigma_{AB}^2 = x_A^2 \sigma_A^2 + x_B^2 \sigma_B^2 + 2x_A x_B \sigma_A \sigma_B$$

当$\rho_{AB}=-1$时,该公式简化为:

$$\sigma_{AB}^2 = x_A^2 \sigma_A^2 + x_B^2 \sigma_B^2 - 2x_A x_B \sigma_A \sigma_B$$

当$\rho_{AB}=0$时,该公式简化为:

$$\sigma_{AB}^2 = x_A^2 \sigma_A^2 + x_B^2 \sigma_B^2$$

从上述分析可知,当$\rho_{AB}=1$时,σ_{AB}^2数值最大;当$\rho_{AB}=-1$时,σ_{AB}^2数值最小;而$\rho_{AB}=0$时,数值居中。

由此可见,当A与B两证券完全负相关时,组合方差可降低到最低。

总之,各证券之间相关性特点及相关性大小对降低风险起着决定性作用。在合理安排投资比例条件下,各证券之间相关性越低,上述公式右边第三项数值也就越小,因而加总后形成的投资组合方差程度也就越小。如果是负相关,公式右边第三项数值为负,与头两项相抵(第一、第二项总是为正),风险将进一步消除。

以下公式推导将进一步说明"风险的分散效果"。

如果A与B两证券构成组合,证券A组合权数为x_A,那么证券B组合权数则为$x_B=(1-x_A)$。

于是上述公式改写为:

$$\sigma_P^2 = x_A^2 \sigma_A^2 + (1-x_A)^2 \sigma_B^2 + 2x_A(1-x_A)\rho_{AB}\sigma_A\sigma_B$$

通过检验上式,可进一步证明两证券间相关性对资产组合方差的影响。

设两证券投资风险相等,都为σ,即有$\sigma_A=\sigma_B=\sigma$,如果将资金全部投资于A,即$x_A=1$,组合投资方差为:

$$\sigma_P^2 = x_A^2\sigma_A^2 = 1\times\sigma_A^2 = \sigma^2$$

同理,将资金全部投资于证券B,则$x_B=1$,组合投资方差为:

$$\sigma_P^2 = (1-x_A)^2\sigma_B^2 = 1\times\sigma_B^2 = \sigma^2$$

但如果同时持有证券A和证券B,则组合投资方差为:

$$\sigma_P^2 = x_A^2\sigma^2 + (1-x_A)^2\sigma^2 + 2x_A(1-x_A)\rho_{AB}\sigma^2 = \sigma^2[x_A^2 + (1-x_A)^2 + 2x_A(1-x_A)\rho_{AB}]$$

由于有:

$$[x_A+(1-x_A)]^2 = x_A^2 + (1-x_A)^2 + 2x_A(1-x_A)$$

当$\rho_{AB}<1$,即两证券不完全正相关时,就有:

$$\sigma_P^2 < \sigma^2$$

所以在一定期望收益水平上,运用收益率方差减小原理,投资者总能从分散投资中降低风险。比如通过选择不同地区、不同行业及不同期限的证券组合,可达到这一效果。

(二) 风险联营效果

投资组合中各证券收益的负相关是确保组合风险下降乃至于趋于零的重要因素。但由于各类证券总受到相同经济因素影响,因而大多数为正相关关系。那么,在完全正相关情况下能否保证分散投资可以减小风险呢?

组合投资理论认为,即使构成组合中处于完全正相关,随着放入组合中的证券数目增加,风险同样可以逐渐减小,这称为"风险的联营效果"。有关的数学证明从略。

总之,不论各证券间呈现何种关系,只要将一定证券组合在一起,哪怕是随机选择组合,都可减少风险。

以上分析更多从证券之间相关性角度论证投资分散对降低风险的作用。实际上,影响组合风险还包括组合中各证券本身的方差(σ_i^2)大小,各证券在组合中所占权重及组合证券数目多少等多种因素。

通常在其他因素不变的情况下,组合中各证券本身方差大小也与组合方差大小成正相关关系;其次给予自身方差较小的证券更大的权重,也是降低整个组合方差的重要途径。

至于组合证券数目多少对组合方差的影响也可用数学方法予以证明(这在后面分析中进一步论述)。

那么以此而言,是不是投资越分散越好呢？

美国学者伊文斯和阿切尔曾对此作过实证分析。他们以纽约证券交易所上市的 470 种股票为样本,以 1958—1967 年为研究的时间区间,随机构造出 2 400 个证券组合,其中 60 只证券组合含一种证券,60 只证券组合含两种证券……60 只证券组合含 40 种证券。通过研究,他们发现,随着证券数目增加,组合风险逐步减少。一个包含 5 种证券(按资金等比例投资,下同)的证券组合,与一个完全分散化(即 n 足够大)的投资组合相比,其风险只多 14%,而一个包含 10 种证券的组合,其风险只多 7%,但证券数目达到 20 种时,其风险只多 3%。也就是说,分散程度不必太高就可大大降低风险,即证券数目增多,降低风险的边际效应是大大下降的,其最后得出如下经验公式：

$$\sigma_n = 0.1191 + 0.0625 \times \frac{1}{n} \tag{6-22}$$

式中：σ_n 为 n 种证券组合的标准差；n 为投资组合中包含的证券数目。这一公式可用图 6-2 表示。

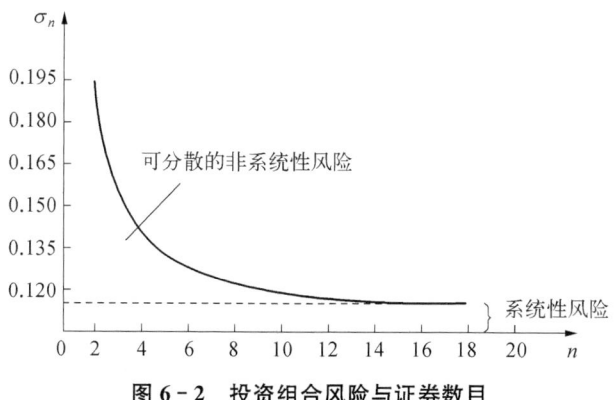

图 6-2 投资组合风险与证券数目

由图 6-2 可以看出,随着股票数目的增加,能够降低组合标准差的能力越来越弱。一般认为,证券数目在 8～16 之间为适度规模,余下不能降低的为系统性风险。

三、最优投资组合的选择

马柯威茨在对收益与风险作出定量分析后,进一步创立了以收益和风险为两项参数的均值-方差模型。以这一模型确定出有效边界后,投资者根据自己的偏好找到满意的组合点。该点就是无差异曲线和有效边界的切点,其为最优投资组合。

(一) 无差异曲线

根据期望效用理论,投资者效用会随期望收益率增加或风险的减少而提高。图 6-3 中,横坐标表示标准差,纵坐标表示期望收益率。当任意一点 M 沿着垂直方向移向点 A 时,期望收益增加而标准差不变,所以效用增加;当 M 点沿水平方向移向 B 点时,期望收益率不变而标准差变大,投资效用减少。在 MA 和 MB 两线之间,一定可以找到一系列的点,使投资者效用既不增加,也不减少;连接这些点所形成的曲线就是过 M 点的等效用无差异曲线;同理,可以找出一系列的效用无差异曲线。

无差异曲线的特点是:① 无差异曲线位置越高,表示投资者获得的满足程度越高,如图 6-3 中 $u_3 > u_2 > u_1$。② 两条无差异曲线不会相交。下面我们用反证法来证明这条结论。假设无差异曲线 I_1 和 I_2 相交于 R 点,如图 6-4 所示,则在 I_1 和 I_2 无差异曲线上一定可以找到图 6-4 上 R_1 和 R_2 两点,这两点标准差相同而收益率不同。根据假设,得 $u(R_1) = u(R) = u(R_2)$。而期望效用理论认为,风险相同,期望收益率高的资产比期望收益率低的资产给投资者带来的效用高。矛盾产生的原因是假设中认为不同无差异曲线可以相交,因此假设必然错误,故两条无差异曲线不会相交。③ 风险水平越高,无差异曲线走势越陡峭,这说明风险规避者随着收益增加承担风险的意愿减弱。如图 6-3 中所示。

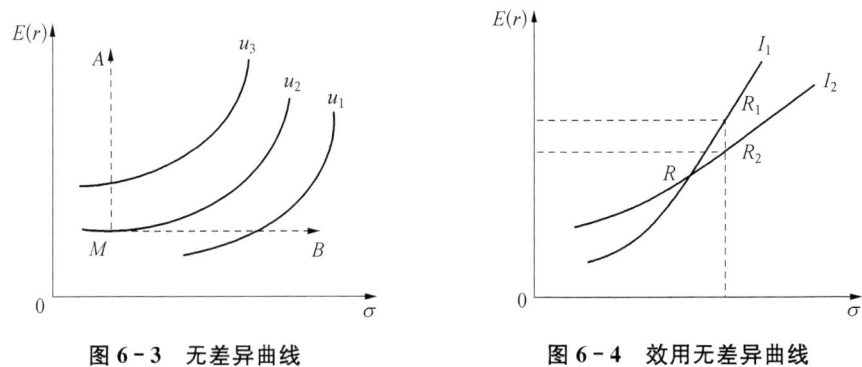

图 6-3 无差异曲线　　　　图 6-4 效用无差异曲线

图 6-5(a)中画的是风险中立者的无差异曲线,它是一条平行于横轴的直线。可以看出,这类投资者并不在乎风险的大小,收益率相等、风险不同的点位于同一条无差异曲线上。图 6-5(b)所描绘的则是风险偏好者的效用无差异曲线,它们也向左上方倾斜,说明风险偏好者为了获得高收益愿意承担高风险,但由于曲线向上

后趋于平缓,故不同于风险回避者的效用无差异曲线,只要收益增加,就愿意承担更大风险。

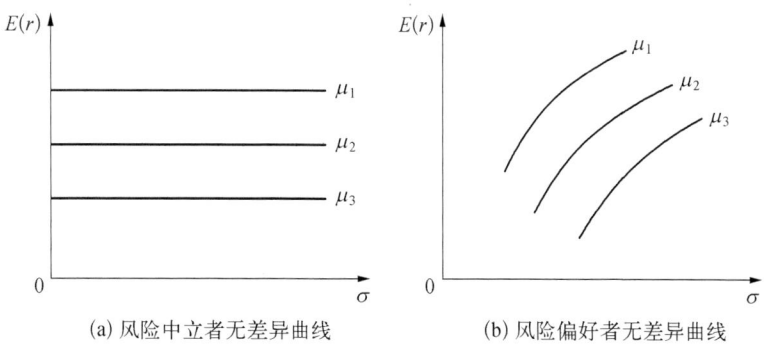

(a) 风险中立者无差异曲线　　(b) 风险偏好者无差异曲线

图 6-5　效用无差异曲线

那么如何知晓投资者无差异曲线具体形状呢?

实质上,无差异曲线的形状与投资者风险承受能力有关。设 b 为投资者风险厌恶系数,T 为风险承受能力的量度,它等于 $\frac{1}{b}$。

$$\bar{r}_p = u_i + b\sigma_p^2 = u_i + \frac{1}{T}\sigma_p^2 \tag{6-23}$$

式中:u_i 为投资者第 i 条无差异曲线在收益轴上的截距;b 为风险厌恶系数;T 为风险承受能力量度。投资风险承受能力越强,T 值越大。如果以组合方差为横轴,收益率 $\bar{r}_p$ 为纵轴,则无差异曲线可简化为直线形式:

$$\bar{r}_p = a + b\sigma_p^2 \tag{6-24}$$

式中:a 为截距;b 为风险厌恶系数,相当于直线方程中的斜率。

为估计投资者风险承受能力,即找出其无差异线结构式,可以用以下公式表达:

$$T = \frac{2 \times [(\bar{r}_c - r_f)\sigma_s^2]}{(\bar{r}_s - r_f)^2} \tag{6-25}$$

以下面例子说明 T 的计算。

例如,无风险资产收益率为 7.5%,股票组合期望收益率为 12%,标准差是 15%,无风险债券和股票组合的相关数据如表 6-2 所示。

表 6-2 国债和股票组合的再组合

组合的构成比例		组合的收益-风险	
国债(%)	股票组合(%)	期望收益率(%)	标准差(%)
0	100	12.00	15.0
10	90	11.55	13.5
20	80	11.10	12.0
30	70	10.65	10.5
40	60	10.20	9.0
50	50	9.75	7.5
60	40	9.30	6.0
70	30	8.85	4.5
80	20	8.40	3.0
90	10	7.95	1.5
100	0	7.50	0.0

运用公式(6-25)可以得到证券组合 C 包含的风险承受水平 T 为：

$$T = \frac{2 \times [(\bar{r}_c - 7.5) \times 15^2]}{(12 - 7.5)^2} = 22.22\bar{r}_c - 166.67$$

如果投资者选择 50% 的国债和 50% 的股票组合，形成投资组合 C，则该投资者的风险承受能力 T 为：

$$T = 22.22 \times 9.75 - 166.75 = 50$$

代入(6-23)方程得：

$$\bar{r}_p = u_i + \frac{1}{50}\sigma_p^2 \tag{6-26}$$

无差异曲线纵轴截距 u_i，可以当作无差异曲线 i 的预期效用，也可以看作是每一组合资产确定的等量收益率，原无差异曲线方程可改写为：

$$u_i = \bar{r}_p - \frac{1}{T}\sigma_p^2 \tag{6-27}$$

u_i 表示等量收益率，可以看作是一种按风险调整的期望收益率，它等于投资组合收益率减去其方差和风险承受水平的乘积。引入等量收益率后，确定最优投资组合，就可以转化为寻找不同的投资组合中使等量收益率最大的证券组合。

上例中，投资人选择组合 $\bar{r}_p = 9.75\%$，$\sigma_p^2 = 7.5^2 = 56.25$，将值代入式 (6-27)得：

$$u_i = \left(9.75\% - \frac{1}{50} \times 56.25\%\right) \times 100\% = 8.625\%$$

(二) 有效边界的确定

在证券市场,可供买卖的证券成千上万,应选择哪些证券并按什么样的组合权数放入其投资组合中,这是个关键问题。

1. 有效边界确定的依据

马柯威茨认为,证券(或组合)的选择实际上就是在两个互相制约的目标——预期收益最大化与风险最小化中求得平衡。

在分析这一问题时,首先应通过假设来简化与明确上述两个目标。这些假设是:

(1) 投资者以期望收益率(或称收益率均值)来衡量未来实际收益率,以收益率的方差(标准差)来衡量风险。因此,投资者只关心期望收益率与方差(标准差)。

(2) 投资者始终厌恶风险。即希望收益率越高越好,而方差越小越好。

为满足后一假设,投资者可运用均值-方差准则予以选择。这在均值-方差图上可得到清晰反映。以期望收益率为纵轴,以方差为横轴,形成一个坐标系。任何证券(或组合)均可由平面上某一点表示。

由于上述假设设定了选择标准,因而在给定相同方差的证券(或组合)中,投资者会选择期望收益最高的;在给定相同期望收益率的证券(或组合)中,则选择方差最小的;在一种证券比另一种证券有更高收益率和较低方差时,倾向于选择后一种。用图 6-6 可说明这一点。

我们在图 6-6 中,组合 A 优于组合 B,组合 B 优于组合 C,组合 D 优于组合 C,也优于组合 E。

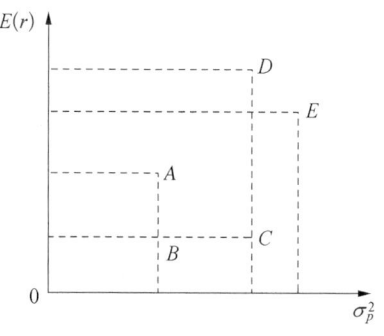

图 6-6 $E(r)$-σ^2 准则

在 $E(r)$-σ 平面图上,所能得到的组合叫做可行域(feasible set)。可行域内每点都表示一种可能的投资组合的期望收益率和标准差。可行域中,凸向左边界曲线上的各点的组合代表一定期望收益率水平下的最小风险组合,这些点组成可行域中的最小方差集,如图 6-7 所示,ABC 曲线就是一个最小方差集,阴影部分则是一个可行域。

在可行域内,一定的标准差所对应的最大期望收益率的组合点构成了有效边

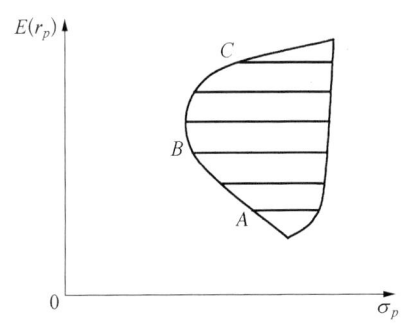

图 6-7 最小方差集和有效边界

界(efficient frontier)。从图 6-7 中可以看出 BC 曲线段即为有效边界,其中 B 点是最小方差集的最左端的点,也就是所有组合标准差中最小的组合,称为球状最小方差组合(global minimum portfolio)。可见,有效边界是最小方差集的一部分,是位于最小方差组合点以上的一段曲线。不同的资产由于收益率和风险不一样,有效边界和可行域的形状也不一样,有效边界可以是曲线,也可以包含线性部分。

2. 有效边界导出实例

N 种证券有效边界的确定可利用拉格朗日乘数法求极值方法导出,为简便起见,以下我们以 3 只证券为例,用图解法导出有效边界。

设证券 A、证券 B 和证券 C 组成一个证券组合,$x_A + x_B + x_C = 1$,x_A、x_B、x_C 为 3 种证券的组合权数。r_A、r_B 和 r_C 为相应的收益率,σ_A、σ_B 和 σ_C 为相应的标准差,σ_{AB}、σ_{BC} 和 σ_{AC} 为各证券的协方差。

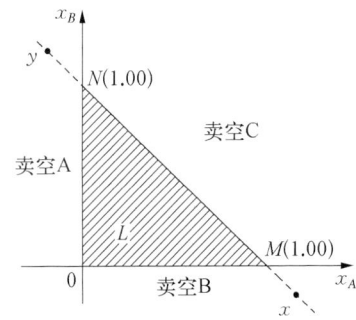

图 6-8 证券 A、B、C 组合权数

图 6-8 描述了 3 只证券的投资权数图,图中横坐标为 x_A,纵坐标为 x_B。图中三角形内部表示组合中每种证券权数为正;边界线 MN 线段上,证券 C 投资权数为零;纵轴的左上方,表示证券 A 做空;横轴的下方,表示证券 B 做空,MN 线段的右上方表示证券 C 做空。

由于 $x_C = 1 - x_A - x_B$,则证券组合收益率的期望收益率为:

$$E(r_P) = x_A \times E(r_A) + x_B \times E(r_B) + x_C \times E(r_C)$$

把 x_C 用 x_A、x_B 代入上式,转化后可求得 x_B 关于 x_A 的函数:

$$x_B = \frac{E(r_C) - E(r_P)}{E(r_C) - E(r_B)} + \frac{E(r_A) - E(r_C)}{E(r_C) - E(r_B)} \times x_A \qquad (6-28)$$

公式(6-28)在组合权数图上,表示期望收益率相同,组合比例不同的直线,叫做等收益线。其中斜率为 $[E(r_A) - E(r_C)] \div [E(r_C) - E(r_B)]$,在纵轴上的截距为 $[E(r_C) - E(r_P)] \div [E(r_C) - E(r_B)]$。因为在给定条件下,收益率是确定的,即 $E(r_A)$、$E(r_B)$ 和 $E(r_C)$ 一定,故等收益线的斜率相等。但组合收益不同,使等收线在纵轴上的截距不同。因此对应证券 A、证券 B 和证券 C 的所有等收益线是一系列的斜率为 $[E(r_A)-E(r_C)]\div[E(r_C)-E(r_B)]$ 的平行线。图 6-9 中直线 E_1、E_2, $\cdots$, E_6 就是一组等收益线。

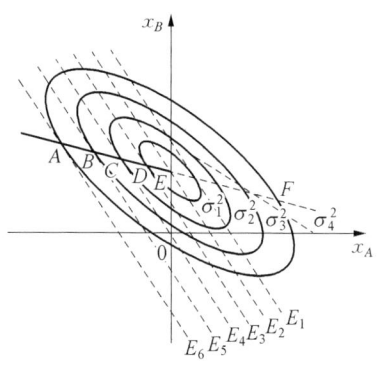

图 6-9 最小方差组合权数求临界线

下面来讨论方差相同时,不同投资比例的证券组合在组合权数图上的情况。将 $x_C = 1 - x_A - x_B$ 代入方差公式(6-21),得:

$$\sigma_P^2 = x_A^2\sigma_A^2 + x_B^2\sigma_B^2 + (1-x_A-x_B)^2\sigma_C^2 + 2x_Ax_B\sigma_{AB} + 2x_A(1-x_A-x_B)\sigma_{AC} + 2x_B(1-x_A-x_B)\sigma_{BC}$$

化简为:

$$\sigma_P^2 = x_A^2(\sigma_A^2 - 2\sigma_{AC} + \sigma_C^2) + x_B^2(\sigma_B^2 - 2\sigma_{BC} + \sigma_C^2) + 2x_Ax_B(\sigma_{AB} - \sigma_{BC} - \sigma_{AC} + \sigma_C^2)^2 + 2x_A(\sigma_{AC} + \sigma_C^2) + 2x_B(\sigma_{BC} + \sigma_C^2) + \sigma_C^2 \tag{6-29}$$

公式(6-29)实际上是关于 x_A 和 x_B 的二次方程,在组合权数图上则是一个斜椭圆曲线。具体数学推导,有兴趣的读者可以参考有关资料。

把等收益线和等方差椭圆都绘制在组合权数图上,如图 6-9 所示。由等收益率公式可知,组合收益率越大,等收益线与纵轴截距越处于横轴的下方,因而等收益线沿左向下是递增的方向,即 $E_1 < E_2 \cdots < E_6$,一般风险和收益率变动一致,因此 $\sigma_1^2 < \sigma_2^2 < \sigma_3^2 < \sigma_4^2$。

等收益曲线和等方差椭圆的左切点,表示收益一定时最小方差的组合点。这些切点位于同一条直线上,这条直线叫临界线。图 6-9 中 E 左边的等收益线和等方差椭圆的切点符合均值-方差准则,即:收益一定,方差最小;方差一定,收益最大。所以,这些切点都是有效切点,对应于图 6-9 中的曲线 AE 段。而 E 右边的临界线部分用虚线绘出。尽管它们也由切点组成,但不能满足均值方差准则,故它们不是有效切点,这些点对应于图 6-9 中的 EF 部分。

根据临界线各点代表的不同 x_A 和 x_B 权值,可以计算出相应的 σ_P^2 和 $E(r_P)$ 值。把临界线上各点转化到 $E(r_P)$ 和 σ_P^2 的坐标平面上,我们就可以得图 6-10 的边界曲线,其中曲线 $ABCDE$ 段即为所求的有效边界。

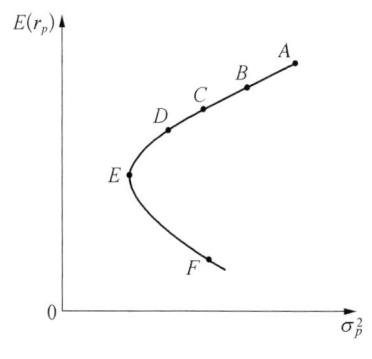

图 6-10 有效边界

(三) 最优投资组合的选择

有效边界上的投资组合能够同时满足风险回避和收益最大化的双重要求，但投资者最终选择的最优投资组合还要取决于投资者的个人偏好。把投资组合的有效边界和投资者的效用无差异曲线绘制在同一个坐标平面上，就可以通过求它们的切点找到最优投资组合。如图 6-11 和图 6-12 所示，一组无差异曲线中，其中有一条和有效边界相切，这个切点所代表的投资组合就是一个最优投资组合。对于面临相同的有效边界，不同的投资者的效用无差异曲线不同，其最优投资组合就不同。图 6-11 中 P 点是一个高度风险回避者的最优投资选择，图 6-12 中 P 点则是一个一般风险回避者的最优选择，可以看出最终结果是有区别的。

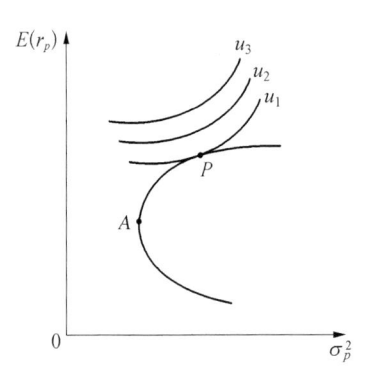

图 6-11 高度风险回避者的最优投资组合选择

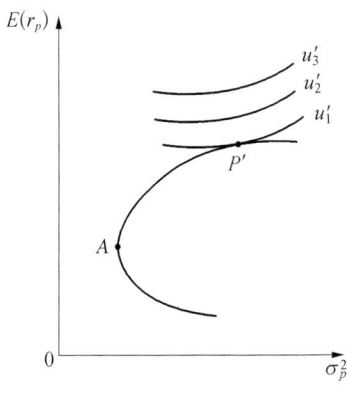

图 6-12 一般风险回避者的最优选择

总之，求最优投资组合，一般应遵循以下步骤：

(1) 找出投资者效用函数表达式或效用无差异曲线。

(2) 确定投资组合中各风险资产的期望收益率、风险（方差或标准差）及协方差。

(3) 求出 N 种风险资产组合的期望收益率与风险及各风险资产的组合权数，写出有效边界的表达式并在 $E(r)$-σ^2 图上绘出有效边界。

(4) 引入无风险资产后，有效边界函数或有效边界图形发生变化，(这在以后部分介绍)求出最优风险资产组合；如果投资组合中没有无风险资产，该步可以省去。

(5) 通过建立拉格朗日函数求得投资者效用最大化时的最优投资组合，或通过找出投资者无差异曲线与有效边界的切点确定最优投资组合。

第二节 资本资产定价模型

我们已经介绍了确定最优投资组合的方法,通过寻找无差异曲线和有效边界的切点,投资者总可以找到最优的投资组合。如果市场上所有理性投资者都按上述规则投资时,资本市场处于均衡状态,从而可确定证券的均衡价格。资本资产定价模型正是要回答这个问题的。

资本资产定价模型(the capital asset pricing model,简称 CAPM)是识别期望收益和风险值(β 系数)之间确定关系的模型。它最初由美国的夏普(William Sharpe)于 1964 年建立,后由美国的林特(J. Linter)和摩森(J. Mossin)完善。资本资产定价模型是现代投资理论的一项重要内容,目前在各类投资活动中仍得到广泛的运用。

任何理论都是现实的一种抽象,为此我们先从该理论的假定条件入手。

一、CAPM 模型的假定条件

CAPM 包含以下几条假定条件:

(1) 投资者根据一段时间内的证券组合的期望收益率和标准差来评价组合的优劣。投资者在风险一定时,优先选择期望收益大的投资组合;在期望收益率相同时,他将选择标准差小的投资组合。投资者选择的最优投资组合就是使其效用达到最大化的投资组合。

(2) 单一资产无限可分,从而意味着投资者能按任意比例购买他偏好的资产,投资组合权数则为连续的随机变量。

(3) 资本市场是有效的,资本市场上没有摩擦。市场上资本和信息可以自由流动,对所有投资者来讲,可以免费地获得所有的相关信息。在有效的资本市场上,没有交易成本,也不存在对股息、红利收入和资本收益的征税。

(4) 所有投资者对各种证券收益率的分布情况看法一致。由于假定信息可以自由流动,投资者总可以从市场上获取有关信息,形成对证券收益率分布的了解。他们的预期相同,即他们对证券收益率、标准差和协方差看法一致。

(5) 存在无风险资产,即投资者可以按同样的无风险利率借入或贷出任意数量的无风险资产。

(6) 单一的投资期限,即假定所有投资者在相同的时间内选择他们的投资,在这段时间内,忽略投资机会成本可能发生的变化。

有了以上假设,CAPM 就可以将问题简化。由于证券市场是个完全有效市场(perfect market),投资者掌握相同的信息,对证券前景看法一致,这样,我们就可以将注意力从考察个别投资转移到考察整个市场中每个人以相同的方式投资、证券价格会发生什么变化等情况上去。

二、CAPM 模型的基本内容

(一) CAPM 模型的导出

1. 市场证券组合

在给定的假设条件下,投资者可以借入或贷出无风险资产,他们对未来作出相同的预期,所以他们也面临着完全相同的处境,所有投资者都在图 6-13 中的射线 FR 上选择最优组合。

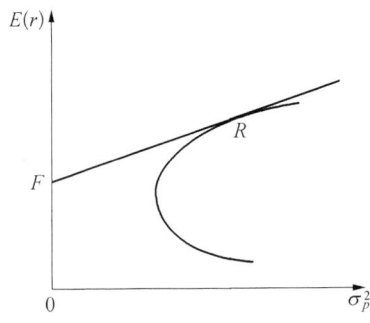

图 6-13 最优证券组合和资本市场线

在 FR 线上的不同的位置,有些人借入无风险资产,有些人贷出无风险资产,有些人不借也不贷,但他们把资金以相同的方式分散投资到各种风险证券上去,风险证券组合 R 代表一个最优的风险资产组合。总之,在市场均衡时,借入的数量必等于贷出的数量,整个市场投资于无风险资产的净额必然为零。因此,最优风险证券组合 R 存在于市场中,它由市场上所有的风险证券组成,并且组合和整个市场风险证券比例一致,即最优证券组合中每种证券的权数必然同该证券的相对市场价值一致。设市场组合为 M,x_{Mi} 表示市场证券组合中证券 i 的比例,n 为全部风险资产的数目,Q_i 为流通股数,P_i 为第 i 种证券的市场价格,则:

$$x_{Mi} = \frac{P_i Q_i}{\sum_{j=1}^{n} P_j Q_j} \quad (j=1, 2, \cdots, n) \tag{6-30}$$

我们将由市场所有风险证券组成的、各证券组合权数与证券的相对市场价值一致的证券组合称作为**市场证券组合**。这样就可以通过计算市场均衡条件下的市场证券组合来确定最优风险证券组合。例如,市场均衡条件下,仅有三种风险证券 A、证券 B 和证券 C,其市场价值为 50 亿元、30 亿元和 20 亿元,则市场证券组合权数分别为:

$$x_A = \frac{50}{50+30+20} = 0.5$$

$$x_B = \frac{30}{50+30+20} = 0.3$$

$$x_C = \frac{20}{50+30+20} = 0.2$$

市场均衡时,最优风险资产组合的组合权数同市场证券组合的组合权数一致,所以投资者只要以 5∶3∶2 的资金比例投资于证券 A、证券 B 和证券 C,就构建了一个最优风险证券组合。

由于受构建最优投资组合的成本因素及投资者自身条件的限制,投资者实际上很难完全根据市场证券组合来确定最优投资组合。但是,市场证券组合在资本市场理论中仍扮演着重要角色。在实践中,覆盖面比较广的股票指数(如美国的 S&P500 指数,我国的沪深 300 指数)所对应的证券组合,比较全面地反映市场证券组合的大部分信息,从而可以作为市场证券组合的近似替代。

2. 资本市场线

决定投资组合有效边界也是资本资产定价模型中的一项基本工作。图 6-14 中,M 点代表市场证券组合,它是包含全部风险资产的最优组合,r_f 代表无风险资产收益率。连接 F 点和 M 点,形成的直线是包含无风险资产的有效证券组合。这条线表示在市场均衡的条件下,所有投资者都面临相同的线性有效边界(无风险资产组合进来后,有效边界线转换为直线)。这条直线叫做资本市场线

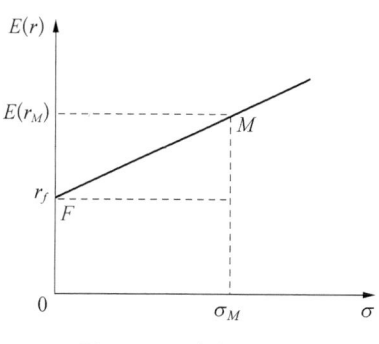

图 6-14 资本市场线

(capital market line)。除了市场证券组合和无风险资产借贷构成的证券组合外,其他所有证券组合不落在资本市场线上。

从图 6-14 中可以看出,资本市场线的截距为 r_f,斜率等于市场证券组合期望收益率和无风险资产收益率之差除以证券组合的标准差 σ_M,因此资本市场线的代数表达式为:

$$E(r_P) = r_f + \frac{E(r_M) - r_f}{\sigma_M} \sigma_P \tag{6-31}$$

式中:$E(r_P)$ 和 σ_P 分别为资本市场线上任一投资组合 P 的期望收益率和标准差。例如,市场证券组合的期望收益率和标准差分别是 18% 和 10%,无风险资产收益率是 5%,则资本市场线的直线方程是:

$$E(r_P) = r_f + \frac{E(r_M) - r_f}{\sigma_M} \sigma_P = 0.05 + 1.3\sigma_P$$

资本市场线上任一投资组合都是有效投资组合,因此,有效投资组合的期望收益率就由两部分构成:一部分为无风险收益率 r_f,它表示投资者推迟当前消费所获得的补偿,可以视作时间等待的报酬;另一部分为风险报酬,它是投资者承担风险所得的补偿。斜率 $\frac{E(r_M) - r_f}{\sigma_M}$ 表示资本市场给投资者单位风险的报酬或风险的价格。从本质上讲,证券市场为投资者提供了一个时间和风险的交易场所,也提供了一个由供需达到平衡来决定证券价格的场所。从某种意义上说,资本市场线的截距和斜率分别代表了时间的价格和风险的价格,上面的例子中,它们分别是 0.05 和 1.3。

3. 资本资产定价模型

资本市场线揭示了资本市场均衡条件下,有效投资组合的期望收益率和风险的关系。只有有效证券组合才位于资本市场线上,单个证券和无效证券组合都位于资本市场线的下方,因此资本市场线提供的定价只是理论分析需要而不适合单个证券或无效证券组合的定价。那么,在证券组合中,单个证券的收益和风险是什么关系呢?

证券组合的方差为:

$$\sigma_M^2 = \sum_{i=1}^{n} \sum_{j=1}^{n} x_{iM} x_{jM} \sigma_{ij} \tag{6-32}$$

式中:x_{iM} 和 x_{jM} 为证券 i 和证券 j 在市场证券组合 M 中的组合权数;σ_{ij} 为证券 i 和证券 j 之间的协方差,于是公式(6-32)可以改写为:

$$\sigma_M^2 = x_{1M} \sum_{j=1}^{n} x_{jM} \sigma_{1j} + x_{2M} \sum_{j=1}^{n} x_{jM} \sigma_{2j} + \cdots + x_{nM} \sum_{j=1}^{n} x_{jM} \sigma_{nj} \tag{6-33}$$

市场证券组合的收益率等于组合中各证券收益率的加权平均,即:

$$r_M = x_{1M} r_1 + x_{2M} r_2 + \cdots + x_{nM} r_n \tag{6-34}$$

证券 i 与市场证券组合 M 间的协方差为:

$$\begin{aligned}\sigma_{iM} &= \text{cov}(r_i, r_M) = \text{cov}(r_i, x_{1M} r_1 + x_{2M} r_2 + \cdots + x_{nM} r_n) = \\ &\text{cov}(r_i, x_{1M} r_1) + \text{cov}(r_i, x_{2M} r_2) + \cdots + \text{cov}(r_i, x_{nM} r_n) = \\ &\sum_{j=1}^{n} x_{jM} \text{cov}(r_i, r_j) = \sum_{j=1}^{n} x_{jM} \sigma_{ij}\end{aligned} \tag{6-35}$$

将公式(6-35)代入公式(6-33)得:

$$\sigma_M^2 = x_{1M}\sigma_{1M} + x_{2M}\sigma_{2M} + \cdots + x_{nM}\sigma_{nM} = \sum_{i=1}^{n} x_{iM}\sigma_{iM} \tag{6-36}$$

公式(6-36)表明，市场证券组合的方差是组合中各证券与市场证券组合协方差的加权平均，权数为每种证券在市场证券组合中的投资比例。

之前的分析告诉我们，对单个证券，我们是以标准差（或方差）来衡量其风险的。而公式(6-36)则表明，投资者选择的有效投资组合中，总风险取决于每种证券和市场证券组合之间的协方差，而不取决于单个证券的方差。因此，协方差才是投资组合中单个证券风险的恰当衡量。协方差 σ_{iM} 较小的证券，即使其方差 σ_i^2 较大，也会被认为是风险较小的证券。

接下来，我们再来讨论一下证券均衡期望收益率与风险之间的关系。为此，我们先构造一个单一证券 i 与市场证券组合的再组合 Z。设 x_i 表示证券 i 的权数（不包括 M 中证券 i 的部分），x_M 表示市场证券组合 M 的权数，则：

$$E(r_z) = x_i \times E(r_i) + x_M \times E(r_M)$$
$$\sigma_z^2 = x_i^2 \sigma_i^2 + x_M^2 \sigma_M^2 + 2x_i x_M \sigma_{iM}$$

用 $x_M = 1 - x_i$ 代入以上两个方程，得到证券 i 与 M 的结合线方程：

$$E(r_z) = x_i \times E(r_i) + (1 - x_i) \times E(r_M) \tag{6-37}$$

$$\sigma_z = [x_i^2 \sigma_i^2 + (1 - x_i)^2 \sigma_M^2 + 2x_i(1 - x_i)\sigma_{iM}]^{\frac{1}{2}} \tag{6-38}$$

我们从图 6-15 中可以看到，证券 i 和市场证券组合 M 的结合线上不同的点所代表的组合是不同的。iM 曲线部分表示投资者以正的投资比例投资证券 i 和 M；在 Mi' 曲线部分，投资者卖空证券 i，将所得资金与原有资金一起投到 M 上去，结合线 iZi' 也必然会同资本市场线相切于点 M。因为这与市场均衡时，所有有效证券组合都落在资本市场线上是符合的，因此结合线与 FM 相切于点 M。

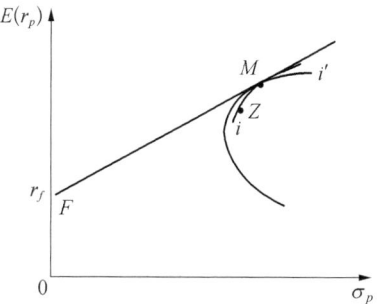

图 6-15 证券 i 与市场组合 M 的结合线

对公式(6-37)和公式(6-38)求导，得：

$$\frac{\partial \sigma_Z}{\partial x_i} = \frac{x_i(\sigma_i^2 + \sigma_M^2 - 2\sigma_{iM}) + \sigma_{iM} - \sigma_M^2}{\sigma_Z}$$

$$\frac{\partial E(r_Z)}{\partial x_i} = E(r_i) - E(r_M)$$

所以：

$$\frac{\partial E(r_Z)}{\partial \sigma_Z} = \frac{E(r_i) - E(r_M)}{[x_i(\sigma_i^2 + \sigma_M^2 - 2\sigma_{iM}) + \sigma_{iM} - \sigma_M^2] \div \sigma_Z}$$

在 M 点，$x_i=0$，$\sigma_Z=\sigma_M$ 代入上式求得结合线在 M 点的斜率：

$$\left.\frac{\partial E(r_z)}{\partial \sigma_z}\right|_{x_i=0} = \frac{E(r_i) - E(r_M)}{\sigma_{iM} - \sigma_M^2}\sigma_M \tag{6-39}$$

已知：资本市场线的斜率为：

$$K = \frac{E(r_M) - r_f}{\sigma_M}$$

上述两个斜率相等，即：

$$\frac{E(r_M) - r_f}{\sigma_M} = \frac{E(r_f) - E(r_M)}{\sigma_{iM} - \sigma_M^2}\sigma_M$$

化简以后得：

$$E(r_i) = r_f + \frac{E(r_M) - r_i}{\sigma_M^2}\sigma_{iM} \tag{6-40}$$

这就是资本资产定价模型表达式。它表示在市场均衡状态下，任何一种证券期望收益率由两部分构成：一部分为无风险利率 r_f，是时间等待的报酬；另一部分为投资者承担风险而得的补偿，为风险报酬。

(二) 证券市场线

1. 单个证券 β_i

我们定义 $\beta_i = \frac{\sigma_{iM}}{\sigma_M^2}$，则公式(6-40)转化为：

$$E(r_i) = r_f + \beta_i [E(r_M) - r_f] \tag{6-41}$$

其中，β_i 代表了证券 i 对市场证券组合风险的贡献度，称作证券 i 的 β 系数。在讨论单一证券风险的测定时，我们得出结论：协方差 σ_{iM} 越大则证券的风险越大。在引入 β 系数后，可以看到 β_i 同 σ_{iM} 同向变化，σ_{iM} 越大则 β_i 也越大，相应风险就越大，所以我们就可以用 β 系数作为单个证券风险的度量。在 r_f 和 $E(r_M)$ 一定时，β 值越大，期望收益率也越大。

2. 证券组合的 β_i

如果将证券 i 换成任意证券组合 P，用前面同样的推导方法，可以得到投资组合的期望收益率和风险的关系：

$$E(r_p) = r_f + \beta_p[E(r_M) - r_f] \qquad (6-42)$$

风险资产组合 P 中各类资产组合权数为 $x_i(i=1, 2, \cdots, N)$，则组合 β 系数可写作：

$$\beta_p = \frac{\text{cov}(r_p, r_M)}{\sigma_M^2} = \frac{\text{cov}(x_1 r_1 + x_2 r_2 + \cdots + x_N r_N, r_M)}{\sigma_M^2} =$$

$$\frac{\sum_{i=1}^{n} x_i \text{cov}(r_i, r_M)}{\sigma_M^2} = \sum_{i=1}^{n} x_i \beta_i \qquad (6-43)$$

公式(6-43)实际上给出了组合 B 的计算方法，它等于各证券 B 风险的加权和。

β 系数是从市场的实际表现，通过过去一段时间内的数据来估计的，因而它属于一个实证而非预测的范畴。根据时间记录单位不同，可以计算出日 β 系数、周 β 系数和月 β 系数等。一般可用历史样本计算。设前 N 个时间单位证券 i 的收益率为 r_{i1}, r_{i2}, $\cdots$, r_{iN}，市场证券组合收益率用市场指数来代替，记作 r_{M1}, r_{M2}, $\cdots$, r_{MN}。根据 β_i 的公式 $\beta_i = \frac{\text{cov}(r_i, r_M)}{\sigma_M^2}$，将协方差 $\text{cov}(r_i, r_M)$ 用样本协方差来估计，方差 σ_M^2 也用其样本方差来估计，则：

$$\hat{\text{cov}}(r_i, r_M) = \sum_{t=1}^{N}[r_{it} - \bar{r}_i][r_{mt} - \bar{r}_M]$$

$$\hat{\sigma}_M^2 = \sum_{t=1}^{N}[r_{Mt} - \bar{r}_M]^2$$

从而得到 β_i 的估计值：

$$\hat{\beta}_i = \frac{\hat{\text{cov}}(r_i, r_M)}{\hat{\sigma}_M^2} \qquad (6-44)$$

当然我们也可以假定证券所有相邻时期的 β 系数呈线性关系，用经验公式来估计下一个时期的 β 值：

$$\hat{\beta}_{i,t+1} = a + b\hat{\beta}_{i,t} + \varepsilon_i \qquad (6-45)$$

式中：a 和 b 为固定系数；ε_i 为随机误差。

3. 证券市场线

CAPM 模型认为，在市场均衡的状态下，证券期望收益率和风险之间存在着线性关系。在横轴为 σ_{iM}（或 β 系数），纵轴为期望收益率的坐标平面上，反映证券期望收益率和风险之间线性关系的直线叫做证券市场线(the security market line,

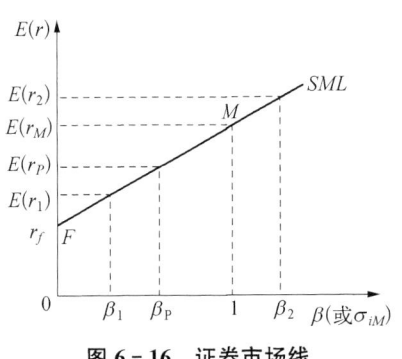

图 6-16 证券市场线

简称 SML)。

如图 6-16 所示的证券市场线 FM,纵轴上的截距为 r_f,斜率是市场证券组合 M 的风险报酬 $E(r_M)-r_f\{$或$[E(r_M)-r_f]\div\sigma_M^2\}$。市场证券组合 M 的 β 值为 1,因为证券市场组合与自身的协方差即为其方差,所以 $\beta_M=\dfrac{\sigma_{MM}}{\sigma_M^2}=\dfrac{\sigma_M^2}{\sigma_M^2}=1$。其他证券或证券组合的 β 值大于 1 或者小于 1,它们分布在证券市场线 M 的两侧。当 β 值大于 1 时,投资者可以获得高于市场平均水平的期望收益率;当 β 小于 1 时,投资者只能得到低于市场平均水平的期望收益率。

4. 证券市场线和资本市场线的区别

证券市场线和资本市场线都描绘了风险资产均衡时期望收益率与风险之间的关系,但两者却存在着明显的区别。第一,度量风险的标准不变。证券市场线中是以协方差或 β 系数来描绘风险,而在资本市场线上却是用标准差或方差来表示风险的。第二,资本市场线只描述了有效投资组合如何定价,而证券市场线则说明所有风险资产(包括有效组合和无效组合)如何均衡地定价。换个角度说,有效投资组合既位于证券市场线上,也位于资本市场线上,但个别证券和无效投资组合却只能位于证券市场线上。

(三)证券特征线与证券均衡定价

1. α 系数与证券均衡定价

根据资本资产定价模型的描述,在有效市场中,资产价格不均衡就会形成套利,直到资产的价格处于均衡状态为止。此时,每种证券和组合都位于证券市场线上。如果投资者对某证券的期望收益率估计不等于其均衡时的期望收益率,则该证券处于非均衡状态,它将位于证券市场线的上方或下方。在均衡条件下,证券 i 的期望收益率是:

$$\bar{r}_i^e = r_f + (\bar{r}_M - r_f)\beta_i \tag{6-46}$$

式中:$\bar{r}_i^e$ 为证券 i 的均衡期望收益率;$\bar{r}_M$ 为市场证券组合的期望收益率。由于投资者个体及市场条件的限制,一般来说,个别投资者对某种证券收益率的估计不一定等于均衡的期望收益率。为描述这种差异,我们把证券期望收益率和均衡时的期望收益率差值定义为这种证券的 α 系数,即 $\alpha_i = \bar{r}_i - \bar{r}_i^e$,代入公式(6-46)得:

$$\alpha_i = \bar{r}_i - [r_f + (\bar{r}_M - r_f)\beta_i] \tag{6-47}$$

考虑到投资组合的情况，上式可改写为：

$$\alpha_p = \bar{r}_p - [r_f + (\bar{r}_M - r_f)\beta_p] \tag{6-48}$$

为方便起见，在以下的讨论中，将不再对投资组合情况作单独的区分。

如图 6-17 所示，投资者对证券 A 的期望收益率估计 $\bar{r}_A$ 高于其均衡期望收益率 $\bar{r}_A^e$，即 $\bar{r}_A - \bar{r}_A^e > 0$，表示 A 证券的 α 系数为正，它位于证券市场线的上方，表明这种证券价格被低估（underpriced）；而证券 B 的期望收益率小于其均衡期望收益率，即 $\bar{r}_B$ 和 $\bar{r}_B^e$ 的差值为负，则证券位于证券市场线的下方，表明这种证券价格被高估（overpriced）。

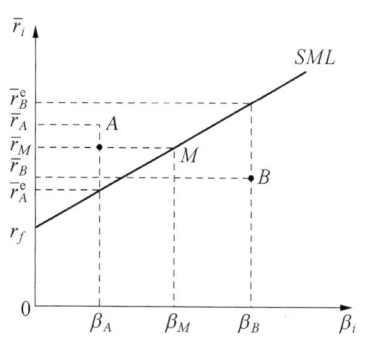

图 6-17 证券期望收益率和 α 系数

通过证券的 α 系数可以判断证券定价是否合理。SML 线上各点是满足 CAPM 的假定条件，假设市场是完善的，投资者掌握的信息是相同的，那么通过分析可获得合理的均衡定价。但实际情况往往是，不同投资者掌握的信息不同，偏好不一样，其采用的分析方法有异，所以对同一证券的收益率就会有不同的预测，反映到证券价格上，就会出现定价过高和定价过低的现象。但是，证券和证券组合定价不合理的情形不会长久地维持下去，因为总有一些投资者利用信息优势和先进分析方法找出错误定价（mispriced）的证券和证券组合，通过买进卖出获取利润。当市场价格高于其实际价值时，α 系数为负，投资者可以卖出获利，结果大量卖出行为使市场价格下降；当市场价格低于实际价值时，α 系数为正，投资者买进该证券获利，结果大量买进行为使价格上升；最终使期望收益率和均衡期望收益率趋于一致，使其回到 SML 线上，使证券市场达到均衡状态。

2. 证券特征线

将公式（6-47）改写成下列形式：

$$\bar{r}_i - r_f = \alpha_i + (\bar{r}_M - r_f)\beta_i \tag{6-49}$$

公式（6-48）表明，持有证券的超额期望收益率由两部分组成：一部分为该证券的 α 系数；另一部分为市场证券组合超额收益率和 β 系数的乘积。在横轴为 $\bar{r}_M - r_f$，纵轴为 $\bar{r}_i - r_f$ 的坐标平面上，描绘证券 $\bar{r}_i - r_f$ 和 $\bar{r}_M - r_f$ 之间线性关系的直线，称之为证券特征线。

描述收益发生过程的证券特征线，可以通过回归方程获得。在从经验数据中

找出证券收益和市场证券组合收益之间的关系过程中,必然存在着随机误差,因此方程(6-49)表达了实际收益的发生过程:

$$\bar{r}_i - r_f = \alpha_i + (r_M - r_f)\beta_i + \varepsilon_i \quad (6-50)$$

式中:ε_i 为随机误差,这种随机误差的期望值为零。因此,实际超额收益率由三部分构成:证券的 α 系数,$r_M - r_f$ 同 β 系数乘积以及随机误差。当对公式(6-50)两边求期望值时,就得出公式(6-49)。

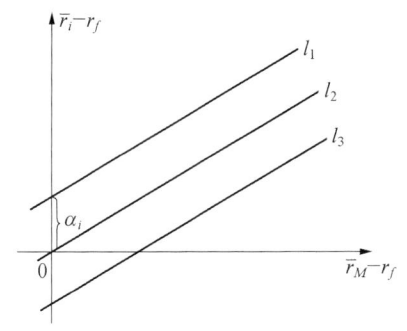

图 6-18 α 系数和特征线

由特征线的方程可知,特征线的斜率等于这种证券 β 系数,因此 β 系数就是测定某证券期望收益率相对市场证券组合期望收益率的灵敏程度的一种指标。特征线为正的斜率,表明市场证券组合的收益率越高,某证券的期望收益率也越高。纵轴截距为 α_i,只要 α_i 不为零,即表明该证券被错误定价:截距为正,该证券定价过低;截距为负,则该证券定价过高。图6-18中描绘了三条证券 β 值相同的特征线,其中 l_1 的 α 系数为正,l_2 的 α 系数刚好为零,l_3 的 α 系数为负。

证券的特征线在纵轴上截距不为零,说明偏离均衡时特征线的位置,图6-18中 l_1 与 l_3 偏离了均衡时的特征线 l_2。但是 α 系数在长期是难以长期维持非零,只要 α 系数为非零,必然产生套利行为,由此会逐步修正错误定价,使偏离均衡位置的特征线重新回到均衡位置。

特征线概念也暗含了按风险将公司分类的可能性。β 值是特征线的斜率,它测度的是证券收益率对市场证券组合收益率的灵敏度。β 值大于 1 的股票可以归入进攻型股票,因为它在牛市(上升市场)中比市场平均水平体的报酬波动要平缓些。上升得更快,但在熊市(下跌市场)中,价格下跌得也快;反之,β 值小于 1 的股票属于防守型股票,它们相对市场 β 值等于 1 的股票则是中性股票,它与市场同步波动。因此,投资者可以根据自己的偏好,选择适合自己投资偏好的股票种类。例如,风险偏好者一般更多关注进攻型股票,而风险回避的投资者则愿意投资防守型股票。以下为不同 β 值的证券特征线,如图6-19所示。

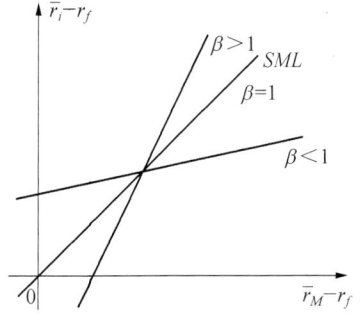

图 6-19 不同 β 值的特征线

第三节 指 数 模 型

马柯威茨的证券选择理论,为有效选择最优投资组合提供了定量分析的方法。但是,在运用该理论时,必须预先获得有关组合收益率、方差和协方差等历史数据。如果证券组合内的证券种类较多,则计算量相当大,即使是在计算机技术广泛运用的今天,完全按理论所要求的步骤实施仍存在一些困难。例如,在沪深 300 股票形成的组合中,需要估计的参数就有 45 450 个。

1963 年,威廉·夏普提出指数模型的分析方法,简化了计算量,为实际运用提供了一个很好的方法。

一、指数模型的假定条件

指数模型并不通过计算证券间的协方差来考虑证券间的关联性,而是认为证券之间之所以存在关联性,是因为存在某些共同的因素在起作用。证券间的关联性通过一种或几种因素的敏感性而产生。

证券市场上的不同证券可能会来自不同的行业、不同的地区,其收益率影响因素不尽相同,但它们都不可避免地受一些共同因素的制约。单个证券的收益率的影响来自三方面:宏观因素方面、微观因素方面和基本收益率。宏观因素对收益率的影响为 R_i,又称作证券的系统收益率。宏观因素影响可能会来自国家财政货币政策、通货膨胀和经济周期等方面,它几乎影响到所有的企业。微观因素一般包括企业的经营管理、技术开发等,它只对个别企业产生影响,不会涉及整个经济体系。微观因素对证券收益率的影响记作 e_i,又叫做证券的非系统收益率。证券的基本收益率记作 α_i,表示证券收益率独立于市场的部分。这样,证券的收益率就可以表示为:

$$r_i = \alpha_i + R_i + e_i \tag{6-51}$$

而将 $R_i = b_i R_M$ 代入上式得:

$$r_i = \alpha_i + b_i R_M + e_i \tag{6-52}$$

式中:R_M 为市场证券组合收益率,用它可以近似地代表宏观因素的综合影响;b_i 为单个证券对宏观因素的敏感系数。为便于以后的分析,对指数模型作如下假定:

(1) 证券间影响不相关,即 $\text{cov}(e_i, e_j) = 0$。影响一个企业的微观事件不影响其他企业,即不同证券的非系统收益不相关。

(2) 宏观因素和微观因素不相关,即 $cov(e_i, R_M) = 0$。

(3) 企业未来潜在影响事件综合效果为零,即 $E(e_i) = 0$。尽管未来会发生一些对企业有影响的事件,但它们对企业收益率只会有随机影响,相当于随机误差,其期望值为零。

二、单指数模型

在影响证券收益的众多因素中,投资者根据客观情况和自身的偏好,强调某一因素对证券收益率的决定性作用,这时他就要分析该因素对证券收益率的影响。这种由单个因素所确定的收益模型就是单指数模型或称之为单因素模型,可表示为:

$$r_i = a_i + b_i F + e_i \tag{6-53}$$

式中:F 为因素价值;F 因素可以是各种宏观因素,如国民生产总值、经济增长率和通货膨胀率等;b_i 为证券 i 对这种因素的敏感系数;a_i 为基本收益率,也称作零因素;e_i 为随机误差项,期望值为零。

如果选择市场证券组合收益率 R_M 为宏观因素变动的综合反映,就可以得出 1963 年夏普所创立的单指数模型(the single index model),此处的 F 因素为 R_M:

$$r_i = a_i + \beta_i R_M + e_i \tag{6-54}$$

通过单指数模型,可以推导出证券 i 的期望收益率、方差和协方差:

$$E(r_i) = a_i + b_i E(F) \tag{6-55}$$

$$\sigma_i^2 = b_i^2 \sigma_F^2 + \sigma_{ei}^2 \tag{6-56}$$

$$\sigma_{ij} = b_i b_j \sigma_F^2 \tag{6-57}$$

式中:σ_F^2 为因素 F 的方差,叫因素风险(factor risk);σ_{ei}^2 为证券 i 的非因素风险(nonfactor risk),它是随机误差的方差;b_i、b_j 为证券 i 和证券 j 对 F 因素的敏感系数。

对证券投资组合 P 来讲,如果 n 种证券组合权数为 $x_i (i=1, 2, \cdots, n)$,$\sum_{i=1}^{n} x_i = 1$,则组合的收益率为:

$$\begin{aligned} R_P &= \sum_{i=1}^{n} x_i R_i = \sum_{i=1}^{n} x_i (a_i + b_i F + e_i) = \\ & \sum_{i=1}^{n} x_i a_i + \sum_{i=1}^{n} x_i b_i F + \sum_{i=1}^{n} x_i e = \\ & a_P + b_P F + e_P \end{aligned} \tag{6-58}$$

其中：
$$a_p = \sum_{i=1}^{n} x_i a_i ; \quad b_p = \sum_{i=1}^{n} x_i b_i ; \quad e_p = \sum_{i=1}^{n} x_i e_i$$

公式(6-58)表明投资组合的收益率包括三部分：定常收入 a_P、因素 F 的价值同敏感系数的乘积以及特殊影响的价值 e_P。这三项都随着组合权数的变动而变化。

同理，也可以得到投资组合的风险构成：

$$\sigma_P^2 = b_P^2 \sigma_F^2 + \sigma^2 e_P \tag{6-59}$$

其中：
$$\sigma^2 e_p = \sum_{i=1}^{n} x_i^2 \sigma_{e_i}^2 ; \quad b_p = \sum_{i=1}^{n} x_i b_i$$

公式(6-59)说明投资组合的风险也由因素风险和非因素风险构成。其中，因素风险部分同组合中的权数和因素方差有关，非因素风险也同组合权数有关。当投资相当分散时，有理由认为非因素风险 $\sigma^2 e_p$ 会降到很小。设投资组合中 n 种证券投资比例相同，用 $\dfrac{1}{n}$ 代替 x_i，则组合非因素风险可写作：

$$\sigma_{e_P}^2 = \sum_{i=1}^{n} \left(\frac{1}{n}\right)^2 \sigma_{e_i}^2 = \frac{1}{n}\left(\frac{\sigma_{e_1}^2 + \sigma_{e_2}^2 + \cdots + \sigma_{e_n}^2}{n}\right) \tag{6-60}$$

公式(6-60)中，括号内是证券组合中的单个证券非因素风险的平均值，当 n 相当大时，随机误差项的方差平均值几乎是定值，所以，组合非因素风险同 n 关系最大；当 n 很大时，$\dfrac{1}{n}$ 会很小，这时证券组合的非因素风险降到很小。

下面介绍一个单指数模型建立的例子。某投资者认为证券收益率受国内生产总值 GDP 增长率影响，他就可以通过历史数据(见表6-3)，用回归分析方法建立反映收益率和 GDP 之间关系的单指数模型：

$$r_t = a + b GDP_t + e_t \tag{6-61}$$

式中：r_t 为证券在 t 期末的收益率；GDP_t 为 t 期的 GDP 增长率；e_t 为随机误差项；a 为常数项；b 为对 GDP 增长率的敏感系数。

表6-3 历 史 数 据

年次	证券收益率(%)	GDP增长率(%)	年次	证券收益率(%)	GDP增长率(%)
1	14.3	5.7	4	15.6	7.0
2	19.2	6.4	5	9.7	5.1
3	23.4	7.9	6	13.0	2.9

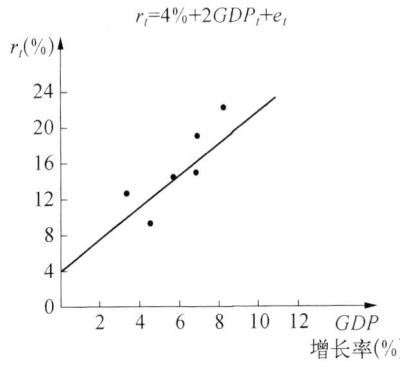

图6-20 图形拟合法求单指数模型

利用表6-3中的数据,用最小二乘法求出证券收益率公式中的系数 a 和 b,也可以通过图形拟合出直线方程,如图6-20所示。

前文介绍的特征线可以看作是单指数模型的一个特例,这时因素 F 为证券市场组合的收益率。第二节中介绍的证券特征线的方程为:

$$r_i - r_f = \alpha_i + (r_M - r_f)\beta_i + e_i$$

上式可以改写成如下形式:

$$r_i = r_f + \alpha_i + (r_M - r_f)\beta_i + e_i = [\alpha_i + r_f(1-\beta_i)] + \beta_i r_M + e_i \quad (6-62)$$

令 $a_i = \alpha_i + r_f(1-\beta_i)$,$F = r_M$,$b_i = \beta_i$ 时,证券特征线方程就和单指数模型的标准形式 $r_i = a_i + b_i F + e_i$ 一致。例如,某证券 i 的 α 系数为 4%,β 系数为 0.8,r_f 是 10%,则该证券的特征线方程为:

$$r_i - 10\% = 4\% + (r_M - 4\%) \times 0.8 + e_{it}$$

改成单指数模型则为:

$$r_i = 6\% + 0.8 r_M + e_i$$

在没有引入指数模型时,用马柯威茨证券选择方法,要计算证券组合 P(由 n 种证券构成)的风险,需要估计各证券的方差及协方差共 $\frac{1}{2}n(n+3)$ 个。但是在单指数模型中,相应只需估计 n 种证券的敏感系数 $b_i (i=1, 2, \cdots, n)$、收益率残差方差 $\sigma_{(ei)}^2$ 和市场证券组合方差 σ_M^2 共 $2n+1$ 个数据,然后根据公式(6-55)、公式(6-56)和公式(6-57)提供的方法算出每种证券的期望收益率、方差和协方差,这样求解的工作量就相应简化了。投资者再根据以上数据,找出最优风险资产组合,再引入无风险资产收益率定出马柯威茨的有效边界,最后综合投资者个人偏好,就可以找到最佳的投资组合。

指数模型虽然不是一种资产定价的均衡模型,但它同均衡的资本资产定价模型存在一定的联系。我们可以把CAPM看成是单一因素 r_M 的指数模型。从公式的形式上看,CAPM方程可以改写为:$\bar{r}_i = (1-\beta_i)r_f + \beta_i \bar{r}_M$,而单指数的期望收益率可以写成这样的形式:$\bar{r}_i = a_i + b_i \bar{F}$。通过比较可以发现,两模型参数之间存在以下关系：$a_i=(1-\beta_i)r_f$，$b_i=\beta_i$ 和 $\overline{F}=\overline{r}_M$。应当指出的是，在学习中不能把一般单因素模型中的 b_i 同 CAPM 中的 β 系数等同，它们各有其定义背景和使用环境，β_i 只是 b_i 中的一个特例，r_M 也只是 F 的一个特例。同样，指数模型中系数 a_i 和前面介绍的 α 系数是截然不同的概念，不能将它们混淆。

三、多指数模型

单指数模型一般只能近似地反映证券间的关联性，要全面反映影响证券收益率的因素，就必须引入多种变量。这些变量有：实际国民生产总值增长率、利率水平、通货膨胀率、失业率、国际收支和政府预算等。引入了多种因素的指数模型就是多指数模型。在多指数模型中，各种因素的变化都会引起证券收益率的变化。多指数模型可由下式表示：

$$r_i = a_i + b_{i1}F_1 + b_{i2}F_2 + \cdots + b_{ik}F_k + e_i \tag{6-63}$$

式中：$F_k(k=1,2,\cdots,n)$ 为影响证券收益率的各种因素价值；$b_{ik}(k=1,2,\cdots,n)$ 为证券 i 收益率对这些因素的敏感系数；e_i 为残余收益率，实际是一种期望值为零的随机误差；a_i 为证券 i 获得的固定收益率。

现实社会中，影响证券收益率的各种因素之间往往也存在着千丝万缕的联系，它们之间的协方差可能不为零。但是，只要作一定的数学处理，就可以剔除因素之间的相互影响，最后可以使公式(6-63)中的各因素之间不再相关。类似单指数模型，也可以假定不同因素间的协方差为零，残余收益率 e_i 同各因素之间的协方差为零，不同的残余收益率 e_m 和 e_n 之间的协方差也为零。

在作了以上假设后，可以求出证券的期望收益率、方差和协方差。证券 i 的期望收益率是：

$$\overline{r}_i = a_i + b_{i1}\overline{F}_1 + b_{i2}\overline{F}_2 + \cdots + b_{in}\overline{F}_n \tag{6-64}$$

公式(6-64)表明，要求出证券 i 的期望收益率，除了要估计参数模型中的 a_i，b_{i1}，b_{i2}，$\cdots$，b_{in} 外，还需要估计出每个因素价值的期望值。证券 i 的方差是：

$$\begin{aligned}\sigma_i^2 &= \mathrm{Var}(a_i + b_{i1}F_1 + b_{i2}F_2 + \cdots + b_{in}F_n + e_i) = \\ &\quad b_{i1}^2\mathrm{Var}(F_1) + b_{i2}^2\mathrm{Var}(F_2) + \cdots + b_{in}^2\mathrm{Var}(F_n) + \mathrm{Var}(e_i) = \\ &\quad b_{i1}^2\sigma_{F_1}^2 + b_{i2}^2\sigma_{F_2}^2 + \cdots + b_{in}^2\sigma_{F_n}^2 + \sigma_{e_i}^2\end{aligned} \tag{6-65}$$

式中：σ_{Fj}^2 为证券第 j 种因素的价值方差；$\sigma_{e_i}^2$ 为残值收益率风险。因为假设各因素之间已没有关联性，所以公式中没有出现不同因素间的协方差项。

证券 i 和证券 j 间的协方差为：

$$\sigma_{ij} = \sum_{k=1}^{n} b_{ik}b_{jk}\sigma_{F_k}^2 \qquad (6-66)$$

两因素模型是多因素模型中最简单的一种,通过两因素模型可以更容易地加深对多指数模型的理解。两因素模型的表达式为:

$$r_i = a_i + b_{i1}F_1 + b_{i2}F_2 + e_i \qquad (6-67)$$

式中:F_1 和 F_2 为影响证券 i 收益率的两个因素价值(比如说 F_1 代表通货膨胀率,F_2 代表 GDP 增长率);b_{i1} 和 b_{i2} 分别为收益率对两种因素价值的敏感系数;a_i 和 e_i 含义与前面所介绍相同。这样两因素模型中证券 i 的期望收益率、方差、证券 i 和证券 j 的协方差分别为:

$$\bar{r}_i = a_i + b_{i1}\bar{F}_1 + b_{i2}\bar{F}_2 \qquad (6-68)$$

$$\sigma_i^2 = b_{i1}^2\sigma_{F_1}^2 + b_{i2}^2\sigma_{F_2}^2 + \sigma^2(e_i) \qquad (6-69)$$

$$\sigma_{ij} = b_{i1}b_{j1}\sigma_{F_1^2} + b_{i2}b_{j2}\sigma_{F_2^2} \qquad (6-70)$$

与单指数模型中介绍过的一样,投资者一旦通过以上各式分别计算出各个证券的期望收益率、方差和协方差以后,就可以进一步推导出马柯威茨定义的有效边界,从而找到最优投资组合。同单指数模型中讨论相似,多指数模型中,分散化会导致组合系统风险平均化,分散化会显著减少组合的非系统风险。当分散程度很高时,证券组合的非系统风险可忽略不计。包含 n 种证券的组合 P,设各因素间的协方差为零,组合收益率是各证券收益率的加权平均,即:

$$r_P = \sum_{i=1}^{n} x_i r_i \qquad (6-71)$$

投资组合的期望收益率为:

$$\begin{aligned}\bar{r}_P &= E\sum_{i=1}^{n}[x_i(a_i + b_{i1}F_1 + b_{i2}F_2 + \cdots + b_{in}F_n + e_i)] = \\ &\sum_{i=1}^{n}x_i a_i + \sum_{i=1}^{n}x_i b_{i1}\bar{F}_1 + \sum_{i=1}^{n}x_i b_{i2}\bar{F}_2 + \cdots + \sum_{i=1}^{n}x_i b_{in}\bar{F}_n + \sum_{i=1}^{n}x_i e_i = \\ &a_P + b_{P_1}\bar{F}_1 + \cdots + b_{P_n}\bar{F}_n + e_P\end{aligned} \qquad (6-72)$$

其中: $a_P = \sum_{i=1}^{n}x_i a_i$; $b_{P_k} = \sum_{i=1}^{n}x_i b_{ik}$; $e_P = \sum_{i=1}^{n}x_i e_i$

以上公式表明,投资组合中,组合收益率是各证券收益率的加权平均,F_n 因素价值的敏感系数是各证券 b 系数的加权平均。相应地,投资组合 P 的方差为:

$$\sigma_P^2 = \mathrm{Var}[\sum_{i=1}^{n}x_i(a_i + b_{i1}F_1 + b_{i2}F_2 + \cdots + b_{ik}F_k + e_i)] =$$

$$\sum_{j=1}^{k} b_{P_j}^2 \sigma_{F_j}^2 + \sigma_{e_P}^2 \qquad (6-73)$$

其中：
$$b_{P_j}^2 = \sum_{i=1}^{n} x_i^2 b_{ij}^2 \quad (j=1, 2, \cdots, k)$$

$$\sigma_{e_P}^2 = \sum_{i=1}^{n} x_i^2 \sigma_{e_i}^2$$

无论是单指数模型还是多指数模型，目的都是为了简化投资分析过程，在不影响精确程度的前提下，尽可能使模型简化。在按单指数模型确定收益率时，如果发现各证券收益率残差间的协方差基本为零，由此而产生的误差超出了允许的范围，则应该修正原单指数模型，引入第二种因素。同样，当引入第二种因素后，仍不能满足误差要求，则应该考虑引入第三种因素，乃至更多的因素。我们面临着复杂多变的环境，各种因素往往交互作用，互相影响，个别因素可能难以达到对现实世界精确的描述。例如，现代计量经济学中往往建立几种、几十种乃至成百上千种因素的大型模型，以求达到对一些复杂的经济现象的准确描述，使理论同现实只有较小的可以忍受的偏离。总之，投资分析的任务之一就是要找到一个描绘经济变量的适当的指数模型，确定有多少种影响因素及分析它们与收益率变化之间的关系。

第四节 套利定价原理

资本资产定价模型是描述证券期望收益率和风险的均衡模型，这一理论尽管比较完备，但却缺乏实证检验的支持。1976年，罗斯提出了套利定价理论（the arbitrage pricing theory，简称 APT），试图克服资本资产定价理论的缺乏实证检验支持的缺陷。

一、套利与市场均衡

套利首先是指利用同一资产（实物资产或证券）在不同市场上存在的价格差异，通过低买高卖赚取利润的过程。例如，投资者发现甲地某债券的价格为100元，而同种债券在乙地的售价却为105元，他就找到了一个套利机会。通过在甲地买进债券到乙地卖出（如果忽略交易成本），他就可以赚取5元的净利润。投资者只要确定这种差价的存在，几乎可以通过套利无风险地赚得5%的利润。即使在同一市场内,也会有套利机会存在。当市场处于不均衡状态,或者某种外因使原来的均衡偏离了,套利机会也就产生了。在证券市场上,存在套利机会的证券和证券组合,其定价是不合理的。大量套利者利用不合理的定价套利就会打破原先的供需格局,使价格发生波动,差价逐渐消失,相应的证券就在均衡价格处获得一种平衡。当某种价格水平使任何套利行为都不存在时,市场就处于一种均衡状态。

在均衡状态下,任何套利行为都中止了,证券和证券组合都居于合理的价位,既没有价格高估,也没有价格低估。套利定价模型就是要说明这个合理的价位是如何形成的。相对 CAPM 模型,套利定价模型没有太多苛刻的假设条件,同实际情况较为吻合。通过分析,我们可明白,实际上,资本资产定价模型可以看作是套利定价理论的一种特殊情形。

二、单因子套利定价模型

套利定价模型,不再局限于资本资产定价模型中对收益率和风险的讨论,而考虑各种因素对收益率的影响,这些因素称之为因子。APT 正是从套利者的角度出发,考察市场不存在无风险套利机会而达到均衡时各证券及证券组合的定价。为便于分析,我们先从单因子模型开始讨论。如果各证券收益率只受一个共同因子 F 的影响,不需要知道这一因子是什么,那么证券 i 的收益率可以表示为:

$$r_i = \bar{r}_i + b_i F + e_i \tag{6-74}$$

式中:r_i 为证券 i 的未来收益率;$\bar{r}_i$ 为证券 i 的期望收益率;F 为对各证券都有影响的共同因子;b_i 为某证券 i 收益率对 F 因子的敏感程度,也叫风险因子;e_i 为期望值为零的随机误差。我们还可以认定共同因子 F 的期望值为零,因为如果期望值不为零,总可以通过适当的数学变换,将非零部分归入到 $\bar{r}_i$ 项中去,从而将其期望值调整到零。e_i 则表示第 i 种证券所特有的只受自身不确定因素影响的项,它同共同因子 F 不相关。总之,公式(4 - 43)中各参数满足以下条件:

$$E(F)=0, \ E(e_i)=0$$
$$\mathrm{cov}(e_i, \ F)=0, \mathrm{cov}(e_i, \ e_j)=0$$

引入 APT 因子模型后,细心的读者会发现其形式上同前面介绍过的指数模型比较相似。单因子套利定价模型和单指数模型以及多指数模型和后面将介绍的多因子套利定价模型,尽管它们形式上相似,但实质上是明显不同的。指数模型不是均衡模型,它反映证券实际收益的产生过程,而套利定价模型本质上是个均衡模型,它讨论当任何套利机会都消失时,市场均衡条件下的证券和证券组合的定价,在 APT 模型中,我们并没有指出共同因子是什么及到底有多少共同因子。

在导出 APT 均衡模型时,罗斯并没有假定风险回避,尤其是没有假定投资者必须按均值方差准则作出投资决策,但是套利者也尽可能创造出收益为正、不确定性小的投资组合。如果投资者能够构造出一种净投资为零的零 β 证券组合,该组合能产生正的报酬,则套利者的套利行为就会取得成功。仍沿用单因子模型。假定收益率产生只受一个因子 F 的影响,套利者对市场上 n 种证券构造一个净零投资的零 β 组合,即满足:

$$\sum_{i=1}^{n} x_i = 0 \qquad (6-75)$$

$$\sum_{i=1}^{n} x_i b_i = 0 \qquad (6-76)$$

式中:x_i 为证券 i 的组合权数,$\sum_{i=1}^{n} x_i b_i = 0$ 为套利组合对因素 F 的敏感性为零,即表明该组合不承担因素风险,对满足公式(6-75)和公式(6-76)条件的证券组合,可以通过卖空收益率低的证券(这些证券组合权数为负),将所得资金买进收益率高的证券(这些证券有正的组合权数),在忽略任何交易成本时,一定可以获得一个正的总体收益,即 $x_1 r_1 + x_2 r_2 + \cdots + x_n r_n > 0$。

为便于理解净零投资的零 β 证券组合,我们来看一个例子。假定市场上有 3 种证券,对共同因子的敏感系数分别为 $b_1 = 1$、$b_2 = 2$ 和 $b_3 = 3$,按照净零投资的零 β 组合的约束条件可以写出:

$$x_1 + x_2 + x_3 = 0$$
$$x_1 + 2x_2 + 3x_3 = 0$$

解以上线性方程组,得到无穷多解 $X = c[1, -2, 1]^T$,c 为任意常数。令 c 为 $-\frac{1}{2}$,则 $x_1 = -\frac{1}{2}$,$x_2 = 1$,$x_3 = -\frac{1}{2}$。以上的计算结果表明,卖空证券 1 和证券 3 各 $\frac{1}{2}$ 单位(比如总资金量为 10 000 元,$\frac{1}{2}$ 单位为 5 000 元),用所得收益全部投资到证券 2 上去,这时,我们就获得了一个净零投资的零 β 的投资组合。

用 x_i 乘以证券 i 的收益率公式(6-74)得:

$$x_i r_i = x_i \bar{r}_i + x_i b_i F + x_i e_i$$

加总所有证券($i = 1, 2, \cdots, n$),可得证券组合的收益率:

$$\sum_{i=1}^{n} x_i r_i = \sum_{i=1}^{n} x_i \bar{r}_i + \sum_{i=1}^{n} x_i b_i F + \sum_{i=1}^{n} x_i e_i$$

所以，

$$R_P = \bar{r}_p + b_p F + e_p \tag{6-77}$$

式中：R_P 为投资组合的收益率；$R_P = \sum_{i=1}^{n} x_i r_i$；$\bar{r}_p$ 为组合收益率的期望值；b_P 为投资组合对因子 F 的敏感系数；e_P 为组合的平均收益偏差，它是组合 P 的非系统收益率。

同指数模型中推导相似，证券组合风险可以划分为共同因子引起的因素风险和其他原因带来的非因素风险两部分。即：

$$\sigma^2(r_p) = \text{Var}[\bar{r}_p + b_p F + e_p] = b_p^2 \sigma_F^2 + \sigma_{(e_p)}^2 \tag{6-78}$$

式中：σ_F^2 为组合对共同因子 F 的方差；$\sigma_{(e_p)}^2$ 为证券组合非因素风险的加权和，即 $\sigma_{e_p}^2 = \sum_{i=1}^{n} x_i^2 \sigma_{(e_i)}^2$。充分分散的投资组合，$\sigma_{(e_p)}^2$ 为零，e_P 也近似为零。这时，投资组合的期望收益率就可以写作：

$$R_P = \bar{r}_p + b_p F \tag{6-79}$$

比较公式(6-79)和证券 i 的一般收益率表达式(6-74)，可以看到单个证券因为随机误差 e_i 的干扰，收益率同共同因子间不存在完全线性关系，但充分分散风险的投资组合的收益率则与共同因子间存在着明显的线性关系。

三、多因子套利定价模型

对证券收益率假定只受一个共同因子的影响，可能过于简单。现实中，证券收益率受众多复杂因素作用往往是更普遍的情形。为此，我们可以对单因子情况作推广，得到多因子模型的一般形式：

$$r_i = \bar{r}_i + b_{i_1} F_1 + b_{i_2} F_2 + \cdots + b_{i_n} F_n + e_i \tag{6-80}$$

在多因子解析式中，双因子方程为最简单的形式，也具有代表性，为表达方便起见，后文多以双因子情况来分析，其表达式为：

$$r_i = \bar{r}_i + b_{i_1} F_1 + b_{i_2} F_2 + e_i \tag{6-81}$$

分析多因子模型时，我们引入"纯因子作用"(pure factor plays)的投资组合。多种因素作用的投资组合中，证券数量和类别足够多，就可能构造一个对一个因素有单位灵敏度、对其他因素只具有零灵敏度，又不存在非因素风险的证券组合。双因子模型中就有：

$$x_1 b_{11} + x_2 b_{21} + \cdots + x_n b_{n1} = 1$$
$$x_1 b_{12} + x_2 b_{22} + \cdots + x_n b_{n2} = 0$$

显然,以上线性方程组中,共同因子数目少于证券数目 n(因为已假定证券足够多),因此 x 有无穷多解,符合纯因子条件的一组证券权数总可以找到。此时,重构后的投资组合对共同因子 F_1 的敏感度为 1,而对共同因子 F_2 的敏感度为零,从而是一个"纯因子"组合。

例如,假定证券 A、B 和证券 C 在双因子套利模型中的因子灵敏度如表 6-4 所示。

表 6-4 因子灵敏度表

证券名称	b_{i1}	b_{i2}	证券名称	b_{i1}	b_{i2}
A	−0.40	1.75	C	0.67	−0.25
B	1.60	−0.75			

如果投资者按组合权数 0.3,0.7 和 0 的比例投资到证券 A、B 和证券 C,则形成的组合对因素 F_1 和 F_2 的灵敏度为 1 和 0,即:

$$b_{P1} = -0.40 \times 0.3 + 1.6 \times 0.7 + 0.67 \times 0 = 1$$
$$b_{P2} = 1.75 \times 0.3 - 0.75 \times 0.7 - 0.25 \times 0 = 0$$

这个新组合就是一个"纯因子 1"的证券组合。

同理,投资者如果以权数 0.675,0 和 0.375 投资证券 A、B 和证券 C,则有:

$$b_{P1} = -0.40 \times 0.625 + 1.60 \times 0 + 0.67 \times 0.375 = 0$$
$$b_{P2} = 1.75 \times 0.625 - 0.75 \times 0 - 0.25 \times 0.375 = 1$$

这样就获得了一个"纯因子 2"的投资组合。

类同单因子模型中的推导,我们可以写出投资组合 P 在双因子模型中的收益率和风险的表达式,具体参数含义可参照前面章节介绍。

$$R_P = \overline{R}_p + b_{p_1} F_1 + b_{p_2} F_2 + e_p \tag{6-82}$$

$$\sigma_P^2 = b_{p_1}^2 \sigma_{F_1}^2 + b_{p_2}^2 \sigma_{F_2}^2 + \sigma_{(e_p)}^2 \tag{6-83}$$

同样,当投资组合 P 中证券数量足够多,非因素风险就可以充分分散,这样非因素风险 $\sigma_{(e_p)}^2$ 就为零,非因素收益率 e_p 也几乎为零,这样,公式(6-82)和公式(6-83)就转为下面两个式子:

$$R_P = \overline{R}_p + b_{p_1} \times F_1 + b_{p_2} \times F_2 \tag{6-84}$$

$$\sigma_p^2 = b_{p_1}^2 \sigma_{F_1}^2 + b_{p_2}^2 \sigma_{F_2}^2 \qquad (6-85)$$

充分分散的证券组合,期望收益率和风险系数之间存在着确定的关系:风险系数 b_P 越大,组合的期望收益率也越大。如果风险系数高的证券组合收益率不高的话,投资者一定会减少对风险系数高的证券的投资,从而使组合风险系数逐渐减小。到均衡状态时,组合收益率和风险因子之间存在着线性关系。

由此推导出多因子的套利定价模型,具体形式如下:

$$\bar{r}_i = r_f + \lambda_1 b_{i1} + \lambda_2 b_{i2} + \cdots + \lambda_m b_{im} \qquad (6-86)$$

式中:$\lambda_i(i=1,2,\cdots,n)$ 为第 i 种因子的价值,它对众多的证券在均衡的状态下是相同的;$b_{ij}(j=1,2,\cdots,n)$ 为证券 i 的收益率的风险因子值,它针对不同的证券,结果可能是不同的。

四、套利定价模型的检验

罗斯建立的 APT 模型是对资本资产定价模型的一个发展。APT 相对于 CAPM 的一个优点是它能够克服 CAPM 不能检验的缺陷。20 世纪 80 年代,罗斯曾用纽约股票交易所 1 200 多种股票对 APT 进行了检验。

在解释证券收益率形成过程中,APT 模型是:

$$\bar{r}_i = r_f + \sum_{j=1}^{n} \lambda_j b_{ij}$$

该式表示均衡状态时,证券期望收益率由无风险收益率和各种因素带来风险收益率之和,但对这些因子 λ_j 代表什么,一共有多少,模型并没有明确要求。对 APT 进行检验,就是检验这个均衡关系的正确性,看均衡收益率是否满足模型中关系式。利用统计学中的因子分析法,可以通过经验数据确定共同因子和各证券对共同因子的敏感度,具体做法可参考有关统计学著作。

一般首先是采集样本数据,通过证券的统计资料求出证券各个时期的收益率,然后通过证券收益率的时间序列数据估计出证券对共同因子的敏感度 b_{ij},接下来利用证券平均收益率及估计的 b_{ij} 值作横截面数据处理,对证券期望收益率和 b 的关系式作估计,从而验证 APT 所描述的证券均衡定价关系。

找出 APT 模型中的共同因子及相关系数,一般采用因子分析法。因子分析法的基本原理如下:首先求出只有一个共同因子作用时,各证券收益率残差的协方差;再引入第二个共同因子,求出各收益率残差之间的协方差,并比较它同只用第一个共同因子计算的各证券残差间协方差下降的幅度,看这种幅度是否达到某种精度要求,如果达到某种精度要求,则用第一个共同因子来描述证券收益率就足够了,如果达不到要求,则引入第三个共同因子,用相同的方法,最终确定达到要求的适量的共同因子,并进而估计出共同因子的敏感系数 b_{ij},完成第一程回归。在第二程回归中,用证券平均收益率和 b_{ij},可以找出收益率和因子间的关系,从而完成对 APT 的检验。

五、套利定价模型 APT 和资本资产定价模型 CAPM 的比较

套利定价模型与资本资产定价模型都是研究资产期望收益率在市场均衡状态下如何决定证券价格问题的。它们之间存在着一定的联系,也有明显的差别。其主要区别在于以下几方面。

(一) 模型的假设条件不同

CAPM 假设条件较多。它假定投资者仅以收益率和标准差(方差)作为分析的基础,并认为证券收益率同市场证券组合的收益率相关。另外,CAPM 还假定市场是有效的,所有投资者有相同的预期,所以最终资产在市场均衡时被合理地定价。APT 只是假定收益产生是个因素模型,它没有要求投资者一定要按收益—风险准则来选择投资方案。APT 只是讨论资产在市场上不存在无风险套利机会时如何定价。甚至 APT 模型对共同因子到底是什么也没有加以明确指定。

(二) 形成均衡状态的机理不同

CAPM 模型中,所有投资者面临不合理的定价时,行为是一致的,都会按相同的方法改变投资策略,调整投资组合,但这种调整仍在原有的有效边界上进行。市场在所有投资者共同作用下最后又重新回到均衡状态。而 APT 模型,并没有强调所有的投资者都改变策略,且行为准则相同,它只是说明面临不合理的定价,只要存在着套利机会,就有套利行为,不管是不是所有的投资者都参与套利过程,市场也会恢复到平衡状态。

虽然 APT 和 CAPM 存在着区别,但当实际情形能同时满足双方的假定条件时,它们之间就会发生密切的关联。

例如,假定影响证券的共同因子只有一个,则 APT 均衡关系式为:

$$\bar{r}_i = r_f + \lambda b_i \tag{6-87}$$

市场证券组合收益率为 r_M,且 $b_M = \beta_M = 1$,所以联系公式(6-87),证券市场组合期望收益可表示为:

$$\bar{r}_M = r_f + \lambda b_M = r_f + \lambda$$

所以，

$$\lambda = \bar{r}_M - r_f$$

把这个关系式代入公式(6-87)则得：

$$\bar{r}_i = r_f + b_i(\bar{r}_M - r_f) \tag{6-88}$$

这同 CAPM 描述的均衡期望收益率式子 $\bar{r}_i = r_f + \beta_i(\bar{r}_M - r_f)$ 刚好一致。

接下来，我们进一步分析多因子 APT 模型和 CAPM 模型之间的联系，下面以两因子为例。证券 i 收益率和市场证券组合收益率的协方差为：

$$\begin{aligned}\operatorname{cov}(r_i, r_M) &= \operatorname{cov}(\bar{r}_i + b_{i1}F_1 + b_{i2}F_2 + e_i, r_M) = \\ &\operatorname{cov}(F_1, r_M) \times b_{i1} + \\ &\operatorname{cov}(F_2, r_M) \times b_{i2} + \operatorname{cov}(e_i, r_M)\end{aligned} \tag{6-89}$$

而 CAPM 模型中，我们定义 β 系数为证券和市场证券组合协方差同市场证券组合方差的比值，即：

$$\beta_i = \frac{\operatorname{cov}(r_i, r_M)}{\sigma_M^2} \tag{6-90}$$

把公式(6-90)反映的关系代入公式(6-86)得：

$$\beta_i = b_{i1}\frac{\operatorname{cov}(F_1, r_M)}{\sigma_M^2} + b_{i2}\frac{\operatorname{cov}(F_2, r_M)}{\sigma_M^2} + \frac{\operatorname{cov}(e_i, r_M)}{\sigma_M^2} \tag{6-91}$$

公式(6-91)中，$\operatorname{cov}(e_i, r_M)$ 数值非常小，可以忽略不计。其他两项都是证券市场组合和因素的协方差同市场证券组合方差的比率，这个比值可以看作是因素 β 系数(factor betas)，即 $\beta_{F_1} = \frac{\operatorname{cov}(F_1, r_M)}{\sigma_M^2}$，$\beta_{F_2} = \frac{\operatorname{cov}(F_2, r_M)}{\sigma_M^2}$。因而，公式(6-91)就可以写成以下形式：

$$\beta_i = \beta_{F_1} \times b_{i1} + \beta_{F_2} \times b_{i2} \tag{6-92}$$

前面我们已经讨论过，满足一些必要的假定后，令 $\alpha_i = 0$，证券 i 的期望收益率与风险系数 β 的关系是：

$$\bar{r}_i = r_f + \beta_i(\bar{r}_M - r_f) \tag{6-93}$$

把 β_i 用公式(6-92)反映的关系代入公式(6-93)得：

$$\begin{aligned}\bar{r}_i &= r_f + (\beta_{F_1} \times b_{i1} + \beta_{F_2} \times b_{i2})(\bar{r}_M - r_f) = \\ &r_f + [(\bar{r}_M - r_f)\beta_{F_1}]b_{i1} + [(\bar{r}_M - r_f)\beta_{F_2}]b_{i2}\end{aligned} \tag{6-94}$$

令 $\lambda_1 = (\bar{r}_M - r_f)\beta_{F1}$，$\lambda_2 = (\bar{r}_M - r_f)\beta_{F2}$，$\lambda_1$ 和 λ_2 表示因素 F_1 和 F_2 的因子价值，则公式(6-94)转化为：

$$\bar{r}_i = r_f + \lambda_1 b_{i1} + \lambda_2 b_{i2} \tag{6-95}$$

实际上，我们又得到了双因子套利定价模型中的标准形式。通过以上单因子 APT 表达式和双因子 APT 表达式的形式和推导，可以看出，CAPM 实际上可以看作是 APT 反映的均衡关系的一个特例。

第五节　行为金融理论

相当长一段时间以来，传统(又称标准的)金融投资理论一直居于主流地位，法默的有效市场理论、马柯威茨的投资组合理论、夏普的资本资产定价理论、罗斯的套利定价模型及期权定价模型等一直被奉为神圣的经典。然而 20 世纪 80 年代后期，许多经济学家发现，传统投资理论无法解释现实生活中的诸多金融现象。于是一些经济学家试图从新的视角作出研究。

这一挑战首先是从传统金融投资理论前提假设开始的，传统金融理论体系的假设条件是：① 所有经济主体的决策及行为都是理性的。② 投资者追求利益最大化，均是风险规避者。③ 所有行为主体的决策信息是相同的，即经济系统中的信息对所有人都是对称的。④ 市场是完全竞争与充分有效的。

针对"信息是对称的"这一不符合实际的假设，阿克洛夫、斯彭斯和斯蒂格利茨 3 位荣获诺贝尔奖金者提出了信息不对称条件下的市场行为决策、证券定价及企业最优资本结构问题。

最大挑战还是来自"行为金融学"的兴起，其核心观点是不同意传统金融投资理论有关"经济行为主体是完全理性"的假设，这一挑战最初是凌乱的，非系统的，直到托维斯基和卡尼曼(2002 年诺贝尔奖得主)提出了不确定条件下的价值选择理论——前景理论才使行为金融学有了突破性的进展。以下对行为金融学的基本思想作一简介。

一、行为金融学的理论基础与研究方法

(一) 行为金融学定义

行为金融学是心理与行为科学在金融学领域的运用，是基于金融学与心理学

的边缘学说。传统意义上的金融学被认为是一种非实验学科,它们依赖于各种假设,并以此假设构成多种数理模型。与传统金融学不同,行为金融学更多是通过人们在投资决策过程中认知、情感、态度等心理特征来解释市场非有效性的。

综上所述,行为金融学是基于心理学实验结果来分析投资者各种心理特征并以此来研究投资者决策行为及其对资产定价产生影响的学科。

(二) 行为金融学的理论基础

与传统金融学不同,行为金融学理论是以以下观点为立论基础的。

1. 投资者并不是完美的理性人

(1) 投资者认知是有局限性的,因为人类还存在理性之外的情绪影响,如过度自信,过度悲观等。实际上,股市中许多时候价格的变化均包含着投资人情绪与感受的变化。

(2) 投资者所能获取的市场信息并不完备,即便可完全获取信息,但因信息收集、消化成本太高,要花费太多精力,这也阻碍了他们的理性决策。

(3) 市场未来变化往往是不确定的,面对这种不确定,狂想、激情、机会主义往往左右着投资人行为,集体的从众行为经常性出现,再理性的人有时也难以抵挡得住这类"诱惑"。

2. 投资者行为目标是多样化的

实际生活中,人的行为目标并不是单一的,即只追求收益最大化,有时基于名声、荣誉的要求更强烈,有时还受到伦理道德观念影响,如此等等。

3. 有效市场假设无法得到实际验证

因为有效市场假设的各种条件并不存在,如所有交易者掌握着同样信息与知识、交易者均为价格接受者、不能操纵市场及市场无限借贷等,因此,其无法得到实际检验。

(三) 行为金融学的研究方法

传统金融学研究中,以观察、实证及建模为主要研究方法,即通过找出各类影响变量,随后构建出一个个数学模型。行为金融学引入了社会学心理学的重要研究方法——实验法,这是一种对所研究对象有意识加以调节,且设定某些条件不变以得到与其他因素之间因果关系的方法。运用实验方法,行为金融学就可解释很多传统金融学难以解释的现象,诸如日历效应、股权溢价之谜、小盘股效应等;运用实验方法,行为金融学发现某些人的决策与理性假设有很大偏差。投资者可能会追求财富以外的其他效用最大化,也可能因认知偏差、情绪偏差而导致其过多依赖经验法则,对信息作出错误的加工,从而无法做到理性预期与理性决策;运用实验方法,使金融学的研究更多注重人类个体与群体心理及行为方式对投资决策及金融资产定价的影响,把人的行为复杂化、人性化及多样化,就使金融学研究能与实证研究互相检验,从而能真实描述出各种市场异象形成的原因,使金融学科的研究更客观、更真实。

总之,金融学需要严密的数学推导与建模的支撑,但如果形成的数学模型与市场实际不符,其价值是值得怀疑的。行为金融学在研究方法上独树一帜,强化了金融理论的适用性。

二、行为金融学的形成与发展

行为金融学是在对传统的主流的金融理论质疑中形成的,因传统金融学无法解释市场出现的诸多金融异象,同时有效市场假设及资本资产定价模型与实证检验不符是行为金融学兴起的契机。

由于行为金融学将大量心理学研究成果运用到金融研究中去,因而要从心理学角度追溯,可追溯很远。但行为金融学只是将心理学作为一种研究工具。只有将心理学与金融研究相结合的起点才可作为其产生的标志。

凯恩斯是最早强调心理预期在投资决策中的作用。他提出的"选美竞赛理论"与"空中楼阁"理论就证明了这一点。

20世纪50年代初,Burrel教授可称为行为金融学最早研究者,其发表的一篇题为《以实验方法进行投资研究的可能性》的论文,开拓了将量化的投资模型与人的行为特征相结合的研究新领域。1969年,Bauman和Burrel发表的《科学投资方法:科学还是幻想》一文进一步强调了数理模型与行为方法研究的结合。1972年,Slovic教授又发表了《人类判断的心理学研究对投资决策的意义》一文。上述研究为行为金融学的形成奠定了基础。

应该指出,行为金融学突破性发展在20世纪70年代末80年代初。1979年,Kahneman和Tversky教授发表了《期望理论:风险状态下的决策分析》的文章及1982年发表的著作《不确定下的判断:启发式与偏差》可视为行为金融研究史上的一个里程碑。1985年,De Bondt和Thaler的《股票市场反应过度了吗?》一文发表拉开了行为金融学迅速发展的序幕。20世纪90年代是行为金融学发展的黄金时期,有关研究论文如潮水般涌现,对传统金融投资理论形成巨大冲击。20世纪后期,行为金融研究也开始以模型说明。如1994年,Shefrim和Statman提出了行为资本资产定价理论,在此后几年,又提出了行为组合理论。

在上述理论的基础上,又有不少专家提出了基于行为金融理论的各种投资策略,如反向投资策略、惯性交易策略等。

尽管,行为金融学研究有了长足的进步,但仍然不尽完美,所提出的模型同样有待实证检验。

三、行为金融学的基本概念

行为金融学由一系列基本概念与理论所构建的。在此,先介绍行为金融学的基本概念。

1. 认知偏差

认知正确必须具有如下条件:① 能获得准确有用信息。② 拥有无限的可加工的信息。事实上,日常生活不具备上述条件。于是人们在认知过程中经常尽力寻找捷径。人类是"认知吝啬鬼",喜欢把复杂问题简单化,如忽略某些信息以减少认知负担,过度使用某些信息而避免寻找更多信息以及接受一个不尽完美的选择。正因为如此就产生了众多认知偏差。认知偏差包括启发式偏差、框定偏差等。

(1) 启发式偏差。即凭借经验作出判断。其具体有代表性启发法、可行性启发法及锚定与调整启发法等。

代表性启发法是指在不确定条件下,人们总关注一个事物与另一个事物的相似性,而不考虑这种事物形成的原因与事件重复的概率,即不顾这种情况出现的随机可能。

可行性启发法是指人们倾向于根据一个事物在知觉与记忆中的可得性程度来评估其出现的相对频率,容易知觉到或回想起的被判定为更常出现。

锚定与调整启发法是指在判断过程中,人们最初得到的信息会产生锚定效应,从而制约人们对事物的估计,人们通常以一个初始值为开端进行估计和调整,以获得解决方案。

(2) 框定偏差。它主要包括"背景依赖"与"框定依赖"。前者指呈现与描述事物的方式会影响人们的判断;后者是指人们判断与决策依赖于所面临决策问题的形式,即尽管问题本质相同但因形式不同而导致人们作出不同的决策。

2. 行为偏差

由于人是有限理性,他们判断决策必然受情绪意志过程各种心理因素的影响,从而形成行为偏差。比较典型的行为偏差有如下几种:

(1) 过度自信。过度自信是人有限理性的必然产物。它是指人们总是过度相信自己的判断能力,高估自己成功的机会,往往把成功归功于自己能力,把失败归功于"运气"与"机会"。比如很多投资者不愿卖出已亏损的股票,因为卖出相当于自己决策失误,伤了自信心。还有初入市的散户频繁交易也属此类。

(2) 过度反应与反应不足。过度反应是指投资者对最近的价格变化赋予较大权重,而对以前信息赋予偏低权重,对近期趋势外推导致与长期平均值不一致。具体表现为,在股市上升时过于乐观,在股市下跌时过于悲观,价格在利空消息出现时下调过度,在利好消息出现时上升过度。

反应不足是指投资者对市场出现的新信息缺乏及时反应。出现反应不足可能是原有趋势变化对投资人印象太深,也因为股票市场私有信息是逐渐反映到股价中去的,信息的传递是渐进的。

(3) 动量效应与反转效应。动量效应是指在短时间内表现好的股票将会持续其好的表现,而表现不好的股票会持续其不好的表现,这可能是股价走势惯性所致。

反转效应是指在一段较长时间内,表现差的股票在其后的一段时间内有强烈的趋势逆转可能,而在给定一段时间内,最佳股票倾向于在其后的时间内出现差的表现。这两种现象产生的根源与反应不足和反应过度有关。短期出现持续走势是反应过度所致,长期出现反转是反应不足所致。

(4) 损失厌恶与后悔厌恶。损失厌恶是指不愿承受短期损失的心理现象,即投资者倾向于把损失比收益看得更重一些。这就可以理解为什么太多投资倾向于短期投机而无法长期持股。有实验证明,当受试验者被要求为他们的养老金计划在股票与固定证券间分配资产时,如果以 30 年中每年给一次回报的形式,他们分配给股票资产平均值为 40%;如果改为 30 年一次的回报形式,则分配给股票的平均值为 90%。

后悔厌恶是指当人们作出错误决策时,对自己的行为感到痛苦。为了避免后悔,人们常作出一些非理性行为。在市场上经常可以看到有人过早卖出盈利股票而过长时间持有损失股票。因为盈利时,投资者面对确定收益与不确定的未来走势,为避免此后下跌带来后悔而及时获利了结;而当出现亏损时,投资者面对确定的亏损和不确定的未来走势,为避免立即兑现亏损而产生后悔,倾向于风险寻求而继续持股。

(5) 心理账户。传统经济理论假设,所有资金都是等价的,即10 000元赌场盈利与10 000元工资是等价的。然而在多数人眼里这两者并不相同。当人们根据资金来源和资金用途对资金进行归类时,就形成"心理账户"。人们在决策时,无意识地将投资决策分为几个不可替代的部分。如一部分是风险低的安全投资,一部分是能使自己更富有的冒险投资。当缺乏全局考虑就会产生非理性行为。这也可理解为什么同一投资者会同时购买彩票与购买保险两种风险与期望收益完全矛盾的资产。

(6) 羊群效应。羊群效应是指投资者在交易过程中相互学习模仿,从而形成一种攀比、追随及迅速传染的现象。这种从众的非理性行为不仅一般投资者具有,连基金经理也不例外。由于这一现象会造成极大定价误差,使套利无法进行,因此最终会引发市场泡沫与泡沫破裂。

四、行为金融学的主要理论

(一)前景理论

传统预期效用理论认为投资者具有理性预期、风险回避和效用最大化三大特点,但其无法解释诸多金融现象。比如,为什么相对于收益,人们更倾向于风险厌恶,而相对高概率损失却寻求风险。此外,人们在不同情况下对得失计算与风险概率评估差异很大。卡尼曼和特维尔斯基就这一问题提出了自己独特的理论。此理论被称为"前景理论"。这一理论撼动了整个传统金融理论的基石,在金融界引起很大反响。以下就前景理论主要思想作一概括性介绍。

心理学论据表明,人们经常不是从总财富角度考虑问题,而是从输赢的角度考虑问题。主观价值的载体是财富变化而非最终状态,这一假设是"前景理论"的核心。以此为基础,Kahneman 和 Tversky 提出了"价值函数"与"权重函数"模型来代替传统和预期效用以及主观概率模型。

价值函数可表达为:

$$V = \sum_{i=1}^{n} \pi(p_i) v(x_i) \tag{6-96}$$

式中:$v(x_i)$为决策者主观感受而形成的价值,即决策者着眼点是参照物的价值变化而不是参照物的绝对值。即人们在决策时判断效用的依据不是最终财富而是自身所处位置及运用特定衡量标准来判断将要进行投资而带来的损益。正由于这一特点使预期不确定、不稳定。$\pi(p_i)$为决策权重,是一种概率评价性的单调增函数。人们在直觉地加工不确定信息时,往往会突破传统模型界定的条件。因为传统预期效用中的概率仅为主观概率,往往与实际不符。实验证明,从不可能到可能,或从可能到确定性变化所产生的作用,大于从可能程度低到可能程度略高同等变化而产生的作用。比如,概率从 0~5% 或 95%~100% 的增值作用似乎大于从 30%~35% 的增值作用。也就是说,决策权重存在"类别边际效应"。更具体地讲,决策权重具有三方面特点:① 对小概率评价较高,对大概率评价值却低于实际概率值。② 各互补概率事件决策权重之和小于确定性的权重。③ 逼近确定性事件边界,属概率评价中突变范围,更会被忽视或被放大。

上述理论有许多实例可说明：其一,如投资收益为正时,效用曲线是凹的;收益为负时,则是凸的。这与传统理论认为效用函数在所有点上均为凹的判断不同。根据这一原理,人们在已亏损时会成为一个风险追求者,而在盈利时会转为风险回避者。其二,人们买彩票时,中彩这一小概率事件却将其权重放大了,即高估了偶然性获利的希望。于是,人们在对待不太可能的盈利时表现出风险追求(如买彩票),在对待不太可能出现的损失时表现出风险厌恶(如买保险)。

前景理论另一个重要思想是行为人决策存在框架效应,即行为选择与行为环境有关。人们在决策时,会受到问题的框架方式影响。也就是说,问题以何种方式呈现,会影响人们对风险的态度。如果行为方案是获取收益,行为人会选择确定性收益,回避风险。然而其他条件相同,如果方案改为规避损失,行为人会选择风险博弈,成为风险偏好者。

(二) 套利限制

套利限制是行为金融学对传统金融学提出的主要质疑。传统金融学构架中的重要支撑部分是有效市场假说(EMH)。有效市场假说认为在市场中,理性的交易者能够正确评估证券的价格。即使还存在很多非理性交易者,他们的行为也不会影响市场的有效性。这是因为非理性交易者的非理性行为会相互抵销,对市场的有效性没有影响。如果非理性交易者的非理性方向是相同的,这时候由于套利的存在,短期内的价格偏离很快也会得到纠正,从而使市场能够恢复有效。但是,行为金融学认为套利的力量不可能不受条件限制,在各种客观条件约束下,套利的存在也不能排除非理性行为的长期并且是实质性的影响,所以有效市场假说很可能无法成立。Shleifer 和 Vishny 把这种现象称为"套利限制"。

实际上,证券市场无法满足有效性,套利限制受到干扰,因为:① 在市场上,非理性交易者的数量过多,理性交易者无力纠偏价格,非理性交易者经常支配市场,价格也就经常远离均衡水平。② 证券市场上,理性交易者能够以更低的成本进行卖空交易,非理性交易者也可以参与卖空交易,交易将更加不均衡。③ 非理性交易者并非不断修正自己观点与了解到资产的真正价值,以此调整自己的行为,纠正自己对市场价格的错误估计。因此,套利限制实际上说明,依靠套利来维持股票和债券价格的完全均衡是难以实现的,有效市场是不存在的。

(三) 行为资产定价模型

行为金融学的诞生是对以往的资本资产定价模型(CAPM)不断质疑密不可分的。行为金融学在自己的学科发展中,一方面通过借鉴心理学、行为学、社会学等其他学科,不断修正和完善传统金融学的基本预设;另一方面也尝试着提出自己的模型。针对资本资产定价模型存在的问题，Shefri 和 Statman 提出了行为资产定价模型（BAPM）。

行为资产定价模型是对现代资本资产定价模型的扩展。与资本资产定价模型不同，行为资产定价模型中的投资者被分为两类：信息交易者和噪声交易者。信息交易者是严格按资本资产定价模型行事的理性交易者，不会出现系统偏差；噪声交易者则不按资本资产定价模型行事，会犯各种认知偏差错误。两类交易者互相影响共同决定资产价格。行为资产定价模型典型地体现了行为金融学的基本概念，即上文所提到的非理性交易者长期性、实质性的存在，它所描述的是理性交易者和非理性交易者互动情况下的资产定价方式。在该模型中，理性交易者即信息交易者，他们遵循 CAPM 模型，是现代主流金融学中预设的具有良好认知、专业技术并且有均值-方差偏好的市场行为者；而非理性交易者则不具备理想状态下的投资者所应有的知识储备和行为方式，他们并不具有均值-方差偏好，往往背离资本资产定价模型行事。因而，与资本资产定价模型不同，行为资产定价模型把决定证券预期回报的 β 系数与行为人的行为相联系，这样，行为资产定价模型中的 β 值与均值-方差有效组合的切线有关，而不是与市场组合有关。可以看出，行为资产定价模型既有限地接受了市场有效性，也秉承了行为金融学所奉行的有限理性原则。

（四）行为组合理论

针对均值-方差方法以及以该方法为基础的投资决策行为分析理论的缺陷，行为组合理论从投资人最优投资决策过程是在心理账户上进行的这一假设出发，以预期财富和财富低于某一水平的概率为基础形成的，以此来研究投资者的最优投资决策行为。

行为资产组合理论是 Hersh Shefrin 和 Meir Statman（2000）以前景理论为基础发展而来的。现代资产组合理论认为，投资者应该把注意力集中在整个组合，最优的组合配置处在均值-方差有效边界上。行为资产组合理论认为现实中的投资者无法做到这一点。在行为组合理论中，投资者可以分为单一心理账户和多个心理账户投资者。单一心理账户投资者关注各资产间的相关系数，他们会将投资组合整合在同一个心理账户里，而多个心理账户投资者将投资组合分散到多个心理账户，忽视资产间的相关系数。行为资产组合认为投资者的投资组合是一种基于对不同资产风险程度的识别和投资目的所形成的金字塔状的投资组合，位于金字塔各层的投资与投资者特定的期望相联系。而且，Hersh Shefrin 和 Meir Statman 发展了一个两层的投资组合模型，每一层代表不同的风险偏好：底层代表为了避免贫穷和破产，规避风险；高层代表为了暴富而追逐风险。

复习思考题

1. 简述证券投资组合的风险分散原理。
2. 试描述无差异曲线的特征和具体形态。
3. 怎样确定有效边界并形成最优投资组合?
4. 简述资本资产定价模型的基本含义。
5. 简述资本市场线和证券市场线的区别。
6. 如何利用 α 系数衡量资产价格的高估与低估?
7. 如何利用指数模型,求出证券组合的期望收益率、方差和协方差?
8. 试对套利定价模型和资本资产定价模型作比较。
9. 简述行为金融学的理论基础。
10. 简述前景理论的基本内容。
11. 简述认知偏差的主要表现形式。

第七章

证券投资策略

第一节 股票投资策略

一、股票投资策略概论

(一) 股票投资策略类型与区别

1. 股票投资策略分为积极型投资策略、消极型投资策略及混合投资策略

股票积极型投资策略是以市场无效理论为基础,认为市场的无效或低效使证券的未来趋势成为可预测的,而且投资者应该充分利用和挖掘这种无效,来获得竞争优势。在市场无效的假设下,每个投资者都面对不同的有效边界,并努力挖掘市场的无效之处,从而获得竞争的优势,并取得超额收益。

股票消极型投资策略以市场有效理论为基础,认为在市场有效的假设下,证券价格服从随机游走理论,没有人能够准确预测市场,也没有人能比市场人更具有优势,投资者不可能战胜市场。因此,投资者只能通过投资组合、分散投资或通过指数化投资来构造市场组合,在不损害收益的情况下有限地降低风险。要想提高收益,就要承担更大的风险,而承担低风险则意味着低收益,获得超额收益是不可能的。

股票混合投资策略是将消极型投资策略与积极型投资策略合并而形成的。

2. 积极型投资策略与消极型投资策略的区别

积极型投资策略与消极型投资策略的区别,主要表现在投资组合的构造、证券交易的频繁程度及投资组合的监测等三个方面。

(1) 从投资组合的构造看:消极投资组合是为了获得市场平均收益,根据一些客观而简单的规则来构建组合,主要是复制指数、跟踪指数;积极投资组合的目的是为了取得高于指数的收益,通过分析判断,确定有利的买卖时机,买入低估或有成长潜力的证券。

(2) 从证券交易的频繁程度看:消极投资策略一般采用程序化的交易方式。而积极投资策略表现为证券交易活动较频繁。

(3) 从投资组合的监测看:消极投资需要复制指数,要不断地监测组合的表现,以确定组合的跟踪误差在允许的范围内;积极投资策略则根据投资对象的市场环境变化来调整投资对象,增加超额收益。

(二) 采用两种投资策略增加投资收益的途径

1. 采用积极型投资策略增加投资收益的途径

(1) 市场时机的把握。积极型投资策略通过对股票市场大势的预测,把握资金进出的时机,努力扩大收益。实际上这种方法与资产配置策略很接近,因为资金从一类资产转移到了另一类资产。消极型股票投资策略则放弃了对时机的把握。

(2) 投资风格的选择。积极型投资策略对着重投资的是小盘股还是大盘股、是公用事业股还是科技股、成长型股还是价值型股等投资类别进行积极主动的选择,从而形成不同的投资风格。

(3) 阶段性集中投资某些行业或某类个股。

(4) 个股选择。积极型投资策略则试图通过"高超"的市场预测能力和"高超"的选股能力去超越其他投资者。

2. 消极型投资策略稳定保持市场平均收益的途径

消极型投资策略主要表现为投资者不去选股,也不去把握市场时机或市场热点。它是一个持有股票并不频繁转手的管理策略,其股票投资组合很分散,最简单的形式是指数基金。

(三) 消极型投资策略与积极型投资策略的结合

20 世纪 80 年代以前,投资者普遍相信市场有选股高手和把握时机高手,相信他们能取得超常的投资收益,因此积极型投资策略一直是主流投资策略。但在 80 年代后期,消极型投资策略越来越受到基金的重视,取得了长足的发展,并由两种基本投资策略派生出混合投资策略。混合管理模式的关键是基金经理有选择地承担风险。基金经理相信在某些领域能够获得额外收益,在另外一些领域,采用投资组合消极管理方式。将收益分类,分析其来源,同时对不同收益相伴的风险进行分析,找出收益与风险之间的关系,并采取不同管理策略。这种分析模型的开发提供了混合投资策略组合管理的工具。

消极型投资策略与积极型投资策略如何更好地结合,应视不同情况而定:

（1）处于效率高的市场，投资者可采用消极策略；处于效率低的市场，投资者可采用积极策略。

（2）投资者在自己擅长的、可控性强的领域采用积极策略，而自己不擅长的、不易有效控制的领域可采用消极策略。

（3）组合管理采取消极策略，个股和不同类别资产的管理采取积极策略。

（4）以积极策略为主的组合管理方式中，不同类别资产采取分散组合的消极管理。

二、积极型投资策略的主要表现形式及运用

积极型投资策略是基金经理人在长期的实践摸索中逐步形成了多样化投资策略，在长期的发展过程中形成了各种投资理论和具体的操作方法。

（一）积极型投资策略的主要表现形式

1. 技术性交易策略

技术性交易策略是指在否定市场弱式有效的前提下的以技术分析为基础的投资策略。

采取这一策略的投资者利用各种技术分析方法，把握市场的长、中、短期趋势低买高卖，其净盈利可能较高，但这需要始终保持高度的警惕性，并持之以恒。

技术性交易策略程序是：① 购入新股票。② 当股价按预期运动并已有既得利益时卖出。③ 当股价未按预期运动时卖出股票，不管该交易代表盈利还是亏损。

技术性交易策略利用波浪理论、技术指标、K 线图等多种分析方法，作为判断市场方向的依据。

在技术图形或指标出现下列情况时，投资者买入股票，建立新头寸：

从头肩底形态突破，从对称三角形突破，从直角三角形突破，从矩形突破，从扩散顶部突破，从楔形形态突破或随着楔形接近其顶点在楔形最后 1/3 段距离时进入新头寸，从双重或多重顶部（底部）突破，继充分的次级或调整运动之后的旗形和三角旗形中可进入新头寸，对支撑或压力的明显穿透，突破缺口出现，继强烈运动后的清晰的岛形出现进入新头寸。

在技术图形或指标出现下列情况时，投资者应卖出股票：

从头肩顶形态突破，从对称三角形反向突破，从矩形反向突破，从楔形形态反向突破，竭尽型缺口或以巨额成交量为特征的单日反转，从旗形或三角旗形反向突破，从任何支撑的明显穿透，反向突破缺口，出现或对基本趋势线的穿透。

上述突破和穿透都需收市在突破区域内。在建立新头寸时需有成交量的要求，且对于矩形、楔形的突破及突破缺口的出现更要格外小心。

2. 价值型与成长型投资策略

价值型与成长型投资策略是指在否定半强式市场前提下的以基本分析为基础的投资策略，如价值型投资策略（低市盈率法和股息贴现模型）、成长型投资策略等。这是基金常常采用的积极型投资策略。

价值投资策略与成长型投资策略运用程序是：

首先，对宏观经济环境进行评价，预测经济发展前景，在此基础上决定资金在市场不同部分之间的分配，如股票、债券及现金等之间的分配，即进行"大类资产配置"。

其次，对行业进行分析、研究之后，决定资金在不同板块和行业之间的分配。

最后，根据价值投资与成长型投资选股原则在每个行业中进行个股选择，确定行业中的股票分布。

3. 行为金融学投资策略

行为金融学投资策略是指结合对弱式与半强式市场的挑战而提出的市场异常投资策略。

大量实证研究表明，金融市场中存在着大量的与有效市场假说相悖的异象。在股票市场上，这些异象包括：股票长期投资的收益率溢价，股票价格的异常波动与股价泡沫，股价对市场信息的过度反应或反应不足等。

行为金融学是金融学和人类行为学相交叉的边缘学科。它确立了市场参与者的心理因素在决策行为以及市场定价中的作用和地位，强调对市场进行心理评价。在市场心理分析的基础上强调对市场价格长期波动的捕捉，更加符合金融市场的实际情况。行为金融学的巨大指导意义在于：可以采取针对非理性市场行为的投资策略来实现投资目标。近年来，在美国的共同基金中已经出现了基于行为金融学理论的证券投资基金。

由于市场中广泛存在的羊群效应，证券价格的过度反应或反应不足将是不可避免的，投资者可利用股市价格走势超强惯性，采取顺势操作策略；投资者可利用逆反心理，采取相反投资策略来进行套利交易。

（二）积极型投资策略的具体运用

1. 顺势操作法

该操作法的资产配置以市场行情为进出依据，当预测市场趋跌时，就减少股票的持有比例而增加债券和现金的持有；当预测市场趋涨时，就增加股票的持仓而相应减少债券和现金的比例。不同的投资者调整的程度不同，有的投资者在看好后市时将资金全部或以较高的比例投入，看跌后市时则将资金全部撤出；有的投资者则将投资于股票的资产限定在一定比例范围内。

分段买高法是顺势操作常用的方法。它指投资者随着某种股票价格的上涨，分段逐步买进该种股票的投资策略。股票价格的波动很快，并且幅度又大，其行情走势对一般投资者来说，要估计绝对准确是很困难的。如果投资者用全部资金一次买进某种估计会上涨的股票，那么当股票价格确实上涨时，就能在市场上出手后赚取较大的利润；但当估计失误时，即股票价格不是上涨，而是下跌时，则要蒙受较大的损失。由于具有较大的风险，所以投资者往往不是一次性将所有资金全部投入市场，而是根据股票价格的实际上涨情况，将资金分段逐步投入市场。这样一旦估计失误，股票价格下跌时，可立即停止投入，以减少损失。因此，分段买高法也是为了减少风险、避免损失而采用的投资方式。

以下举例说明：

某投资者估计某种每股 50 元的股票的价格会上涨，但又怕万一估计失误会造成损失，因而不愿将 30 000 元现金一次全部购入该种股票，而是采用分段买高法投资策略。先用 5 000 元买进第一批 100 股该种股票，等股价上涨到每股 55 元时，买进第二批，再涨到 60 元时，买进第三批……在这个过程中，一旦股票价格出现下跌，他一方面可以立即停止投入，另一方面可以根据获利情况出售已购股票，以补偿或部分补偿价格下跌所带来的损失。若投资者买进第三批后，股票价格出现下跌，这时投资者应停止投入，同时要注意股票价格下跌幅度来决定是否出售已购股票。当股票价格下跌到每股 55 元时，可考虑出售全部股票。这样，第三批股票上的损失可以用第一批股票上的盈利来弥补，保证 30 000 元本金不受损失。当然，投资者也可以根据股票下跌幅度，分批出售股票。

2. 恒定混合法

"恒定混合法"是动态管理组合的一种方式，它保持投资组合中各类资产的恒定比例，通过从高估价资产到低估价资产的再配置而相对改变资产价值。当股票市场价值上涨时，股票在投资组合中的比例上升，投资者就卖出股票并再投资于货币市场；当股票市场下跌时，股票在投资组合中所占的比例将变小，投资者将减少在货币市场的资产，并再投资于股票。

恒定混合法的主要表现是：当市场表现为强烈的上升或下降趋势时，投资者由于在市场向上时卖出股票减少了有较高回报率的资产所占的比例，放弃了利润，而在市场向下时买入股票，增加了损失。但由于市场是周期性波动的，此时恒定混合法仍是适用的。

以下举例说明：

如某投资者有现款 10 000 元，按照固定比例法进行投资。首先他要根据自己的投资目标，为投资组合确定一个比例。假如该比例为保护性部分和风险性部分各占50%。于是,他就得把其中的5 000元投资于股票,另外5 000元投资于债券,符合各占50%的比例的要求。然而,股票价格是波动的,它的上涨和下跌会影响股票的现有价格,从而影响股票投资在组合中的固定比例。因此,要根据股票价格的变化,不断进行修正,使之始终保持既定的比例。假如股票价格上涨,使他购买的股票价格从5 000元上升到6 000元,那么,在投资组合中风险性部分就要大于保护性部分,破坏了原先各占50%的比例规定,这时就要进行修正,将上升的1 000元仍按50%的比例进行分配,即卖出500元股票,并将卖出股票的资金再投资于债券,促使两部分重新恢复到各占50%的固定比例。反过来,假如股票下跌,使他购买的股票从5 000元下降到4 000元,那么就要卖出500元债券,并将卖出债券的资金再投资于股票。总之,投资组合的比例一经确定,就不能变动,只能通过不断修正,保持固定的比例。

固定比例是建立在投资者目标既定的基础上。如果投资者的目标发生变化,那么投资组合的比例也要相应变化。比如其价值增长的欲望加大,投资组合中的风险性部分的比例就要加大;反之,风险性部分的比例就要缩小。

3. 可变比例法

可变比例法是指投资者采用的投资组合的比例,是随股票价格变化而变化的一种投资策略。它的基础是一条股票的预期价格走势线。投资者可根据股票价格在预期价格走势线上的变化,确定股票的买卖,从而使投资组合的比例发生变化。当股票价格高于预期价格,就卖出股票;反之,则买入股票,并相应买卖债券。一般来讲,股票预期价格看涨时,投资组合中的风险性部分比例增大;股票预期价格看跌时,投资组合中的保护性部分比例增大。但无论哪一种情况,两部分的比例都是不断变化着的。

例如,某投资者有现款10 000元,按照可变比例法进行投资。最初按各占50%的比例实施,即5 000元投资于股票,购入某种每股50元的股票100股,5 000元投资于债券。假如股票的预期价格走势线是看涨的,并且预期每月上涨5元。投资者根据股票价格与预期价格差额买入或卖出股票,并相应买卖债券,那么,当股票价格与预期价格一致时(即每月上涨5元),投资组合中的风险性部分的比例在第二个月就会从50%上升到52.4%(即股票额为5 500元与债券5 000元之比),在第三个月又会从52.4%上升到54.5%……当股票价格低于预期价格或高于预期价格时,则可以根据实际差价分配百分比买入或卖出股票,从而也会使投资组合中的风险性部分的比例逐月加大。比如股票价格上涨为每股61元时,较预期价格每股55元高出6元,这6元就是股票价格与预期价格之间的实际差价。如果实际差价的分配百分比仍然为各占50%,那么投资者就要在每股股票中抽出3元(6×50%),总共为300元的股票在市场上卖掉,并买入同额债券。这样,他的投资组合是股票 5 800 元,债券 5 300 元,即风险性部分占 52.25%,保护性部分占 47.75%。这里实际差价的分配百分比可以根据投资者的需要和具体情况而确定。假如股票的预期价格走势是看跌的,那么情况正好相反,投资组合中的风险性部分的比例会逐步减小。

由此可见,可变比例法中的预期价格走势起决定性作用。它的走势方向和走势幅度直接决定了投资组合中的两部分的比例,以及比例的变动幅度。

4. 分段买低法

分段买低法是指投资者随着某种股票价格的下跌,分段逐步买进该种股票的投资策略。按照一般人的心理习惯,股价下跌时,就赶快买进股票,待价格上涨时,再抛出股票赚取盈利。其实问题并不是这么简单。股价下跌是相对的,因为我们一般讲的股票下跌是以现有价格为基数的。如果某种股票的现有价格上升得很高,即使下跌,但不下跌到一定程度,其价格仍然是偏高的。这时有人贸然买入大量股票,很可能会遭到很大损失。因此,在股票价格下跌时购买股票,投资者同样要承担风险。这风险来源于:第一股价可能继续下跌;第二股价即使回升,其回升幅度到底如何是未知的。因此,投资者为减少风险,就不能在股票下跌时,将全部资金一次投入市场,而是根据股价下跌时的具体情况分段逐步买入。

例如,某种每股 50 元的股票,其价格逐步上涨,当上升到每股 60 元时,开始回跌。如跌到 55 元,这时可能继续下跌,也可能重新回升。由于原先上涨幅度较大,使得继续下跌的可能性大于重新回升的可能性。如果投资者在此时将所有资金 20 000 元一次性买入该种股票,那么他很可能会因股价继续下跌遭受较大损失。他只有在股价重新回升,并超过 55 元时,才有获利的可能。如果他采用分段买低法逐步买入该种股票,就能通过出售股票来补偿,或部分补偿遭受的损失,减少风险系数。当股票下跌到每股 55 元时,先买进第一批 100 股,等股价下跌到 50 元时,买进第二批,再跌到 45 元时,买进第三批……这时,如股价重新回升,当上升到 50 元时,投资者就可以用买进第三批股票的收益来抵销买进第一批的损失。如果股价又继续下跌,那么也能减少投资的损失。如果股价重新回升,幅度超过最初的 60 元时,投资者就能获得巨大收益。

分段买低法比较适用于那些市场价格高于其内在价值的股票投资。如果股票的市场价格低于其内在价值,那么投资者,尤其是准备长线投资的人可以一次完成投资,不必分段逐步投入。因为股价一般不可能长期低于其内在价值。这种股票的价格回升的可能性很大,若不及时买进,很可能会失去获利的机会。这也是股票走势预测中基本分析派的主要观点。

5. 相对有利法

相对有利法是指只要一达到投资者预期的获利目标,就立即出手的投资策略。

股价的高低是相对的,不存在绝对的高价与绝对的低价。即:此时是高价,而彼时不一定还是高价;此时是低价,而彼时不一定是低价。所以,在股票投资过程中务必坚持自己的预期目标,即相对有利的标准。因为在股票投资活动中,一般投资者很难达到以最低价格买进,再以最高价格卖出的要求。只要达到了预期获利目标,就应该立即出手,不要太贪心,结果连老本也保不住。至于预期的获利目标则根据具体的各种因素,由投资者预先确定。

例如,某投资者有现金10 000元,买进每股50元的股票100股,如其预期盈利为10%,那么当股价上升到55元时,就该立即出售股票。售出后可得5 500元,净利500元,正好为其本金的10%。如果其确定的预期获利为20%,那么必须等股价上升到每股60元时,才能卖掉股票。显而易见,相对有利法虽然比较稳健,可以防止因股价下跌而带来的损失,但也有两个不足之处:一是股票出手后,如股票价格继续上涨,那么投资者就失去了获取更大利益的机会;二是如果股票价格变化较平稳,长期达不到预期获利目标,那么投资者的资金会被长期搁置而得不到收益。

投资者除了事先确定预期获利目标外,还可相应确定预期损失目标。只要股票价格变化一达到预期损失目标,投资者就立即出手,防止损失进一步扩大。

相对有利法比较适用于短线投资。因为股票价格在短时期内,其波动显得更为剧烈。相对有利法虽然限制了收益的增加,但也有效地防止了损失的扩大。

6. 固定投入法

固定投入法是指能使购买股票的平均成本低于股票的平均价格,从而使同量投资得到较多股票数额的投资策略。这里的关键是股票投资者不要理会股票价格的高低,在一定时期内固定投入一定的资金用于股票购买。这样,经过一段时间后,该投资者就能用同量的投资购买到较多的股票。因为一定时间内的投资额一固定,就会形成在股票价格较低时购买的股票股数就多,而股票价格较高时,购买的股票股数就少的情况。所以,在购买的总股数中,低价股票就会占一定的比例,从而使每股的平均成本低于股票的平均价格。

例如,某投资者每季度固定用1 000元购买某种股票。1年后他所购买的股票情况如表7-1所示。

表7-1 固定投入情况

季　度	投资额(元)	每股价格(元)	能购买的股数(股)
1	1 000	40	25
2	1 000	55	18
3	1 000	50	20
4	1 000	44	22

1年中该种股票每股的平均价格为47.25元,400元资金能买进股票84股,但他采用固定投入法则能使购买股票的平均成本每股为47.06元,能买进股票85股。如果在股票价格最高的二季度时他用1年的总投资额4 000元买进股票,那就只能买到73股,自然比固定投入法获利数要少。当然,如果他在股票价格最低的一季度时投入全部资金4 000元,就能买到100股,则比固定投入法获利数增加。因此,固定投入法是一种比较稳健的投资方法。它对一些不愿冒太大风险,尤其是对一些初次涉入股票市场,不具备股票买卖经验的投资者较为适宜,可使他避免由于股市行情不稳可能给他带来的较大风险,不至于损失过大。

三、消极型投资策略的主要表现形式及运用

消极型股票投资策略是以有效市场理论和现代投资组合理论为指导而建立的一种投资策略。如果投资者认为资本市场在股票定价方面是有效率的,他们就会遵循消极的投资策略,即并不想通过自己的投资策略来战胜市场,试图取得优于市场表现的业绩。

消极型投资策略可以分为简单型和组合型两类策略。

(一) 简单型投资策略

简单型投资策略以买入并长期持有战略为主,一旦确定了投资组合,就不再发生频繁的股票买入或卖出行为。采取买入持有策略的投资者通常忽略市场的短期波动,而着眼于长期投资。因此无论股票市场处于何种态势,遵循买入持有策略的投资人始终处于"满仓"持股状态。这种策略在最大限度地减少了交易成本的同时,也放弃了从市场变动中获利的机会。在简单买入持有策略下,资产组合完全暴露在市场风险之中。有观点认为买入持有策略的风险来自:① 股票市场价格的波动。② 错误的进场时机。

(二) 组合型投资策略

组合型投资策略是通过股票投资组合来拟合基准指数的投资策略。由于指数在有效市场中对每单位风险提供了最高的收益率水平,因此指数化投资在构筑投资组合时,往往使组合中股票权重比例完全复制某一基准市场指数,如标准普尔指数等,以期获得与基准市场指数相同或十分接近的收益。指数化投资者并不试图通过证券的基本分析来区分价值高估或低估的股票,也不预测市场的未来变化趋势,而是首先选取一个指数作为基准指标,然后建立复制性的投资组合来跟踪这一基准指数的业绩表现。

指数化投资的优势在于：它可以最大限度地减少交易，从而几乎完全消除管理费用并降低基金管理成本。从理论上讲，指数化投资可以重复指数的业绩，但由于交易成本和管理成本的存在，指数化投资组合的收益率同基准指数的收益率并不完全一致，有的收益率会稍逊于基准指数，但有的投资者通过优化指数操作取得了超越基准指数的收益率。

指数化投资策略有完全复制策略、分层抽样策略、指数优化策略、指数增强策略等。

完全复制方法具有简单直观、成本低廉、投资系统化、投资纪律严明的优点。但是单纯使用完全复制法进行投资，由于交易成本等因素的影响，年收益率水平将低于基准指数。当市场处于熊市时，完全复制型的开放式指数基金必将面临非常严峻的资产缩水和赎回压力。

分层抽样方法适用于资金规模较小的投资机构，但在风险控制上不能战胜完全复制法，而且跟踪误差较难控制。

指数优化方法是一种决策成本低廉、兼顾跟踪误差的策略，但是优化后个股权重和其在基准指数中的基准权重相差较大，风险收益水平也并不十分理想，需要对相关参数进行估计。

指数增强策略是一种能够与完全复制法形成互补的投资策略。

四、混合型投资策略的表现形式及运用

（一）多层面结合的管理模式

在对买卖股票市场时机、投资风格及个股的选择过程中，每个层面都可以采用积极策略，也可以采用消极策略。

（二）核心-卫星策略

核心投资组合按消极模式来管理，其追随某个市场指数如标准普尔500及国内的上证50指数、沪深300指数等。有了这样一个广泛而分散的核心组合锁定了市场指数的收益和风险后，再对剩余资产进行积极管理，以追求高收益。

核心-卫星策略是在保持风险容忍限度下追求收益最大化，即为控制投资组合的相对风险，投资管理人把一部分资产投资于指数化产品，这部分投资称为"核心投资"。其余资产可以进行主动投资，如分别投资于各类风格的基金或者个别股票，以寻求超额投资回报，这部分投资称为"卫星投资"。

图7-1描绘了一个典型的核心-卫星策略的构成。

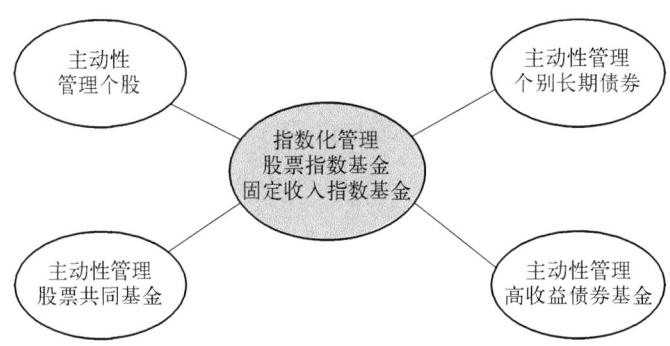

图 7-1 核心-卫星策略构成

与单纯的主动投资策略相比,核心-卫星资产配置可以为投资者带来更好的风险控制效果,更低的成本,更多的附加价值。有关实证研究表明,在投资组合的风险"预算"水平不变的情况下,随着组合中指数化投资资产部分的增加,投资者主动投资部分的可承担风险逐渐减少,核心-卫星资产配置可以帮助投资者控制投资的成本费用。

(三) 积极-补充指数基金

对一部分资产进行积极管理,去超越指数,剩余部分的资产则由"补充指数基金"来管理。一旦对积极管理的资产组建完成后,就找出组合中没有涉及的"漏洞",组合没有覆盖到的那部分市场,按那部分市场修订指数,组建消极管理的"补充指数基金"。

第二节 债券投资策略

一、积极型债券投资策略

积极型债券投资策略是建立在市场低效率及无效率的假设基础上的。它是利用未来利率变动的预测来把握买卖机会,或利用短期内债券价格的高估或低估来捕捉投资品种,以争取超额利润。它并不寻求任何利率风险的免疫。

若要成功运用积极型债券投资策略,就必须具有高超的分析预测能力及优越的信息,否则,很难达到。比如说,某投资者预期未来利率下降,就必须比大多数投资者预先得知信息,并超前购买利率敏感度高的债券(较长期的债券),以获取此后因利率下降而使长期债券价格上涨的收益。

积极型债券投资策略有以下不同的方法。

1. 利率走势预测法

利率走势预测法完全取决于对未来利率的预测而确定投资的投资策略。

当预期未来长期利率将会下降,而短期利率将会上升时,就应立即购买长期债,以获得此后长期债券价格上涨的收益;但对短期债券应采取卖空随后再回补的策略,以获取差价。

利率走势预测法是一种最积极的债券投资策略,风险也最大。如果对未来利率的预测产生错误,则后果是相当严重的,而利率的预测并非易事。

2. 骑乘收益曲线法

这是指用骑乘收益曲线方式进行投资的方法。其必要条件为:在投资期限内,收益率曲线向上倾斜(即长期债券收益率较短期债券高)。

这种方法主要是不购买与自己投资期限匹配的短期债券,如投资3个月就买3个月后到期的债券,而是购买比要求期限稍长的短期债券(如6个月后到期的债券),然后在债券到期前售出,从而获得一定资本溢价收益。这是因为收益率曲线向上,到期期限略长的债券收益率较高。

例如,某投资者有一笔资金,投资期限限定为3个月,他在市场上有以下两种选择:

(1) 购买90天为期的国债。该国债的市场价格是98.25元,面值100元,收益率为7%。

(2) 购买180天为期的联邦公债。该公债的市场价格是96元,面值100元,收益率为8%。

我们假定收益率曲线是向上倾斜的。

若投资者买下90天为期的国债,存放3个月,3个月到期,即年收益率为7.12%$\{[(100-98.25) \div 98.25] \times (360 \div 90)\}$。

若投资者买下180天为期的国债,存放3个月(注意:不是6个月),后卖出年收益率为9.375%$\{[(98.25-96) \div 96] \times (360 \div 90)\}$。

相比较而言,由于投资者采取骑乘收益曲线法,他的实际收益率由7.12%上升到9.375%。但是这种做法有风险。如果收益曲线在3个月内向下倾斜,他就有可能亏本。

3. 信用分析法

信用分析主要是分析债券的拖欠风险水平。市场对评级变化的反应相当迅速,若能在评级机构宣布评级变化之前预测到并买卖债券便可获利。

信用分析对买卖具有高收益高拖欠风险的"垃圾债券"尤为重要。若债券资产管理人员能够成功地利用信用分析法在"垃圾"债券中找到无高拖欠概率的债券,则可以通过投资于高收益债券获得很高投资的回报率。

4. 债券替换法

债券替换法是对两种不同到期报酬率、但其他特征相同的债券进行交换的方法。

假设我们发现下列两种债券：

(1) 10年到期，息票率为6%的高级公司债券，市价1 000元，其到期报酬率为6%。

(2) 10年到期，息票率为6%的高级公司债券，市价898.20元，其到期报酬率为8%。

债券A及债券B具有相同的到期日及债券利率，都属于高级债券，故两者是可相互替代的债券。但因其到期报酬率不同（或市价不同），显示两者的替代交换将有利可图，故我们应出售债券A，同时购入债券B，以获利；因债券B被市场低估，以后其价格将回归至合理的市价。

5. 债券内率差比较法

投资者也可根据债券市场内不同种债券间的率差采取有利的投资策略。比如，高级长期公司债券到期报酬率一般应比政府长期国债高出3.5%。如果在某时期，两者的率差为6%，则投资者将会抛售政府长期国债并购入高级公司债券，促使公司债券上升。能够预先预测这种过度率差的投资者，才能预先购买高级长期公司债，而获得此后价格上涨之收益。

6. 总收益率预测法

投资者可根据对未来利率的预测，得出投资到期年限截止时的债券预期价格，再考虑债券利息再投资的累积收益额，计算出债券的总收益率，由此判断债券的现有价格是否值得投资。

举例如下：

假设有一种15年到期，半年付息一次，票面利率为8%的债券，现市价为1 100元。李先生的投资到期年限为5年。5年到期时，李先生将要售出。

如何计算出该债券的总收益率，由此判断该债券的现有价格是否值得投资呢？

李先生预测前5年的市场利率应可维持7%，但从第五年年底起将会下降至6%。按这种利率预测，在投资到期年限截止时（第五年年底），该债券预期价格应为：

$$p_5 = \sum_{t=1}^{20} \frac{40}{(1.03)^t} + \frac{1\,000}{(1.03)^{20}} = 1\,122.18(元)$$

持有该债券5年的资本溢价等于22.18元(1 122.18－1 100)。

此外，5 年的债券利息再投资所累积的金额应为：

$$\sum_{t=1}^{9} 40(1.035)^t + 40 = 469.27(元)$$

两者合计：　　　　22.18＋469.27＝491.45(元)

投资该债券 5 年的期望总报酬率为：

(491.45÷1 100)×100％＝45％(年期望报酬率为 9％)

二、消极型债券投资策略

消极型债券投资策略是建立在市场有效率的假设基础上的。所运用的各种方法都基于这一基本假定。运用这一投资策略的投资者认为，现行债券价格准确地反映了所有公开可得的信息。因此，相信债券价格都是合理的，预测利率变化是徒劳的，因而，消极型债券投资策略不作投资决策，依此取得超额收益，只要构筑"免疫"资产即可。"免疫"资产是指利率变化对资产收益无任何不利影响的资产。构成了这种资产后，债券管理人员能够相对肯定地满足事先约定的一系列的现金流出。

因投资者投资债券的目的不同，所面临的风险性质也有差异。所以消极型债券投资策略也有多种类型。它主要有现金配对策略、久期免疫策略以及应急免疫策略等。以下对它们略作介绍。

（一）现金配对策略

现金配对策略可以说是最简单且最保守的方法。此策略对未来每一负债项目，以一适当的债券配对，以使债券的未来所得的资金额等于负债项目需支付的资金额，即每时期从债券获得的现金流入与该时期约定的现金流出在量上相一致。由于目前投资的债券现值同债务的现值一起波动，避免了再投资风险与价格波动风险，从而达到免疫目的。

然而，现金配对有很大缺点：为了达到现金配对，不得不将分散投资于许多不同的债券，不能集中投资高利息支付的债券，丧失了可增加总报酬率的投资机会。这也是为消除价格风险及降低再投资风险所必须付出的代价。

另外，现金配对往往不易实现。因为约定的现金流出常常是不规则的一连串支付，对此可能没有相应期限的债券与之配合。实际上，要使现金流入量与现金流出量完全配合，可能很困难且成本也很高。

（二）久期免疫策略

久期免疫法比现金配对法更好，但更复杂。

为使免疫资产的债券的市场价值同将来约定现金流出或预定的期末财富值的现值同幅度变动，这就需要寻找到一种衡量资产价值与将来约定现金流价值对利率变化的敏感指标，而久期就提供了一种最好的衡量指标。

只要使投资的债券的现金流量结构与负债的现金流量结构相同，使投资的债券的久期等于该负债项目的久期，即可达到免疫目的。这一方法称为久期免疫法。

通过久期免疫法，无论未来利率如何变化，均可消除利率非预期变动可能对债券投资组合带来的风险。当未来利率上升时，债券组合价值下降的幅度与负债组合价值的下降幅度相同；而当未来利率下降时，债券组合价值的上升幅度与负债组合价值上升的幅度也相同。故无论未来利率如何变动，债券投资组合的价值（或所累积的资金）至少相等于负债组合的价值。

就单一期限负债项目而言，久期免疫策略运用步骤如下：

第一步：先计算该负债项目（或组合）的现值及久期。

第二步：选择一个债券或债券组合进行投资。选择的债券或债券组合的现金流量结构与负债的现金流量结构必须相同，以确保该债券能累积足够资金偿还负债项目。

选择的债券或债券组合的选择必须符合下列两条件：

（1）该债券或债券组合的市价或加权平均价等于该负债项目的现值。

（2）该债券或债券组合的久期等于该负债项目的久期。

在实务上，要求选出适当的利率免疫债券组合不是一件容易的工作。

第三步：持有债券的久期和约定的现金流出平均期限随时间流逝会有变化，同时，市场收益率也会发生变化，由此，久期也随之发生变化，以致使原债券组合对利率变动不再有免疫能力。这就需要再调整，再免疫，即售出某些现持有的债券，买入其他债券来代替，使债券资产久期与约定的现金流出的久期保持动态一致。

以下用一案例说明在单一期限负债项目情况下久期免疫策略的运用。

一家人寿保险公司卖给客户一个固定回报的金融产品，价格为10 000元，按现行8%的市场利率计算，5年后这家公司需付给客户14 693.28元。这相当于保险公司以10 000元卖给客户一个5年期为14 693.28元的零息债券。对于保险公司而言，这是一笔债务。其久期即为其实际期限5年。为实现对客户的承诺，保险公司需要肯定自己在第五年有足够资金来偿还客户。为此，这家保险公司可以将所得10 000元购买6年期、年息为8%的面值债券。计算后可知，这笔资产的久期恰好为5年。从表7-2、表7-3、表7-4可以看出,实行这种抵免策略之后,无论利率如何变化,保险公司都可以有能力实现自己的承诺。

表7-2 利率保持在8%时投资收益结构变化　　金额单位:元

付息年次	距到期日时间	再投资利息
1	4	$800(1.08)^4 = 1088.39$
2	3	$800(1.08)^3 = 1007.12$
3	2	$800(1.08)^2 = 933.12$
4	1	$800(1.08)^1 = 864$
5	0	$800(1.08)^0 = 800$
累积再投资利息所得		4692.63
出售债券所得		$10800 \div 1.08 = 10000$
合　　计		14692.63

表7-3 利率下降到7%时投资收益结构变化　　金额单位:元

付息年次	距到期日时间	再投资利息
1	4	$800(1.07)^4 = 1048.64$
2	3	$800(1.07)^3 = 980.03$
3	2	$800(1.07)^2 = 915.92$
4	1	$800(1.07)^1 = 856$
5	0	$800(1.07)^0 = 800$
累积再投资利息所得		4600.59
出售债券所得		$10800 \div 1.07 = 10093.46$
合　　计		14694.05

表7-4 利率上升到9%时投资收益结构变化　　金额单位:元

付息年次	距到期日时间	再投资利息
1	4	$800(1.09)^4 = 1129.27$
2	3	$800(1.09)^3 = 1036.02$
3	2	$800(1.09)^2 = 950.48$
4	1	$800(1.09)^1 = 872$
5	0	$800(1.09)^0 = 800$
累积再投资利息所得		4787.77
出售债券所得		$10800 \div 1.09 = 9908.26$
合　　计		14696.03

以上介绍的是单一期限负债项目的久期免疫策略,至于多期债务支出情况下的久期免疫,其免疫原理与单一期限相同,就是根据债务的不同期限及现金支出,要求使投资的债券资产的久期与现金流量结构与其逐个匹配而已,当然这更为复杂,在此不再作介绍。

通过上面的介绍,我们知道,采用现金配对法及利率免疫法都能使投资者锁定某一水准的复利报酬(或复利资金),累积成某一定额的资金,以偿还未来的负债项目。

现金配对法能消除价格风险,但仍然具有再投资风险(虽然它已被降低)。久期免疫法不但能消除价格风险,也能中立再投资风险。但要达到良好的效果,每当利率有所变动时,利率的免疫工作就必须重新调整,这对一般投资者而言,也许是一种繁重的工作。但若有电脑利率免疫程序的辅助,则不是一件繁重的工作。

当然,久期免疫也存在以下的问题:

第一,无法避免违约和提前兑现风险。久期免疫方法是假定债券约定的现金流金额会按时支付,无提前赎回风险,也无拖欠违约风险。但是,若债券组合资产中的某一种债券发生拖欠或者被提前赎回,则这组债券资产就会受到利率变化的影响而无免疫能力。

第二,收益率变动与久期免疫的假定不同。久期免疫的前提是假定收益率期限曲线是水平的或水平移动的。但在实际生活中,收益率曲线在期初不会是水平的,变动也不可能是平行的。实际资料表明,短期证券的收益率比长期证券更易发生变动,由此又使免疫失效。

第三,候选资产。通常有多组债券资产的平均期限符合要求。究竟选哪一组,债券资产管理人员又面临如何选择合适资产的问题。

到目前为止,已介绍了两种免疫方法:现金配对免疫和久期免疫,在实践中,还可以将两者结合起来使用。方法是在债务支出早期部分用现金配对,后期部分用久期免疫,这样,既可以满足早期现金流支出,也可以在后期享有节约成本及发挥久期免疫的灵活性作用。

(三) 应急免疫策略

久期免疫法可消除价格风险及再投资风险,但却失去了增加总报酬率的债券投资机会。为增加债券投资总报酬率,我们可将利率免疫的法则稍微放松,以寻找更有利的债券投资机会。也就是说,只要债券投资组合的价值超过预定的目标价值就应持续采用积极的投资策略,以抓取有利的机会,增加总投资报酬率。比如,若我们有相当的信心认为利率将会下降,则应将资金转投放于长期债券,以获得未来长期债券价格上涨的收益,而不是固守久期免疫只获得固定的报酬率。但当债券组合的价值下降至预定的目标价值时,则马上采取久期免疫策略,这种免疫策略称为应急免疫策略。这一策略不但可控制利率风险,也能增加债券投资的总报酬率。采用这种策略时,要投入比免疫资产更高的本金数额。此外,投资者还必须经常观察债券投资组合价值的变动及市场利率的变动,以决定何时开始进行久期免疫工作。

第三节 证券期货交易策略

证券期货交易具有保值、套利、投机功能。要有效利用这些功能,一方面受制于市场,另一方面也与投资者决策水平及策略选择有关。以下就期货投资策略作些介绍。

一、证券期货套期保值策略

(一)套期保值的含义

套期保值就是用期货标准合约为证券现货交易进行保值。其基本操作方式是按一定比例在期货市场上买进(或卖出)与现货市场的证券数量相同的该证券的期货合约,以期在未来某一时间,能通过在期货市场上卖出(或买进)数量相同的该证券的期货合约带来收益补偿和冲抵现货市场上价格变动所带来的风险,从而以一个市场上的盈利来补偿另一个市场上的损失,使自己的金融资产价值得以稳定。

(二)证券期货套期保值的决策

1. 计算亏损额

首先要计算不进行套期保值即现货投资可能发生的损失额。在这一过程中,要估计所涉及的金额变量或向不利方向变化的概率以及不利变化幅度的概率,由此得出损失概率,在此基础上计算出亏损额。

亏损额的计算公式为:

$$亏损额 = 保值现货价值 \times 损失概率$$
$$损失概率 = 证券价格不利变化方向概率 \times 不利变化幅度概率$$

2. 计算套期保值对应的机会成本

因为期货交易是对未来证券价格走向的一种预测,而影响证券价格的因素十分复杂,且有不确定性,保值有时会比不保值盈利更小或亏损更大,因而我们需计算价格向有利方向变化这一事件发生时的概率,从而确定保值的机会成本。机会成本的计算公式为:

$$机会成本 = 现货价值 \times 盈利概率$$
$$盈利概率 = 价格向有利变化方向概率 \times 变化幅度概率$$

3. 套期保值的费用

这项费用包括进行套期保值所支付的经纪人的佣金,以及缴纳保证金所丧失的利息收入等。

对以上三项进行比较:如果 1>2+3,套期保值有利;如果 1<2+3,套期保值弊大于利。

4. 分析风险规模大小

将风险值同公司资本相比较:如果风险价值同公司资本相对比值较大,应寻找合理的保值方法;如果风险价值同公司资本的相对比值较小,应分析这一风险是否值得保值。

5. 分析基差的大小和现货、期货价格变动的相关性

基差的计算公式为:

$$基差 = 欲保值的资产的现货价格 - 期货合约中的期货价格$$

如果现货、期货价格变动方向一致,有很强的相关性,这时基差大则保值较有效;反之,相关性弱,基差小,则保值有效性大大减弱。

以上 1~3 个因素是进行套期保值决策中的主要因素,4~5 是次要因素。

(三) 证券期货套期保值要点

1. 以证券现货头寸部位,决定拟持有的证券期货头寸部位

根据套期保值者在开立时建立的部位不同,金融期货的套期保值可分为多头套期保值与空头套期保值。多头套期保值指先买进一定数量的某种金融期货合约,在期货合约到期之前再进行相反交易,即卖出相同数量同种类型的期货合约进行冲销。空头套期保值指先卖出一定数量的某种金融期货合约,在该期货合约到期之前,进行相反交易,即买进相同数量同种类型的期货合约进行冲销。按保值基本要求,如果在证券现货上为多头,拟持有期货空头,作空头套期保值;相反,若投资者在现货市场上持有空头,则应选择多头套期保值,这是最基本的套期保值策略。

2. 选择与现货种类及走势比较相同或相近的期货品种

套期保值的基本原理是:在现货与期货两个市场上,以一个市场的盈余来弥

补另一个市场的亏损以达到保值的目的。因此所选的期货品种,从长期看其价格变动趋势必须和已持有的现货价格变动特点比较一致,因此,尽可能以本种证券为标的物,由此才可通过相反交易对冲来达到保值目的。

3. 选择同种期货的不同交割月份的合约

如果投资者开立头寸金额较大,那么最好选择同种类而不同交割月的合约,使他的购买与销售行为分摊在不同交割月的合约上,这可以分散差价风险,避开因大量交易而产生的对自己的不利价格。

4. 确立期货合约的数量(保值比率)

由于期货合约标的物和被保值的金融证券之间存在着到期日、信誉及其他差别,当利率变动时,很难保证期货收益刚好抵销现货损失,因此正确计算保值期货合约数量,即最佳套期保值比率是一个重要的策略。以下分别介绍两种方法。

(1) 最佳比例法。

设定:ΔS:在保值期间内现货价格的变化;

ΔF:在保值期间内期货价格的变化;

σ_S:ΔS 的标准差;

σ_F:ΔF 的标准差;

ρ:ΔS 与 ΔF 的相关系数;

h:套头比例。

如果是多头保值,现货、期货净部位价值为 $h\Delta F - \Delta S$,空头保值为 $\Delta S - h\Delta F$。在上述两种情况下,净部位价值变化的方差 g 等于:

$$g = \sigma_S^2 + h^2 \sigma_F^2 - 2h\rho\sigma_S\sigma_F$$

同时对两边求导:

$$\frac{dg}{dh} = 2h\sigma_F^2 - 2\rho\sigma_S\sigma_F$$

求极小值:

$$h = \rho \frac{\sigma_S}{\sigma_F}$$

由此可见,h(最佳套值比例)的确定要考虑期货、现货两个部位的各自价格变化的方差以及期货价格与现货价格变化的相关性两个因素。

若 $\rho=0.9, \sigma_S=0.64, \sigma_F=0.8, \dfrac{\sigma_S}{\sigma_F}=\dfrac{0.64}{0.8}=0.8$,那么,

最佳套头比例:

$$h = 0.9 \times 0.8 = 0.72$$

(2) 系数法。

$$套期保值所需合约数 = \frac{现货部位的面值}{期货部位的面值} \times 到期日调整系数 \times 加权系数$$

$$到期日调整系数 = \frac{套期保值对象的到期日(天数)}{期货合约标的物的到期日(天数)}$$

比如,某投资者以 90 天期的国库券期货合约对所持有的 180 天期的现券进行套期保值,当利率变动 1 个基本点时,面值为 100 万美元的 90 天期国库券期货合约的价值增减 25 美元,而面值同样为 100 万美元的 180 天期现券的价值将增减 50 美元(1 000 000×0.01‰×180÷360)。因此,该投资者必须用两张 90 天期的国库券期货合约才能对其持有的面值为 100 万美元的 180 天期的现券实行套期保值。

加权系数的作用是对套期保值对象与套期保值工具的不同的价格敏感性作出调整,以尽可能提高保值的效率。在金融期货的套期保值中,尤其在利率期货的套期保值中,有很多模型,如存续期模型、回归模型、基本点模型等,可参阅相关的书籍。

5. 套期保值对冲时机的选择

一般来说,投资者在对冲作相反交易时,最好定在交割期开始前的几周内寻找机会进行。因为在交割期的前几天,有未清头寸的交易者都在努力避免交割或转移到交割期较迟的期货合约上去,因此,交易量猛增,这时期货价常常被高估或低估。

(四) 套期保值类型

1. 利率期货套期保值实例

(1) 多头套期保值。为了减少利率波动带来的损失,投资者常常借助于期货市场。当预计利率将下调,证券价格随之上涨时,买入期货合约套期保值会产生利润,以此可补偿现货市场可能遭受的损失。这种方法称为多头套期保值。

例如,一家投资机构预计 3 个月后有一笔 100 万美元的收入进账,届时准备购买 1 年期的国债。然而目前市场利率已近高峰,估计此后会下跌,而利率下跌必然导致国债价格回升,从而会使未来购买成本增加。为弥补这一损失,该机构决定买入 11 月到期的债券期货合约对未来这笔资产进行套期保值。具体交易过程如表 7-5 所示。

由于期货市场获利,所以补偿了一部分现货市场上损失。

表7-5　利率期货多头套期保值

现　货　市　场	期　货　市　场
3月份：预计到6月份可收到100万美元，当时国债现货价为87.78万美元，一份国债面值为100万美元，实际购买成本为87.78万美元	3月份：买入10张6月份到期交割的面值为10万美元的国债期货合约，合约价格为87.74万美元。 实际买入价=87.74×10×10=87.74(万美元)
6月份：收到100万美元，这时，国债现货价为92.14万美元，实际成本上升到92.14万美元一份	6月份：卖出10张6月份到期的同种国债期货合约，价格上升到90.25万美元。 实际卖出价=90.25×10×10=90.25(万美元)
亏损：4.36万美元(92.14−87.78)	盈利：2.51万美元(90.25−87.74)

（2）空头套期保值实例。某公司3月份买入一份面值为100万美元的长期国债，考虑长期国债价格受市场利率影响较大，一旦利率上升，债券价格必然要跌，如资金在12月份要抽出来购买原料，就将受损，于是，决定卖出长期债券期货合约进行保值。交易过程如表7-6所示。

表7-6　利率期货空头套期保值

现　货　市　场	期　货　市　场
3月份：买入面值100万美元，息票利率为7.25%，于2016年5月到期的长期国债，价格为 $88\frac{1}{32}$	卖出10份12月长期国债期货合约，面值10万美元，价格为 $92\frac{5}{32}$
12月份：卖出所持债券，价格为 $82\frac{9}{32}$	买入10份12月长期国债期货合约，面值10万美元，价格为 $89\frac{19}{32}$
亏损：51 700美元 $\left[\left(82\frac{9}{32}-88\frac{1}{32}\right)\times100\right]$	盈利：25 625美元 $\left[\left(92\frac{5}{32}-89\frac{19}{32}\right)\times10\times10\right]$

同样，期货市场获利，弥补了现货市场部分损失。

2. 股票指数期货套期保值实例

1982年2月，美国堪萨斯市期货交易所首次推出股票指数期货，它是以股票市场上的价格指数作为其交易的标的物，一般指数期货都采用指数乘以交易单位来表示。例如,香港恒生指数期货合约的价值为恒生指数(以整数计)乘以 50 港元。若恒指为 7000 点,则每张指数合约价值为 35 万港元。因为指数期货没有相应的现货市场,因此交易所采取在合约到期时以现金付款方法结算的程序,即合约到期时,按每张未平仓合约的成交指数与现实指数差额乘以交易单位,来计算买卖双方盈利或亏损数目。

(1) 空头套期保值实例。某投资者在某年 9 月 3 日拥有价值为 1 510 万港元的股票组合,他预期股市可能会下跌。但由于某种原因不能抛售所持股票,于是他卖出指数期货进行保值。交易过程如表 7-7 所示。

表 7-7 股票指数期货多头套期保值

现 货 市 场	期 货 市 场
9 月 3 日:持有股票市价 1 510 万港元	9 月 3 日:以 3800 点的价格卖出 100 张 9 月份合约
9 月 20 日:股市下跌,股票价格下跌至 1 410 万港元	9 月 20 日:以 3500 点的价格买入 100 张 9 月份合约对冲
盈亏:100 万港元	收益:150 万港元[(3800-3500)×50×100]

该投资者通过卖空保值避免了股市下跌的损失。当然,股市发生相反的情形,即股市上升时,投资者也不能因股价上升而得益。

(2) 多头套期保值实例。当该投资者持有股票空头部位,或者他打算在将来购买股票,如预期股市可能上涨,可以通过买入指数期货进行成本的分担。

假设一位投资者,在未来某日(5 月 20 日)会收到一笔馈赠,价值为 30 万港元,决定投资于股票市场。他预期股市到时会上升,为降低购买股票的成本,决定在 5 月 8 日以 4000 点的价格购买指数期货。如表 7-8 所示。

表 7-8 股票指数期货空头套期保值

现 货 市 场	期 货 市 场
5 月 8 日:投资者得知数日后得 30 万港元馈赠	以 4000 点的价格购入 10 张 3 月份合约
5 月 20 日:股市上升,原 30 万港元的股票升值为 33 万港元	以 4150 点的价值卖出 10 张 3 月份合约
亏损:3 万港元	盈利:7.5万港元[(4150-4000)×50×10]

这个例子说明,投资者通过指数期货市场不仅弥补了市场的亏损,而且还有盈余,实现了保值和增值。

二、证券期货投机策略

（一）期货投机定义

所谓投机，是指人们根据自己对金融期货市场的价格变动趋势的预测，通过看涨时买进、看跌时卖出而获取利润的交易。

（二）期货投机的决策

作出投机决策，首先要做好如下准备：① 收集各种有关信息并分析信息的可信度及对自己操作的有效性。② 预测投机金融产品的市场价格趋势，为投机买卖提供决策依据。

做了上述准备后，首先确定是否投机，是否投机取决于如下条件：① 有没有承担风险的心理准备，承担的风险是否在你容忍范围内。② 投机者是否输得起，所使用的资金是否是自己所有的资产。③ 进行交易前，是否已经对风险与收益作出预测，可能获得的收益是否比风险足够大（如收益大于风险3倍以上）。④ 万一出现操作失误，有没有果断的态度及有效的处置办法。

如果投机者赢得起而输不起，且又没有对风险与收益作出足够评估，同时失手后无应付对策，那最好不要投机。

如果投机者想投机，则应作以下决策：① 确定投机目标，在多长时间内争取多少利润。目标制定必须切合实际，即与自己的分析能力、心态、资金相匹配。② 形成资金管理有效方法。有效资金管理虽然不能使错误的操作产生盈利，但能有效降低亏本数量。资金管理关键是权衡风险与收益及已用的资本与潜在可动用资本之间的关系。在风险产生时有一个停损准备，留有一定量的资金便于抓住新的机会或弥补已用资金的损失。③ 具体操作则首先确定做空还是做多。其次是利用时间差，还是利用空间差作投机；是利用现货与期货价差作投机，还是利用可替代的金融商品和转换性金融商品的差价作投机。④ 投机者个人偏好、心理素质对投机决策及资金管理方针能否正确执行至关重要，这一点必须高度重视。

（三）期货投机策略

1. 头寸交易策略

头寸交易是一种常见的投机方法，主要是利用价格波动，低买高卖赚取时间价差。头寸交易又分为日交易法、顺流交易法、逆流交易法。

（1）日交易法：指在开盘后入市、收盘前结清头寸的交易方法。日交易者只注意当天行情的波动趋势,抓住瞬间的机会买进卖出以求获利。日交易法由于不持头寸过夜,风险相应下降;但缺点是频繁交易带来的较高的交易费用。这种方法只适合于职业投机者。

(2) 顺流交易法:指市场大势上升时就做多头,而大势向下时就做空头。一般来说,如果交易者看准了走势,则顺流交易法可以取得丰厚的利润。运用顺流交易法要能及时地发现趋势,如果没有及时发现趋势,而在某一趋势的末尾再采用顺流操作法,则可能不仅不获利,反而会有很大的亏损。目前大部分投资者都是根据快速移动平均线(对趋势反应快)所给出的买卖信号来进行顺势作单。一般来说,这一方法较适合于非专业人员。

(3) 逆流交易法:指当价格涨到某一设定的价位时就卖出,而当价格跌至某一设定的价位时买进。专业的短线交易的投机者常常偏好这一方法。一般来说,价格的上涨或下跌都是暂时的,有涨必有跌,有跌就有涨,因而可在高价位卖出,在低价位买进,这种做法适合于专业高手。在市况为盘整时,将会有较丰厚的收益。

如何控制亏损是这一方法的关键,有两种措施:一是紧守着不平仓以待成功,但也有可能估计失误,损失更惨重;二是用到价单止跌平仓,但也会由于价位设置不当而降低获利的百分比。总之,这一交易方法要求有相当高的操作技巧和正确的判断力,较难掌握。

2. 套利交易

套利交易是指同时买进或卖出(两张)不同种类的期货合约,利用不同月份、不同市场、不同商品之间的差价进行期货合同交易来谋取利润。交易者所关心的是合约之间的相对价格,而不是绝对价格。套利交易的方法有跨期图利交易、跨商品图利交易、跨市场图利交易。

(1) 跨期图利交易,又称同类商品套利交易,是指在买进某一交割月份商品期货合约的同时,卖出另一交割月份的同类商品期货合约。根据交易者操作手法的不同套利方法又可分为买空套利和卖空套利。前者是指投机者买进近期交割月份合约,同时卖出远期交割月份合约,它适用于对市场行情看涨,希望近期合约的价格上涨幅度会大于远期合约的价格上涨幅度,到时再卖出近期期货合约,同时买进远期合约,以获取差价。而卖空套利则与之相反。

(2) 跨商品图利交易。跨商品图利交易指的是在买进某一交割月份的某一金融证券期货合约的同时,卖出另一相同交割月份但品种不同的却相互关联的期货合约。这种交易方法一般适用于具有强的正相关关系的不同种类的金融期货合约。相互关系较为密切的金融商品之间价格及其变动也具有强的正相关性,它们的价格往往是同向的,甚至是同步的。当它们的价格暂时被扭曲时,即可利用这两种金融期货合约作价差交易,在价格关系恢复到正常后,再以相反交易对冲获取价差利润。

(3) 跨市场图利交易。跨市场图利交易指的是在某个交易所卖出某一交割月份的期货合约,在另一交易所买进同种标的物的同一交割月份的期货合约,待两市场价格关系恢复正常时再将买卖合约分别对冲平仓,获差价利润。

以同一种金融产品作为标的物的金融期货合约往往存在于不同的金融期货市场。例如,欧洲美元期货合约某月在伦敦市场上比在新加坡市场上高出 6 个基本点,投资者可在价格高的市场上做空,在价格低的市场上做多,由于一价定律,两个市场价格趋于一致,投资者作相反交易对冲,就可赚取差价。

(四) 期货投机套利实例

1. 利率期货投机套利实例

某年 8 月欧洲美元定期存款期货行情如表 7-9 所示。

表 7-9 某年 8 月欧洲美元定期存款期货行情表

交易所 合约月份	SIMEX	CBOT	价　差
9	87.48	87.46	2 个基本点
12	87.50	87.45	5 个基本点

由于 12 月份交割的欧洲美元定期存款期货合约,在 CBOT 的价格比在 SIMEX 的价格低 5 个基本点,于是投资者纷纷在 CBOT 买入,在 SIMEX 卖出,这种套利行为使 CBOT 市场 12 月份的合约需求增加,价格上升,而使 SIMEX 的供给增加,价格下降。两市价差被缩小,这时投机者通过对冲可在两个市场同时获利。

2. 股票指数期货投机套利实例

某年 7 月,某投机者预期恒生指数未来会上涨,于是,他做恒生指数的买卖套利交易,购买 2 份 8 月合约,并卖出 2 份 10 月的合约,7 月 27 日股市受利好消息刺激,大幅上涨,这时他对冲获差价利润。如表 7-10 所示。

表 7-10 利率期货投机套利

	8 月份合约	10 月份合约	价　差
7 月 7 日	购买 8 月份合约 20 张价格为 6500 点	卖出 10 月份合约 20 张价格为 6530 点	−30
7 月 27 日	卖出 8 月份合约 20 张价格为 6530 点	买入 10 月份合约 20 张价格为 6540 点	−10
结　果	盈利:30 点(6530−6500)	损失:−10 点(6530−6540)	20

该投机者由于准确预测了恒生指数的走势共获利：

$$20 \times 50 \times 20 = 2(万港元)$$

第四节 证券期权交易策略

一、单一期权交易策略

(一) 买入看涨期权交易策略

由于看涨期权赋予买方以既定的履约价格购买相关证券的权利，因此当投机者预期基础证券的价格会上涨，且足以弥补其所支付的期权费时，他即可采用此策略。后基础证券价格上涨，该投资者有两种获利方式：一是行权获取标的证券，随后再卖出；二是因为基础证券价格上涨时，其看涨期权的期权费亦将上涨，因而投资者也可通过转让期权合约而获利。就收益而言，转让期权收益往往比执行期权所获得的收益更高。

(二) 买入看跌期权交易策略

看跌期权赋予买方以既定的履约价格卖出相关证券的权利，因此当投机者预测基础证券的价格会下跌时，且会超过其所支付的期权费用时，他可采取此策略。盈利途径与上一策略相反。

(三) 卖出看涨期权交易策略

对于看涨期权的卖出方来说，当他预测基础证券价格的上涨幅度不会高于他因卖出期权所获取的期权费用时，他即可采取此策略。

(四) 卖出看跌期权策略

交易者预计期权基础证券的价格波动幅度较小，即略有下跌的情况，也就是卖出期权所获的期权费大于基础证券价格下跌所可能造成的损失时，即可采取此种策略。

二、期权组合交易策略

除了用单一的买入和卖出期权交易策略外，为了投机的目的常常将单一的期权形式进行组合，将不同形式的期权组合运用的交易策略，就称为期权组合交易策略，一般属投机性的价差套利范围。

期权组合交易策略有以下几种选择。

(一) 牛市看涨买卖期权

它是指投机者在购买 1 张看涨期权的同时,再卖出 1 张具有较低履约价格、到期日相同的看跌期权。这一策略往往是投机者对行情看涨,其看跌期权被执行的可能性相对较小,因而同时卖出看跌期权以获取期权费。

(二) 熊市看跌买卖期权策略

它是指投机者在购买 1 张看跌期权的同时,再卖出 1 张具有较高履约价格、到期日相同的看涨期权。这一策略往往是投机者对行情看跌,其看涨期权被执行的可能性相对较小,因而同时卖出看涨期权以获取期权费。

(三) 蝶状价差期权策略

这一策略的期权交易,一般由投机者买进两个期权和卖出两个期权所组成,这些期权到期日相同,而履约价格不同。根据具体的交易方式,又可分为多头蝶状价差与空头蝶状价差。

以下以多头蝶状为例作一分析:

多头蝶状价差适用于预期市场价格相对平稳的场合,是指投机者买进一个协定价格较低的看涨期权和一个协定价格较高的看涨期权,同时卖出两个协定价格介于上述两个协定价格之间的看涨期权。例如,某投资者于 2005 年 12 月以 2006 年 3 月份到期的 3 个月期欧洲美元定期存款期货的看涨期权,建立如下多头蝶状价差部位,其过程可分解如下:

(1) 买进一个协定价格为 91.25 的期权。
(2) 卖出一个协定价格为 92.00 的期权。
(3) 卖出一个协定价格为 92.00 的期权。
(4) 买进一个协定价格为 92.25 的期权。

(1)与(2)的组合可形成一个牛市价差部位(即买进协定价格较低的期权,卖出协定价格较高的期权),而(3)与(4)的组合可形成一个熊市价差部位(即买进协定价格较高的期权,卖出协定价格较低的期权)。这一蝶状价差部位,其最大利润和最大损失将不是这两个价差部位之最大利润和最大损失的简单加总。这一策略一般具有有限风险有限收益的特征。而空头蝶状价差适用于投资者预期市场价格将有较大的变动但又无法确定变动方向的场合,其操作可分成 4 个单一部位,情况与多头蝶状价差相反,在此不再论述。

除了以上牛市看涨买卖期权、熊市看跌买卖期权及蝶状差价期权的交易策略外,人们还可以利用不同日期期权合约而获利,这称为水平套利;同时,投机者又可购买相同履约价格的看涨期权和看跌期权形成套利组合。在市场价格变化活跃、投机者不能把握的情况下,后一策略常被使用。

三、期权保值与投机交易实例

(一) 利率期权套期保值实例

某投资者在未来将有一笔收入 10 万美元,准备投资政府债券,然而担心在其购买债券之前,市场利率可能会下跌,并导致债券价格上涨,于是决定买进看涨期权,以期保值。过程如表 7-11 所示。

表 7-11 买入利率看涨期权套期保值

现 货 市 场	期 权 市 场
1 月份:债券价格为 85 点	买进 1 张 3 月到期执行价格为 86 点的看涨期权,期权价格为 1 500 美元(成本)
2 月份:债券价格上升到 95 点	卖出 1 张 3 月到期的看涨期权,获利 10 200 美元
亏损:1.176 万美元[10×(85−95)÷85]	盈利:8 700 美元(10 200−1 500)

通过买进看涨期权,在此交易中纯获利 8 700 美元,用这笔利润最大限度地弥补了现货市场利率波动带来的损失,起到了对基础证券保值的作用。

(二) 股票期权套期保值实例

某股票目前的市场价格为 43 美元,投资者预计在以后的 3 个月内,该股票会下跌,由于某种原因,该投资者无法将手中所有的 200 股股票售出,因而决定购买看跌期权进行保值。过程如表 7-12 所示。

表 7-12 买入利率看跌期权套期保值

现 货 市 场	期 权 市 场
1 月份:(1) 持有 200 股,每股价格为 43 美元	1 月份:购入 3 个月的看跌期权,履约价格为每股 42 美元,期权价格为 300 美元(成本)
4 月份:(2) 每股价格跌至 33 美元	4 月份:执行期权
亏损:2 000 美元[(43−33)×200]	盈利:1 500 美元[(42−33)×200−300]

投资者通过购买看跌期权，用期权交易中所获利润补偿了股票市场价格下跌所造成的大部分损失，最大限度地对基础资产进行了保值。

(三) 利率期权投机实例

期权交易者如果卖出自己并不拥有的金融资产的看涨期权就是在做投机交易。举利率期权投机实例如下：

某年3月初某投机者预测未来的几个月中，利率可能上调导致政府债券价格下跌，于是卖出看涨期权，以期将来债券价格下跌，合约购买者弃权而赚取期权手续费。过程如下：

3月初，卖出一份6月份到期、协定价格为86点的长期国债期货期权合约，收取期权费2 000美元。

6月份，该种国债价格下跌为84点，因无利可图，合约购买者放弃行使权。结果：投机者得2 000美元的投机收益。

(四) 股票期权投机实例

某投机者预测C股票由于经营失误可能导致股价下跌，于是卖出C股票的看涨期权。如果未来时日C股票下跌，期权买入者放弃期权的行使，该投资者即可得到相当于期权费的投机收入；如果预测失误，C股票上涨，期权合约被执行需以较高价格买入，其投机收入可能会少于其所得期权费，甚至亏损。以下举例说明：

卖出一份2 000股C公司股票的3个月看涨期权，协议价为40元，每股期权费5元。3个月后，C股票价格变动可有如下几种情况：

预测正确：C股票跌到38元1股，期权合约未被执行，得投机收益10 000元(2 000×5)。

预测失误：C股票涨到45元1股，期权合约执行，以45元1股买入2 000股，盈亏相抵为0[(45−40)×2 000股−2 000×5]。

预测失误：C股票涨至46元1股，合约被执行，损失1 000元[(46−40)×2 000股−2 000×5]。

复 习 思 考 题

1. 简述消极型股票投资策略与积极型股票投资策略的区别。
2. 积极型股票投资策略有哪些表现形式？
3. 消极型股票投资策略有哪些表现形式？

4. 什么是核心-卫星投资策略?
5. 积极型债券投资有哪些方法?
6. 消极型债券投资有哪些方法?
7. 简述久期免疫策略的基本步骤,并举例说明。
8. 如何作出证券期货保值决策?
9. 证券期货保值策略有哪些?试举例说明。
10. 证券期货投机策略有哪些?试举例说明。
11. 证券期权交易策略有哪些?
12. 举例说明期权交易的保值、投机功能。

第 八 章

证券投资管理

证券投资过程中任一环节都离不开有效管理。从资料收集加工到投资决策的形成,从投资对象数量与结构的变更到原有投资目标投资策略的调整,以及投资运作中每一环节的风险控制都需要管理。证券投资管理涉及诸多问题,本章仅就证券投资决策管理、证券投资组合管理及证券投资风险管理三个方面作些介绍。

证券投资决策管理是整个管理的基础。决策不慎,全盘皆输。证券投资组合管理则是根据情况变化对组合的证券进行不断调整,而风险管理则构成整个管理过程的核心。有效规避风险是争取收益的前提,无法有效控制风险的投资行为必将带来严重后果,甚至会使已获得的收益也付诸东流。

第一节 证券投资决策管理

一、证券投资决策管理的意义

为使投资获得收益,并最大限度地规避风险,决策管理是最基础的一环。

证券投资包括投资目标确立、投资对象的分析、投资品种、投资时机选择、投资行为实施及投资绩效评价等各个环节。这些环节环环相扣,不可缺一,但基础环节是投资决策及其管理。投资目标是决策的方向,投资分析是对决策的论证,投资组合是决策的具体化,而修正投资组合及对投资组合的业绩评价则是利用反馈机制进一步作出决策。无疑,广义地讲,决策贯穿于证券投资运作整个过程。但从狭义角度看,决策应是投资运作前的计划、打算及相应形成的一整套行为准则。它与投资分析、投资策略及投资计划的具体实施分属不同的环节。

为什么要进行投资决策及决策管理呢？理由不言而喻。

(1) "凡事预则立,不预则废"。任何一种行为只有经过科学决策才会产生积极效果。即使市场条件有利,如果决策错误,也会失败或未能取得更大成功;相反,即使市场环境不利,如果决策正确,也可获利。

(2) 决策是整个投资行为的基础,也是不断修正投资行为的依据。投资方案调整及投资行为的纠正也依靠再决策。

(3) 正确决策即便未得到预期结果,也可按事先拟订的防范措施,将风险有效控制,即把损失降低到最低限度。

二、证券投资决策的程序管理

投资决策就是投资者经过各种考虑和比较后,对应做什么和应当怎样做所作的决定。它的基本管理程序如下。

(一) 确定目标

目标的形成包括以下要素：其一,力求达到的利润指标及可能承受的风险(损失率)。其二,准备动用资金量为多少,是否准备分段投入,以备不测的后续资金状况怎样。其三,投资什么应大致确立与定位。投资目标的确立主要从决策预计可获得的结果与执行这一决策要运用的资源(资金)两方面考虑。预计结果必须具体明确,同时又要切实可行。预计结果有主次之分。有些预计结果是必须达到的,即不能打折扣的,若无法获利必须保本,至少达到将损失控制在可承受的范围的最低目标;有些则是希望力争达到的,如年利润率30%~50%等。在可运用的资源方面则要定出一个最高限度,即最大限度动员可动用的资金为多少,可投资对象限定在哪些范围等。在获得成果方面有最低限度,在资源限制方面有最高限度,这就是决策学中所谓的边界条件。边界条件的确立只对力求达到的目标有意义,对希望达到的目标就不必做绝对限制,只要表示出相对需求即可。

(二) 收集资料信息

投资决策的成功与否首先建立在各种信息资料完备及准确可靠的基础上,为此,在决策分析时,必须根据已定的投资对象和决策目标建立相关信息资料库。收集信息资料不仅要考虑足够数量,更重要的是鉴别资料的准确与可靠性。不可靠信息是导致决策错误的基本原因。以未加证实的传闻作为决策依据,是理性投资的大敌。当然收集信息要付出成本与代价,不必过于求取无关信息。

(三) 进行决策分析,预测未来变化

即对搜集的信息进行由表及里、去粗求精、去伪存真的整理分析。分析的目的是:① 明确各类投资证券价格的形成及演变趋向、价格形成原因及与影响其价格进一步变化的因素,进一步发现其价格是否偏离价值,价值是低估了还是高估了。② 选择正确的买入卖出时机。

证券投资决策分析的基本方法有基本分析、技术分析、市场分析及心理分析等多种方法。这些在前面章节中已作详细介绍。前述第一个问题可通过基本分析求解,而第二个问题更多可借助技术分析、市场分析方法求解。分析的最终目的是预测未来。由于收集的信息都是过去的和现在的,而目前进行投资,能否成功又取决于投资对象未来价格变化状况。这里又有诸多随机因素,就此要借助各种决策技术,将过去信息转为未来信息,以使决策更准确。众所周知,证券投资属风险型投资,无疑,决策亦属风险型决策。它是在未来客观情况出现概率未知但主观概率可估算(股价无非是涨、跌、平三种情况,企业经营业绩也无非是增长、下降、不变三种情况)状况下的决策。首先,求出每一个方案未来发生的主观概率和预期值,然后比较各方案期望值来进行决策。其次,证券投资决策具有竞争性特点。这种决策成败还与所有参与者所选取的策略有关,因而决策为博弈型的,即在决策分析时要充分考虑投资者与投机者、买方与卖方、机构与散户之间对阵时的心理。大家都希望有好的结局,每一方必须考虑其他方可能怎样决策。再次,证券投资决策又是一种多目标决策,因此在分析时,既要考虑收益,又要防范风险;既要争取最大收益,又要降低投资成本,减少投入量。由于有些目标是矛盾的,唯一的方法是找出非劣解,并在这些不止一个的非劣解中选出一个比较好的方案。先找"非劣解",再找"选好解"的决策对证券投资也十分有效。根据证券投资决策特点,除采用基本分析、技术分析等方法外,投资者还可将最大可能法、期望值法、决策树、矩阵极大极小定理、乘数法、功效系数法等决策技术运用到投资决策中去。

(四) 拟订各种可行方案

即按照决策目标,根据分析结果,最终形成包括买卖对象、买卖数量、买卖时机及如何组合等内容的具体方案。为使方案能兼顾各方面因素,切实可行,又为了便于选出最优次优方案,方案的拟订应是多个。每个方案应从不同角度考虑各种限制条件以及可能出现的情况。每个方案都要作出定量分析。拟订方案可有多个,但实际开始执行时只取一个(以后换方案执行是在过程中而不在初始)。最后要对多方案进行评价,以便选出最佳方案。

(五) 选择最佳可行方案

各种方案选择哪一个为佳,取决于如下要求:① 方案必须满足所要达到的目标,不能满足的应淘汰,若都能满足,则取可满足更多目标的方案。② 方案所需要的投入资源量能否满足,若不能满足应剔除。③ 同样都能满足收益目标,再看哪一个风险更小些,或者,在风险大致相同条件下,看哪一个方案可获得更大收益。当然,选择最佳方案没有绝对标准,而随准则的变化而变化。如冒险型投资者所拟定的投资方案对保守型的人来说未见得是最佳方案。因为他们投资目标准则有区别。此外,针对空头市场特征而采取的投资决策,在多头市场环境下肯定不是好方案。还应该指出的是,最后形成的方案可能是原拟定几种方案的折中结果。最佳方案不可能满足一切目标,只要满足主要目标即可。

(六) 控制决策执行情况

决策付诸行动后,并不是万事大吉,高枕无忧了。若一切在预料之中自然最好,但也可能出现未预料的问题,因此需要密切关注操作情况,不断修正作出更符合实际的决策。比如,预计股价会涨而买入,但实际股价却未涨而跌,这时要决策是停止买入、停损、还是继续买入、摊平等。

投资决策的上述环节互相联系,不可缺少。最初决策与此后决策的调整同等重要。

三、证券投资决策管理应考虑的因素

证券投资决策中无论目标的确定,还是方案的制订及选择,其是否正确合理,最终将由投资过程及结果来检验。实践证明,凡失败的决策都未充分考虑正确决策所必须具备的条件及基本准则。

那么,成功的投资决策应考虑哪些因素呢?

(一) 自身因素

自身因素包括客观与主观两方面内容。客观因素主要为投资者可支配的财富数量,增量收入多寡,进一步融资渠道畅通与否,投资可能占用的时间、投资者年龄等。主观方面因素主要有投资者的专业知识水平、投资分析能力及操作技巧掌握程度、投资者心理素质、投资者的投资动机及对风险的态度与承受力等。以下分点讨论。

对个人投资者来说,必须注意以下问题。

1. 投资者的财力状况是制定投资计划先要考虑的问题

第一,投资行为是以投资者拥有资金为前提的。刚开始投资需要一笔启动资金,随着投资过程展开,若股价不断下跌,还需要有增量资金补充,以便有效地进行摊平。第二,同一笔资金对富有程度不同的人,即对穷人富人来说,其边际效用是大不一样的。对极富有的人来说,少1万元也无碍大事,边际效用很低,即使失败,富人仍有财力。通过重新决策可挽回损失甚至转败为胜。但对穷人来说,会断绝生计。显然,两者承受风险能力也不一样。第三,收入较高或收入有望稳定增长的人,投资可日积月累持续进行下去,只要坚持,必有成效。而无固定收入的人,又没形成相当数量的储蓄,极有可能投资资金中断,一旦出现对自己不利局面,就十分被动。第四,每个人对投资收益依赖程度不同。希望能以投资收益来补充生活支出不足的人与生活并不依赖投资收益的人相比,所拟定的投资计划及投资要求准则与风格是不相同的。

根据上述分析,采取投资决策时应注意如下准则:

(1)用作投资的资金必须是扣除必要的生活费用后的剩余资金,绝不能将生计所系的资金介入风险投资。如果是借来的资金,必须考虑你今后的偿债能力及进一步融资能力。如果没问题,也只能作短线投资打算。

(2)如果收入稳定,且预计收入会不断增长,可采用定量定时定比例投资决策。

(3)如果对投资收益过分依赖,本金又赔不起,则应以保本及风险较小的投资品种(如国债、股息分配比例较高的蓝筹股)为投资对象。如果对投资收入依赖较小,更多为未来考虑,决策可以激进一些,即选择一些具有成长性的股票为好,以期股票未来增值。

(4)对富裕程度很高的人来说,投资数量大,可采用保守型与激进型相结合的投资组合决策,即部分资金投入高风险品种,部分资金投入低风险品种,这样既可不失当前收入,又可在未来得到较高回报。

2. 投资者进行投资的时间是否充裕

只有掌握一定金融投资知识及投资技巧,才能获得好收益,而要做到这一点需要花费时间,如搜集资料、分析上市公司财务经营状况与把握证券价格变动特点等都需要时间。显然,投资时间有无及时间充裕与否亦对投资决策产生影响。通常,投资时间充裕的人,在其他条件又具备的情况下,可作投机性很强的股票,做期货期权交易,即偏重于短线投机决策,且以资本利得为主要收益;反之,无充裕时间的人只能做一些较为稳健的投资,更多指望未来增值收益。

3. 投资者年龄也是影响投资决策的重要因素

由于不同年龄段的人赚钱能力、处事能力、风险承受能力及生活压力并不一样,因而,投资决策目标侧重点也不一样,相应形成的投资决策目标、风格也不会相同。根据不同年龄段,如青年时代投资决策目标是获大利,决策有风险偏好特征。因为这一阶段家庭负担小,也最有潜力发掘机会,一旦搏杀成功可终身受益,即使失手,也有翻身机会。这一阶段投资决策选择品种是长期增值的成长性股票及投机性很强、收益风险都很大的期权、期货合约交易。当然投机也依赖于正确决策、灵活的交易策略及买卖技巧。青年到中年期的投资因有沉重家庭负担而变得谨慎,更多是求得稳定收益,且参与证券投资比重会减少而资金主要用于置房、创业等。中年时代的投资决策可能要兼顾稳定增值及投机博弈两方面要求。一方面,子女已长大,家庭负担减轻;另一方面,该阶段的人收入大多达到一生中最高峰,借贷能力也最强,因而又有了投机性出击再一搏的愿望与能力,这一时期投资选择品种最丰富,投资组合类型最全面。老年期的投资决策则以获取当前收益或回笼资金为目标,投机与这年龄已不相符,重要的是退休后能获得经常性的稳定性收入。无疑,对这一年龄阶段的人来说,1 年两次派息的短期债券投资最适宜。

4. 投资者专业知识、心理素质及风险承受能力也是影响投资决策的重要因素

投资者主观因素对投资决策的影响亦不可忽略。投资者必须掌握证券投资知识与技巧,这是决策成功的关键,在此不再赘述。这里仅就投资者心理素质及投资者对风险的态度会对投资决策产生的影响等问题作些补充说明。

如果你是一个处事泼辣果断的人,适宜投机与做短线,即可选择一些价格波动较大的证券品种为投资对象。

如果你是一个优柔寡断,缺乏自信心的人则宜以中长线为主,追求投机,则属扬长避短。

如果你是脾气急躁、情绪容易波动的人,以选择阶段性热点为好;如果你是情绪稳定又有自控能力的人,则选择长期见效的成长股为好。

根据投资动机及投资者对风险态度的划分,可把投资者分为三种类型。第一种为稳健投资者。这类投资者基于客观条件(收入低、时间有限)的限制,再加上保守型、风险承受能力较差的个性特征,买入的证券最好有稳定的固定收入,投资对象以债券、蓝筹股为主。第二种为激进投资者。这类投资者有大胆尝试的作风与性格,为追求较高利润,再大风险也敢冒。他们所定的投资目标值很高,因而风险也大。投机性的股票、成长型的股票,还包括权证、期权期货等均是他们乐于介入的品种。第三种为温和投资者。他们的决策目标及投资品种介于前两种投资者之间,一方面希望有经常性的股息利息收入,另一方面也不忽略股票增值收益及差价收益。投资组合是他们常运用的投资策略。

对基金、投资理财机构来说,投资目标的制定及投资决策的确定也必须考虑如下因素。

（1）对基金来说，基金客户类型必须考虑。按资金量、投资需求、风险承受能力等标准划分，客户有多种类型，不同客户有不同投资目标。显然基金投资目标基本由基金主流客户投资目标所决定。比如，收入型基金适合以保值为主、风险承受能力较小的客户投资。成长型基金则适合风险投资家及投机者投资。因为这些客户有从商经历，资金量大，有较大的风险承受能力。

（2）不同基金对资金流动性要求不同。开放式基金因有赎回压力，而封闭式基金则无此压力，于是，开放式基金投资决策要把流动性放在重要位置。

（3）不同基金投资风险、投资策略不尽相同，这也会反映到基金投资决策管理中去。

（二）外界因素

外界因素主要包括制度、市场环境、政策特点及市场参与者结构等。首先，任何成功的投资者不仅考虑自身因素，也注意到这些外界因素的影响。不同国家、不同市场，其经济制度不同，法规特点也不同，决策时必须予以充分考虑。其次，市场有成熟、不成熟之分。这里包括管理者调控水平、上市公司业绩、运作状况、投资者素质、市场参与群体的结构等。显然，在成熟市场成功的投资投机决策未必在不成熟市场也生效，反之亦然。比如，在发达国家，股市走牛很大程度上是靠上市公司业绩推动，同时各项经济参数的影响至关重要。但在一个有投资价值的股票严重匮乏的股市中，股市上涨更多与资金供求关系变化、政府强行推动有关，若不认识到这一点，照搬成熟国家投资者的决策思路，则鲜有成效。再有，市场参与群体是机构投资者居多还是分散的中小股民居多，是理性投资者居多还是盲目的投机者居多，都对投资决策成效有很大影响。因为证券投资本身就是不同群体、不同预期的博弈，而占主导地位群体的判断力不能不对市场走势产生更大的影响。

四、建立健全的决策管理体制

对一个机构投资者来说，健全的决策管理体制必不可少。实行决策责任制是决策管理体制的重要内容。投资决策人员要对自己作出的决策负有责任。与此配套又要有对决策人的监督体系，以便及时发现和纠正错误决策。决策授权管理是决策管理体制又一重要内容。要根据资金运作数量及每一类专业人员特长，确定决策层次。大的决策必须集中到高层次，同时又必须完善分级决策体系。一方面，各级决策机构及人员只能在自己权限范围内行事，不可越级决策；另一方面，又必须对授予的决策权限尽心尽责。再有，要形成权责利明确的奖励机制与惩罚机制及决策权相互制约的组织体系。后者主要按工作特点明确各人分工，并赋予相应责任,力求形成相互配合、互相制约的内控机制。

第二节 证券投资组合管理

一、证券投资组合管理作用与分类

投资组合管理是指以投资组合理论为指导,对各类证券进行组合并动态调整,从而最大限度规避风险,获取收益的管理活动。本节着重就投资组合管理类型、管理步骤作一介绍。

(一)投资组合管理的作用

投资者投资证券,目的是要获取收益。但是市场环境千变万化,证券的收益率具有不确定性。为避免损失获得更多收益,构建一定的投资组合不失为一种理想的方法。通过投资组合,至少可以达到以下几方面的作用。

1. 减小投资收益的不确定性,使投资者效用最大化

单个证券收益率,既受宏观经济因素的影响,又受地区、行业和自身经营状况等微观经济因素的影响,波动较大。投资者如果只选择个别证券,显然承受的不确定性(风险)较大。证券组合使部分非系统性风险可以抵销掉(充分分散后,非系统风险几乎可以降到零),因而通过构建投资组合,投资者承担的总风险得到降低,收益的不确定性变小,获得的效用就变大了。

2. 避免投资的盲目性

投资个别证券的投资者,其行为往往存在着一定的随机性。投资组合管理者则可对证券作系统的分析,对选择的证券收益率的分布有充分的认识。通过组合,由此大幅度降低非系统风险。

3. 可以促进投资组合方法的改进和提高

投资者可以通过对组合投资管理过程的绩效评价,动态监控,找出合适的管理方法,并使之成为进一步投资的基础,同时对不合适的管理方法给予剔除或改进,从而使投资组合的整体管理水平上升到一个新高度。

(二)投资组合管理的类型及各自特点

按管理方法不同,投资组合管理可以分为传统管理和现代管理;按采取管理策略不同,投资组合管理又可分为消极管理与积极管理(或称之为被动管理和主动管理)。

1. 传统投资组合管理与现代投资组合管理

传统投资组合管理是指投资者根据投资目标,选择合适的投资对象,并对组合进行监控的管理方法。一般包括以下四个主要步骤:

(1) 确定投资目标,包括投资目的和财务目标,以此作为管理的依据。

(2) 投资分析,包括宏观分析、行业分析和微观分析,目的在于了解各种影响因素及预测市场的变化,判断投资对象现价是否合理,从而寻找较好的投资机会,为构建投资组合奠定基础。

(3) 建立投资组合。投资者在投资分析的基础上,根据风险分散的要求确定适当的证券组合数量,形成一个投资组合。

(4) 投资组合效益的监控和调整。由于证券市场充满了变动性和不确定因素,投资者就必须要对组合内的各种证券进行监控。投资者可以从收益和风险两个角度对证券进行评价,按照投资目标对组合的证券种类和比例予以适当的调整。

现代管理方法同传统管理方法在基本步骤上是相同的。只不过传统管理方法更注重定性分析,缺乏严密的公式推导和严格的计算。现代投资管理方法则以现代资产定价理论和现代投资组合理论为基础,更多地运用期望收益率和风险的定量分析,来构建投资组合。

2. 消极组合管理与积极组合管理

消极管理和积极管理一般是以对持有的证券资产在较长时期内是否作频繁和较大的变动来划分的。

市场效率较高时,消极管理的方法往往是可行的。因为投资者无法通过掌握内幕信息从交易中获得超额利润。市场上,所有的投资者都以有效的途径、相同的投资方式进行投资,最终使证券的收益率与它具有的风险相匹配,几乎所有的证券都被正确地定价。这时,消极管理者的状态是持有某些证券,不作随意变换,从而稳定地获得市场的平均利润率。当然,在消极管理中,出现以下两种情形,投资组合可以发生变动:① 投资者偏好或投资目标有所改变。② 对市场中证券替代品的风险和收益率大多数人的预期有所改变。

积极管理者与消极管理者不同,他们更强调市场的非有效性,认为各种证券有时会存在不合理的定价。所以他们在市场相对有效时,并不积极行动,而在市场相对低效时,根据自己的经验和分析预测,得出与公认的风险和收益率估计不一致的看法,并根据这种结论对投资组合进行调整,使投资组合不断处于最优状态。因此,积极管理在市场处于相对高效时,往往没有明显优势,寻找错误定价的成本可能会高于套利所获得的超额利润;但如果市场缺乏效率,价格扭曲的证券到处存在,积极管理就可以充分发挥其优势,尽管寻找错误定价的证券是要冒一定的风险。

二、证券投资组合管理步骤

(一) 确定投资目标方针和政策

确定投资目标投资组合管理的首要问题。所有的投资策略,都是围绕投资目标而设计的。投资活动中风险和收益总是并存的,投资者在追求收益尽可能大的同时,不得不考虑所面临的风险。投资者根据自己需求和客观条件确定投资目标,在投资活动中正确处理好收益性、本金安全性和流动性等多重关系,以形成合理的可行的目标。

一般在确定投资组合管理目标时要注意以下几个方面。

1. 资本安全

保证本金安全,防止投资损失是投资组合管理的最低目标。投资过程中,因风险的存在使投资者不能确保有多大盈利增值,但收回本金,保持本金的价值是对投资的一个基本要求,只有如此,才能进一步谈盈利。有时,投资者为实现这一目标,不得放弃一些收益高但风险也高的投资,而保留一些低收益率的无风险资产。

2. 收入稳定

稳定的收入往往是投资者所期望的,因为它给投资者对未来的收入有一种确定感。一般来讲,投资者未来的收益由两部分构成:一是经常性收入,包括债息和股息等;二是资本市场价格变化所带来的资本利得或损失。由于证券市场价格波动频繁,所以偏好稳定收益的投资者往往会注重无风险资产与风险资产的适当搭配,争取在较小的风险下,获得稳定的经常性收入。

3. 资本增值

资本增值是投资活动的基本动力,如何使资本增值是投资者最为关注的问题之一。增值可以通过期初一次性投入,到期末收回本金和收益,也可以通过积累性投资,把前期投资所得收益和本金全都用于再投资。

4. 流动性高

对投资者而言,不仅要保证收益与本金安全,还要注意投资流动性的高低,即投资的证券能在需要兑现的时候,迅速兑现并不遭受大的损失。

另外,在确定投资组合目标时,还会考虑到其他因素,如证券的分散化程度、税收的优惠性、资本的总量、结构和来源等。

(二) 投资分析

正确地制定投资方针与政策,仅是整个投资活动的开始,下一步是在既定方针政策指导下进行投资分析,从而为投资组合准备有用的素材,为具体投资方案的制定与实施提供指南。投资分析的方法有多种,常用的分析方法有基本分析法与技术分析法两种。这些内容前面章节已作介绍,此处不再赘述。

(三) 投资组合方案的构建与调整

最优投资组合的构建可分两步进行:第一步,选择证券,构建风险资产最优投资组合;第二步,确定风险资产投资与无风险资产投资的资金分配比例。原则上说,投资人员应该对全部证券进行分析,掌握它们收益率、标准差和协方差的信息,从而确定风险资产的有效集,最后在无差异曲线和有效边界的切点处找到最优风险资产组合。但实际上,投资者没有精力针对市场上数以千计的证券作这种甄别工作,一般只选择一些股票(其包含的证券数远远小于市场上的总数),作为一个股票组合,然后用前述的方法确定最优投资组合。

在构造最优投资组合的过程中,普通投资者往往并不是按现代投资组合理论中的具体步骤来选择,而是使用一些替代投资组合的方法。在市场效率水平较高时,证券被误定价的情况较少,投资者可以采用消极组合管理,追随指数组合构造最优风险组合。投资者也可以采用积极组合管理,通过分析发现错误定价的证券,对此进行投资,形成证券组合。实际上,市场往往既不是高效的,也不是无效的,当发现错误定价的证券较少时,利用这些少量的错误定价的证

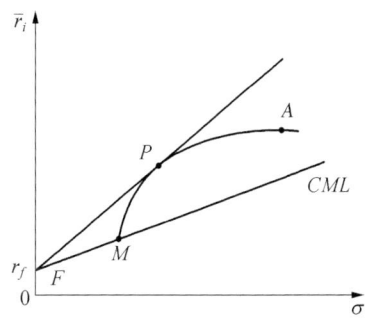

图 8-1　积极组合和消极组合的优化组合

券形成的组合往往不能充分分散非系统风险,于是采用消极组合和积极组合相结合的方法不失为解决这一问题的好办法。如图 8-1 所示。

在泰勒和布莱克的优化组合方法中,假定积极组合为 A,市场指数组合为 M,市场组合相对积极组合低效率,因此 M 点位于积极组合 A 的下方。优化组合是通过对 A 和 M 进行组合,目标是要找到过 F 点的直线同新组合线相切的直线斜率最大。

关于泰勒和布莱克对此所作的具体推导在这里不作介绍,我们只引用其推导结果。

在新构造的最优组合 P 中,积极组合 A 中各证券的比例为:

$$\omega_k = \frac{\dfrac{\alpha_k}{\sigma^2(e_k)}}{\sum_{i=1}^{n} \dfrac{\alpha_i}{\sigma^2(e_i)}} \qquad (8-1)$$

式中：$\alpha_i(i=1,2,\cdots,n)$ 为证券 i 的错误定价程度；$\sigma^2(e_i)$ 为非系统风险。

切点组合 P 中，A 的比例为：

$$X_A = \frac{\omega_0}{1+(1-\beta_A)\omega_0} \qquad (8-2)$$

式中：β_A 为组合 A 的组合风险系数。

而

$$\omega_0 = \frac{\dfrac{\alpha_A}{\sigma^2(e_A)}}{\dfrac{(\bar{r}_M - r_f)}{\sigma_M^2}} \qquad (8-3)$$

切点组合 P 中，M 的比例为：

$$X_M = 1 - X_A \qquad (8-4)$$

确定了最优组合 P 后，接下来再作风险资产与无风险资产的比例配置。

随着时间的推移和环境的变化，原先最优的资产组合可能不再保持最佳状态，因此组合管理者必须根据环境、时间的变化对投资组合作相应调整。

如果管理者采用积极的组合管理方法，就需要不断地对证券进行分析、监控，准确及时地发现证券是否被错误定价。当证券价格扭曲影响到投资组合的收益时，就需要对组合进行调整，包括原组合内证券持有比例的变动，也包括引入新股票和剔除老股票，当然在调整时，必须要把交易成本的因素考虑进去。

如果管理者采用消极管理方法，那么投资组合一旦形成，就不会轻易改变。只有当宏观经济发生重大逆转或委托者的偏好发生巨大改变时，才需根据新的市场指数组合风险和收益关系来改变原持有资产的种类和比例。

（四）绩效评估

绩效评估无论是对资产管理人还是资产所有者都是十分必要的。良好的经营绩效是对资产管理者投资方法的肯定，差的绩效则会促使其改变投资方法。对资产所有者来讲，应给予取得良好经营成果的资产管理人适当报酬；而对经营成果较差的，则可以变换资产管理人，或改变对管理人员的约束条件乃至变更投资目标。

投资绩效的评价首先必须准确地测定投资收益率，将已实现的收益率与预期的收益率及承担的风险程度进行比较。

1. 收益率计算

（1）简单收益率。如果期间未发生现金流入流出，或发生在临近期末和期初的时点，评价投资组合收益率，最简单的计算方法为期初和期末的证券价格变动加上期限内红利和股息收入，然后除以期初的本金，即：

$$r = \frac{D + (P_1 - P_0)}{P_0} \quad (8-5)$$

式中：D 为每股股息红利等收入；P_0 为期初证券价格；P_1 为期末证券价格。

若期初期末附近有现金流入流出，为提高计算精确度，可先修正期初期末总价值，既加上或减去追加或提取的资金额，然后再运用上一公式计算。

如果现金流发生在远离期末和期初的时间点，即投资期间内会追加资金，也有可能抽出资金，即有资金流量的变动，则可计算时间加权收益率和价值加权收益率。

(2) 时间加权收益率。假设投资期分为 k 个子期。先利用简单收益率公式计算每个子期收益率，各子期内收益率分别为 $r_i (i=1,2,3,\cdots,k)$，最后运用复利公式计算出投资期内的收益率(r)为：

$$r = (1+r_1)(1+r_2)\cdots(1+r_k) - 1 \quad (8-6)$$

(3) 价值加权收益率。价值加权收益率也是常用的收益率计算公式。其计算公式为：

$$r = (1+r_0)^k - 1$$
$$V_0 + \frac{c_1}{1+r_0} + \frac{c_2}{(1+r_0)^2} + \cdots + \frac{c_{k-1}}{(1+r_0)^{k-1}} = \frac{v_1}{(1+r_0)^k} \quad (8-7)$$

式中：V_0 为期初阶段组合市值；V_1 为期末阶段组合市值；K 为子期数量；$C_i (i=1,2,3,\cdots,k)$ 为各子期末发生的现金额（现金流出 C_i 为负，现金流入 C_i 为正）；r_0 为子期内收益率。

2. 风险调整后的投资绩效评估

虽然投资收益是用来衡量投资绩效的主要标准，但不是唯一的标准。若承担同样的风险取得不同的收益率，在此情况下，当然收益率越高越好。若收益相同，则要考虑承担风险较小的投资组合。显然，不同风险水平上体现出的投资绩效，仅用收益率标准是无法正确衡量的，必须以相关风险定量对投资收益率进行调整，达到可比较状态。

以风险调整评价投资绩效，必须确定风险特征及收益与风险相关性。同时要假定证券价格是以既定的模式（如资本资产定价模型及套利定价模型）而定的，此外，还要以市场有效性为前提。

在资本资产定价模型基础上对风险调整的绩效评价是以资本市场线或证券市场线为基础。

常用的方法有单位风险收益法与差异收益法。

(1) 单位风险收益法。单位风险收益法是指将获得的绝对收益率水平与风险水平联系起来,通过风险对收益率作相应调整,计算出风险调整收益率。由此进行分析、评价与比较。

通常,单位风险收益越高,说明投资绩效越高,反之亦然。

单位风险计算方法有两种:一是夏普指标(Sharp index),二是泰勒指标(Treynor index)。

(a)夏普指标。夏普指标以资本市场线为基础,其风险值以 S_p 表示,该数值越大,说明其单位风险获利能力越高。其计算公式为:

$$S_p = \frac{E(R_M) - R_f}{\sigma_p} \qquad (8-8)$$

$$S_m = \frac{E(R_P) - R_f}{\sigma_m} \qquad (8-9)$$

如图 8-2 所示。连接证券组合 P 与无风险资产 F 的直线的斜率就是夏普指标,斜率越大,组合绩效越好。

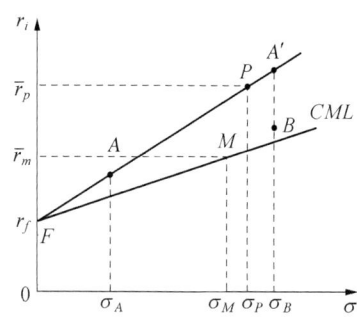

图 8-2 夏普指标测定投资绩效

通过比较 S_P 和 S_M 值,可以确定投资组合的绩效。当 $S_P > S_M$ 时,组合 P 位于资本市场线的上方,表明投资绩效比市场平均水平要好;当 $S_P < S_M$ 时,则组合位于资本市场线的下方,表明投资绩效比市场平均水平差;当 $S_P = S_M$ 时,则该组合位于 CML 线上,表明其为中等绩效。

图 8-2 中,尽管组合 B 绝对收益高于组合 A,但由于它们承受的风险不一样,绩效也就不一样,用夏普指标比较,可以发现 $S_A > S_B$,即表明组合 A 的绩效优于组合 B。

(b)泰勒指标。泰勒指标以证券市场线为基础,其风险值以 β 表示,同样数值越大,说明风险获利能力越高。其计算公式为:

$$Tp = \frac{E(R_P) - R_f}{\beta_p} \qquad (8-10)$$

$$T_m = \frac{E(R_M) - R_f}{\beta_m} \qquad (8-11)$$

从图 8-3 看,它就是连接风险证券组合 D 与无风险资产点 F 直线的斜率。当这一斜率大于证券市场线的斜率,即 $T_P > T_M$ 时,组合的绩效是好的,此时组合位于证券市场线的上方;反之,则位于证券市场线的下方。尽管组合 B 绝对收益高于组合 A,但由于它们承受的风险不一样,绩效也就不一样,用泰勒指数比较,可以发现 $T_A > T_B$,即表明组合 A 的绩效优于组合 B。

(2) 差异收益法。差异收益法是1969年杰森提出的,它以证券市场线为基准,把证券组合的期望收益率同证券市场线同等风险的证券组合的期望收益率之差定义为杰森指数。它将特定投资组合期望收益率与具有相同风险水平的位于证券市场线上均衡预期收益率进行比较,通过计算两者差值来比较优劣。杰森指数是差异收益法最主要的一种分析方法。它表示证券组合获得高于市场部分的风险溢价,或低于市场部分的折价。

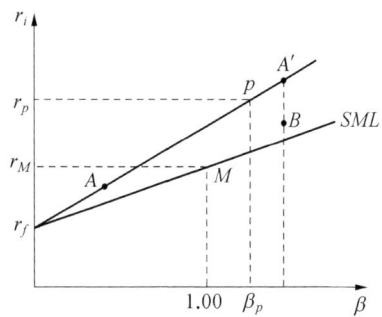

图 8-3 泰勒指标测定投资绩效

杰森指数计算公式为:

$$J_P = E(r_P) - N(r_P) \tag{8-12}$$

式中:$N(r_P)$ 为证券市场线上均衡预期收益率。

根据 J_P 值,可判定投资绩效的优劣。若 J_P 大于零,说明位于 SML 线上方,投资绩效高,反之亦然。但用杰森指数作绩效评估也有缺陷。杰森指数定义为一种收益率的绝对差值,所以对风险并不敏感,在评判绩效时,就存在局限性。

3. 三种评估法比较

(1) J_P 与 T_P 比较。

相同点:① 两者风险度量标准一致(以 SML 为基础),β 为风险测定系数,J_P 为绝对值,T_P 指单位风险获利能力。② 两者得出的结论一致。

不同点:J_P 不能对风险各异的组合绩效排序,它只反映绝对值偏差,未反应相对应的风险。

(2) S_P 与 T_P 比较。

相同点:两者均考虑单位风险获利能力。

不同点:度量标准不一样,T_P 强调系统风险,S_P 对应总风险,若按 S_P 测量优于市场平均水平,那么按 T_P 测量也优,但反过来不能成立,排序会出现相反结论。

若投资组合包含了所有投资者资产,此时以 S_P 作为测定值较好;若投资组合仅为整体资金一部分,此时以 T_P 或 J_P 度量更好。

杰森指数和泰勒指标,都是用组合 β_P 来度量风险的。在充分分散的投资组合中,β_P 仅包括系统风险,非系统风险已忽略不计。如果在评价绩效中要考虑到非系统风险因素的影响,用标准差 σ_P 代替 β_P,可能更合理一些。

第三节 证券投资风险管理

在阐述证券投资理论的过程中,我们曾对投资风险作了详尽分析。本节将进一步探讨证券投资风险管理问题。

一、证券投资风险管理的意义及基本要求

(一)风险管理意义

证券投资风险管理有着重要意义。第一,通过管理可以对各种潜在的损失进行衡量、识别和处理,从而以较低成本有效避免或减少这些可能发生的损失。第二,通过管理可减少投资市值的波动,提高投资效率,保证投资活动正常进行。第三,通过管理可对投资实际收益率有较准确的预期,制定出合理的投资目标及选择最佳投资方案,以避免盲目冲动及投资行为的短期化、保守化。第四,通过管理,可有效处理投资风险所产生的后果,防止连锁反应。

(二)风险管理的基本要求

证券投资风险管理是一个十分复杂艰巨的工作。它既要从机制上进行约束,也要从制度上进行控制,还必须有一整套具体的风险控制策略、方法及技巧。

1. 健全决策、执行监督互相制约的风险管理体制

首先,机构投资者的风险管理必须有组织保证。对决策者来说,要建立决策责任制,重大决策集中管理。而一般决策则分级管理,无论是决策者还是执行者都必须在自己权限范围内行事,不可越级行事。其次,建立权责利明确、互相制约的组织体系,通过岗位的合理设置,做到分工明确,权责利明确,以形成相互配合、相互制约的内控机制。其中最重要的是对所有业务和业务流程都要置于监督与约束之中。为使制约监督有效,还必须严格各部门岗位的规章制度及操作规范,防止执行人员违规带来风险,还必须有专门监督人员对决策者、执行者进行监督。

2. 完善多层次的风险管理体系

完善的风险管理体系应包括以下几个方面:

其一,投资风险管理的衡量体系。它是指用来衡量每项投资交易风险大小及影响程度,从而为风险管理决策提供依据的系统。这一系统的主要任务是作出风

险定量的分析。例如,对股票投资风险分析,可采用方差、概率分布方法;对利率风险分析,可采用缺口模型分析方式。对风险的衡量既要具体到每个项目,又要汇总进行综合风险的测定。

其二,投资风险管理的决策体系。决策体系是风险管理的核心。决策体系既要负责对风险防范规则及指导方针的制定,又要形成风险管理的最佳策略,以便执行人员具体操作。

其三,投资风险管理的预警系统。它将对投资过程可能出现的不利局面发出警报,以便决策者、执行者及时引起注意。预警系统可从三个方面确立:① 预测自己资金供给需求变化趋势,建立起"头寸"变化警戒线。② 以正常财务比率为标准,一旦发生严重偏离,可立即发出预警信号。③ 分析影响未来证券价格变化的各种经济因素、技术因素,一旦出现不利局面,就要发出警报。

其四,投资风险管理的监控系统。即随时监督投资者自身可承受风险的动态变化状况,督促各类有关人员严格执行规章制度,遵守操作纪律。监控系统要设置一系列指标,如资本充足率、流动性比率、盈利亏损比率并观察其变动趋势。若能可自动设置障碍,强行停止,则效果更佳。

其五,投资风险管理的补救措施。它是指对已暴露出来的风险及时采取补救措施,以避免损失的恶化与蔓延。例如,已投资的部分出现亏损,但市场走势又可能出现转机,只要继续买入,即可摆脱困境甚至获利,这时应尽快调入头寸补救。若不是这种情况,预计市场下跌趋势还将扩展,则应停损或用金融衍生产品对冲,转嫁风险,以求保值。

其六,投资风险管理评估系统。其主要包括内控系统的评估、风险管理模型评估及风险管理业绩评估。内控系统评估是对整个业务过程中的重要环节进行检查,检查各个环节是否对风险控制有效,若没有效果,是否要作出改进,如何改进等。模型评估的要点是检查各种模型的有用性及适用性。通常用回归测试方法进行检验。业绩评估则包括考评制度与奖励办法。其目的是激励业务人员努力工作,制止渎职行为。

为有效地对风险进行预警和评估,必须建立起风险管理的信息库,包括历史上各类与风险管理有关的资料信息,以便为将来风险管理提供经验,以及妥善保存交易过程中的各项资料。

3. 确定有效的投资风险管理策略

体制健全、管理系统完善后,风险管理是否有效就与投资风险管理的策略紧密相关了。投资风险管理策略包括预防、规避、分散、转嫁、保值、补偿等。

4. 建立风险准备金

建立风险准备金,以"丰"补"歉",冲销坏账、呆账,以保证投资活动正常进行。

二、证券投资风险管理的程序

证券投资风险管理十分复杂,它必须有一个严密的管理程序。根据投资风险管理各项任务性质,可将管理分为五个阶段。

(一) 投资风险的识别与分析

其主要任务是认识与鉴别投资活动中多种损失的可能性及损失的严重程度。由于投资风险的普遍性与易变性的特征,投资风险的识别分析比较困难,但不管怎样也必须做好它,因为这一步是风险管理决策的基础。投资风险的识别分析包括以下内容。

1. 分析各种风险特点及风险程度

(1) 哪些项目存在风险,受何种风险的影响。比如投资前应知道哪些资产有固定收益,哪些资产收益不确定,哪些资产可能受到利率变动影响,哪些不受影响或受其他因素影响等。

(2) 各种资产风险会达到什么程度,哪些风险可忽略不计或者可承受,哪些则相反,要重点管理。

2. 分析风险形成的原因及特征

由于风险种类多样,并具有不同特征,通过分析识别,可知道哪些风险不可回避,哪些可回避,由此才可对症下药,形成对应的防范措施。

3. 进行风险的衡量与预测

风险识别与分析最终要进入具体化阶段。衡量与预测风险的具体方法很多。其中常用的方法有概率和均值-方差分析、β 系数与 CAPM 模型分析、缺口模型分析、资本充足率模型分析等。由于证券投资风险大小与证券价格的波动、市场利率的波动紧密相关,因此人们还要运用各种方法分析各经济变量波动特点及预测证券价格走势。

(二) 投资风险管理策略的选择

在对各种投资风险进行识别后,就应根据投资目标寻求相应的风险管理策略。不同的风险应采取不同的控制手段及管理策略。比如,用分散法控制证券价格波动风险,用回避法管理违约风险等。在有些时候还可将多种不同策略作适当组合,加以配合运用。

(三) 投资风险管理控制方案的设计

风险管理策略的选定仅提供了一个指导思想,具体执行还要拟定具体行动方案。

例如,在选择了保值策略后,还必须确定运用何种保值工具,以及怎样运用这种工具来实施套期保值。我们知道,金融期权与金融期货是常用的套期保值工具,而期货期权又有不同种类、期限的合约可供选择。因此,在决定采用保值策略后,还必须作出如下具体决策:

(1) 选择金融期货还是期权品种?
(2) 如果选择金融期权(或期货),那么又将选择哪一种特定的合约品种?
(3) 选择哪一种期限的合约?
(4) 应该买几份合约才能与现货数量金额相匹配?
(5) 万一价格发生变化超出预期值,应该如何调整?

又如,在证券投资中,当投资者决定运用分散策略来控制风险后,人们应作出如下具体对策:

(1) 选择组合的证券种类,即对各种可供选择的证券进行方差、协方差、预期收益率计算,经比较,挑出合适的品种。
(2) 根据不同证券的收益风险特点及相关性程度形成组合。
(3) 进一步确定不同证券在组合中的比例。
(4) 进行多个方案比较,按风险确定、收益最大化及收益确定、风险最小化的原则选出最佳方案。

总之,投资者应按投资对象的风险特征选定管理策略,并考虑到各种有利不利条件及限制因素,将不同方案的优缺点加以汇总,淘汰可行性差的方案,形成较理想又切实可行的方案。

应当明确风险管理策略的选择及管理方案的设计是风险管理中最关键的环节,这一步必须走好,否则,管理会流于形式而难见成效。

(四) 投资风险管理方案的实施与监控

投资风险管理方案确定后,必须付诸实施。比如,运用期货套期交易策略来降低利率风险,它必须按方案中所确定的期货合约的品种数量以及所要求的买卖时机来进行交易活动。投资风险管理方案的实施直接影响管理效果,它要求严格执行,若有未预料情况发生,执行部门也不要擅自改变方案,要再决策后行事。

对投资风险管理方案的实施必须随时进行监控,它不仅可对各部门行动随时进行协调,保证方案的实施,防止个别人存在侥幸心理与拖沓行为、违背方案要求、放任风险滋生,又可使决策者根据环境的变化,对方案进行必要的调整,以降低管理成本,提高管理效果。

（五）投资风险管理效果的评价

投资风险管理效果的评价主要为以后更好地进行风险管理作准备，也可通过评价，形成良好的激励机制与惩罚机制。

三、证券投资风险管理策略的选择

（一）证券投资风险管理策略选择原则

风险管理策略的选择必须遵循以下三条基本原则：一是成本最低原则；二是效率最高原则；三是保护收益原则。这三个原则是相互联系、相互依存，从而是相辅相成的。

1. 成本最低原则

证券风险管理的根本目的，在于避免可能发生的损失。但是，在证券风险管理中，人们往往需要付出一定的代价，这一代价就是证券风险管理的成本。

证券风险管理的成本主要有如下几种：

（1）交易成本。所谓交易成本，是指人们在通过某种证券交易来管理它们所面临的证券风险时所发生的费用，如支付的手续费、印花税以及在证券期权交易中期权购买者所支付的期权费等。

（2）执行成本。这种成本通常也发生于各种证券交易中。例如，在证券期货交易中，因期货价格与现实价格往往不是按照相同的幅度变动，所以，人们会面临着一定的基差风险。在某些证券交易中，由于要价和出价之间存在一定的价格差，这些价格差也会使人们付出一定的代价。

（3）机会成本。所谓机会成本，是指人们为管理他们所面临的证券风险而必须放弃的收益。在证券风险管理中，人们所付出的机会成本主要有两种：一种是在某些证券交易中因缴纳保证金而发生的机会成本；另一种是在证券保值管理中，人们必须放弃的可能会获得的意外收益。

目前，在证券风险管理中，人们越来越多地运用各种衍生性金融工具来管理他们所面临的证券风险。但在这些衍生性证券工具中，大多具有两重性：它们既可作为证券风险管理工具，又可引发新的、更为严重的金融风险。

2. 效率最高原则

所谓证券管理的效率，是指通过采用一定的证券风险管理策略，能使自己所面临的风险减少或消除的程度。从理论上说，人们必须以证券风险管理的效率最高作为选择证券风险管理策略的基本原则。但是，在现实的证券风险管理中，效率与成本成正比。所以,在实际选择证券风险管理策略时,人们常常会陷于顾此失彼的困境之中。于是,如何准确估计证券风险管理的成本与效益,以求得各种备选策略的净成本或净收益,是选择最优策略的重要环节。

3. 保护收益原则

证券投资风险的种类很多,不同的风险往往有着不同的性质,不同的特点。

一般地说,在其他情况一定的条件下,人们应该尽量选择那些既能避免可能的损失,又能保护可能的意外收益的策略。例如,在证券期权的套期保值中,买进期权就是一种很值得人们选择的策略。

(二)证券投资风险管理策略选择的具体方法

证券风险管理策略的选择是一个既重要又复杂的过程。在选择证券风险管理策略时,人们大致要考虑这样几个方面的问题:一是暴露部位的性质;二是暴露部位的期限;三是暴露部位的数额是否确定;四是暴露部位的时点是否确定。

1. 暴露部位性质的评估

在选择证券风险管理策略时,人们首先要对暴露部位的性质作评估。这是因为,暴露部位的性质不同,则存在于这种暴露部位的证券风险的特点也不同,因此,采用的证券风险管理策略也不同。

2. 暴露部位的期限

有些证券风险只存在于某一较短的时期内,但有些证券风险将存在于某一较长的时期中。暴露部位的期限不同,则适用的证券风险管理策略也不同。如果暴露部位的期限为长期,则证券互换较为适用。

3. 暴露部位的数额是否确定

在证券风险管理时,人们必须考虑的又一个重要方面,是暴露部位的数额是否确定,或者这一暴露部位是否一定产生或一定存在。如果暴露部位客观存在,且其数额是确定的,则人们自然应该实施套期保值,以回避风险。但是,在很多场合,暴露部位的数额是不确定的,甚至暴露部位既可能产生,也可能不产生。在这种情况下,如果人们不作套期保值,则可能受损失;而如果作了套期保值,如选择的策略不适当,同样可能受到损失。因此,在暴露部位的数额不确定的情况下,选择适当的套期保值策略,是金融风险管理成功与否的关键。

当暴露部位数额不确定时,选择期权要比选择期货来得适当。而暴露部位数额确定时,则选用期货保值更佳。这就是在选择证券风险管理策略时,人们之所以要考虑暴露部位是否确定的意义所在。

4. 暴露部位的时点是否确定

暴露部位的时点与暴露部位的期限不同,它是指在一定的期限内,暴露部位具体存在的时间。在证券风险管理中,有些策略既适用于暴露部位的时点确定的场合,也适用于暴露部位的时点不确定的场合,但是,有些策略却只能适用于暴露部位的时点确定的场合。所以,在选择证券风险管理策略时,暴露部位的存在时点是否确定也是必须考虑的一个重要因素。

(三)证券投资风险管理策略的比较

投资风险管理策略大致有五类:预防策略、规避策略、分散策略、转嫁策略及保值策略。

1. 预防策略

它是指投资风险尚未发生时,预先采取一定防备措施,以防风险发生的策略。比如,在投资过程中,保持一定的准备金,或一些流动性较强的资产,如短期政府债券等,同时不断开拓新的融资渠道,这既可防止流动性风险,又是实行分段操作法、摊平法、定额定比投资法的基础。这种策略虽然成本低廉,但它对风险的防范是以牺牲一定收益为代价的。

2. 规避策略

它是指按一定原则,采用一定技巧,自觉避开各种风险,以减少或避免损失的策略。比如,在投资对象、投资时机的选择上,尽量回避高风险品种及不利买卖时机。尽管有时有高风险与高收益并存项目,也要弃而不投。如进行跨国投资,发生对外债权时,尽量争取使用硬通货;而发生对外债务时,则争取使用软通货。这种"收硬付软"和"借软贷硬"的做法正是规避投资活动中汇率风险的有效策略。此外,对投资品种、期限、数量进行不断调整,以规避利率风险、违约风险等。在现代金融活动中,证券互换也成为重要的规避策略。

与预防策略相比,规避策略所对付的是那些无法预防或业已存在的金融风险,而前者所对付的是可预防、可避免的风险。

3. 分散策略

它是最常用的投资风险防范策略,对控制非系统性风险十分有效。其道理已在前一章详尽介绍,如涉外投资,还要做到投资币种多样化,以使一些货币的贬值损失被另一些货币的升值所抵销。

4. 转嫁策略

它是指人们利用某些交易方式或业务手段,将自己面临的金融风险转移给其他经济主体的一种策略。这种策略更多运用在外贸和对外金融活动中。即在预期汇率波动时,通过提前或推迟支付方式来转嫁外汇风险。至于证券投资,亦可运用这一方法规避风险。例如,在资本定价中,投资者通过提高名义利率,即可将通货膨胀风险转嫁给筹资者。又如在市场看跌时,股票持有者将股票卖出,则将风险转给买者。当然,从微观上看,风险转嫁后,使原主体风险消失了,但从宏观上看,风险并未消失,只是风险承担主体发生了转移。

5. 保值策略

它是在 20 世纪 70 年代以来投资风险管理中运用最普遍的一种策略。它与远期、掉期交易方式形成密切相关,亦是期货期权等衍生工具广泛被应用的结果。这一策略的基本方式是套期保值、跨地区保值及跨品种保值等。其中应用最为广泛的是套期保值,即通过一定的交易方式,来冲销自己所面临的金融风险。这种交易方式主要为期货期权交易方式。其基本要点是:在期货期权市场上建立一种与其现货交易方向相反的交易,并在合约到期前通过反向交易将此部位冲销,不管价格发生何种变化,人们总可以在一个市场获利,而在另一个市场受损,以盈利弥补损失。

严格地讲,保值策略事实上也是一种转嫁策略。但与前面策略的区别在于:前者是通过收支及买卖时间提前或推迟实现的,后者是通过两种交易方式"对冲"实现的。

(四)证券投资风险管理工具的选择

证券投资风险管理可使用各种避险工具。但不同工具各有特点,因而要认识它们的特点,并正确选用。限于篇幅,此处仅对常用的证券期货与期权工具作一比较。

在收益与风险都较大时,投资既有可能获得较大收益,也有可能遭遇对等的风险,而使用套期保值的结果是抵销这种"对称性风险"。利用期权保值时,实际上是将"对称性风险"转化为"不对称性风险"。也就是说,若价格发生不利状况时,投资者可通过执行期权避免损失;反之,若价格发生有利状况时,投资者又可放弃期权来保护已得收益,尽管支付了期权费,但与收益相比,仍占较小成本。由此看来,与期货相比,期货保值失败可能丧失全部收益,而期权保值还可保护一些价格变动有利时所带来的收益。

那么,如此说来,期货保值是否就没有存在的必要了呢?回答是否定的。问题在于保值只是为了保值而不是获利。如果从保值角度看,可能期货比期权更有效、更便宜。这主要是因为在期货交易时虽要缴保证金,但一旦结束,保证金是要退回的。如果不能退回,说明他在期货市场遭损,但在现货市场他又赢了。所以无论市场价格如何变动,他总能用一个市场盈利来弥补另一市场的损失,从而实现有效保值。但期权就并非有效。多头套期保值必须支付期权费,而期权费是不退还的。有时因保值而避免的损失还不足以补偿期权费。而空头套期保值只能获得有限的保值,因为投资者在套期保值中所能避免的潜在损失只限于他卖出期权时所获的期权费。更糟糕的是,一旦预测失误还要承受无限损失的风险。所以,从保值角度看,这一方法效果最不好。

上述分析告诉我们,如何保值,选择哪一种工具还需具体问题具体分析,通常需要两者结合起来运用。

复 习 思 考 题

1. 为什么要进行证券投资决策管理?
2. 证券投资决策管理应考虑哪些因素?
3. 简述证券投资决策管理的程序。
4. 投资组合管理有哪些类型?各自有什么特点?
5. 试对三种投资绩效评价指标作比较。
6. 简述证券投资风险管理的程序。
7. 风险管理的基本策略有哪些?各自有什么特点?

参 考 文 献

一、英文版

[1] HULL J. Options, futures and other derivative securities [M]. [S. l.]: Prentice Hall,1997.
[2] MARKOWITZ H. Portfolio selection: efficient diversification of investment [M]. Cambridge, Maxx: Basil Blackwell,1991.

二、中文版

[1] 威廉·夏普.证券投资原理[M].成都：西南财经大学出版社,1992.
[2] 张合金,等.组合投资学[M].成都：西南财经大学出版社,1999.
[3] 张龄松,等.股票操作学[M].北京：中国大百科全书出版社,1996.
[4] 常志武,等.金融期货与期权——理论与运用[M].北京：中国物价出版社,1995.
[5] 葛正良.股价波动规则与投资技巧[M].成都：四川人民出版社,1998.
[6] 姜纬.金融衍生市场投资理论与实务[M].上海：复旦大学出版社,1996.
[7] 任淮秀.证券投资分析[M].北京：中国人民大学出版社,1998.
[8] 汤羡祥,等.现代证券理论[M].上海：东华大学出版社,1996.
[9] 饶育蕾,等.行为金融学[M].上海：上海财经大学出版社,2003.
[10] 贝政新.证券投资学[M].上海：复旦大学出版社,2005.
[11] 陈松男.投资学[M].上海：复旦大学出版社,2002.